世界公民叢書

未來的，全人類觀點／21 世紀世界公民必要知識

原書名：愛因斯坦在柏林
作者◎胡貝爾・戈納 Hubert Goenner
譯者◎李中文

愛因斯坦的黃金歲月（原書名：愛因斯坦在柏林）

Einstein in Berlin

【目錄】本書總頁數共448頁

1888 年，當時 9 歲的愛因斯坦（1879-1955）和妹妹合照。
（Photo by Hulton Archive/Getty Images）

1905 年，26 歲的愛因斯坦發表了劃時代的論文，不僅推翻古典的時空概念，也掀起影響一百多年的物理革命。這一年被喻為「愛因斯坦奇蹟年」。（Photo by Topical Press Agency/Getty Images）

沉思中的愛因斯坦，時年約 31 歲，1910 年攝（Photo by Hulton Archive/Getty Images）

和法國物理學家保羅・朗之萬（Paul Langevin，1872-1946）攝於 1920 年左右。
（Photo by ND/Roger Viollet/Getty Images）

愛因斯坦與印度詩人泰戈爾（Sir Rabindranath Tagore，1861-1941），約攝於 1925 年。
（Photo by Martin Vos/Hulton Archive/Getty Images）

德國出生的愛因斯坦在「SS 德意志」軍艦上，與鋼琴家和大提琴家一起演奏，1933 年。
（Photo by Hulton Archive/Getty Images）

1929 年 3 月，與第二任妻子埃爾莎（Elsa）及繼女瑪歌（Margot）在柏林的家中所攝。
（Photo by New York Times Co./Getty Images）

1930 年 10 月，愛因斯坦和愛爾蘭劇作家蕭伯納（右一，George Bernard Shaw，1856-1950）共同出席一場晚宴。在他們中間的是英國動物學家羅思柴爾德（Lionel Walter Rothschild，1868-1937）（Photo by Topical Press Agency/Hulton Archive/Getty Images）

1930 年 12 月 9 日，愛因斯坦的繼女瑪歌（Margot）和女婿狄米崔・馬里安諾夫（Dimitri Marianoff），那一天是他們的結婚日，正一起前往戶政單位註冊的路上。（Photo by Imagno/Getty Images）

愛因斯坦在加州帕沙第納（Pasadena）的威爾遜山天文台總部卡內基研究院（Carnegie Institute）寫下計算銀河密度的公式，攝於 1931 年 1 月 14 日。（美聯社）

攝於 1936 年 2 月 16 日，和任教於柏克萊加州大學水利工程的兒子 Hans（1904-1973）、孫子 Bernhard 坐在階梯上。（Photo by American Stock/Getty Images）

邱吉爾在英國的老家接待愛因斯坦，攝於 1939 年。（Time Life Pictures /Getty Images）

愛因斯坦與原子彈之父歐本海默於普林斯頓研究中心討論問題，1947 年攝。
（Time Life Pictures/Getty Images）

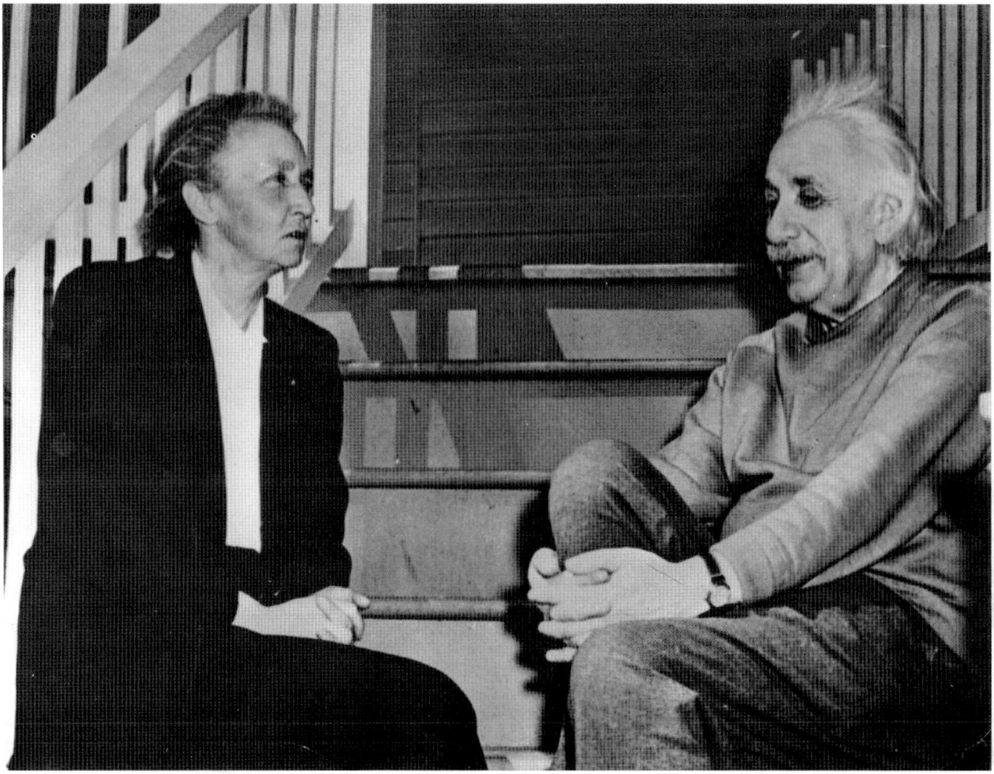

1948 年 3 月 27 日，法國放射科學家伊蕾那・居禮（Irene Joliot-Curie）造訪愛因斯坦於美國普林斯頓的家，兩人一起在後院的階梯上享受午後陽光。伊蕾那是居禮夫婦的大女兒，亦於 1937 年獲諾貝爾物理學獎。（美聯社）

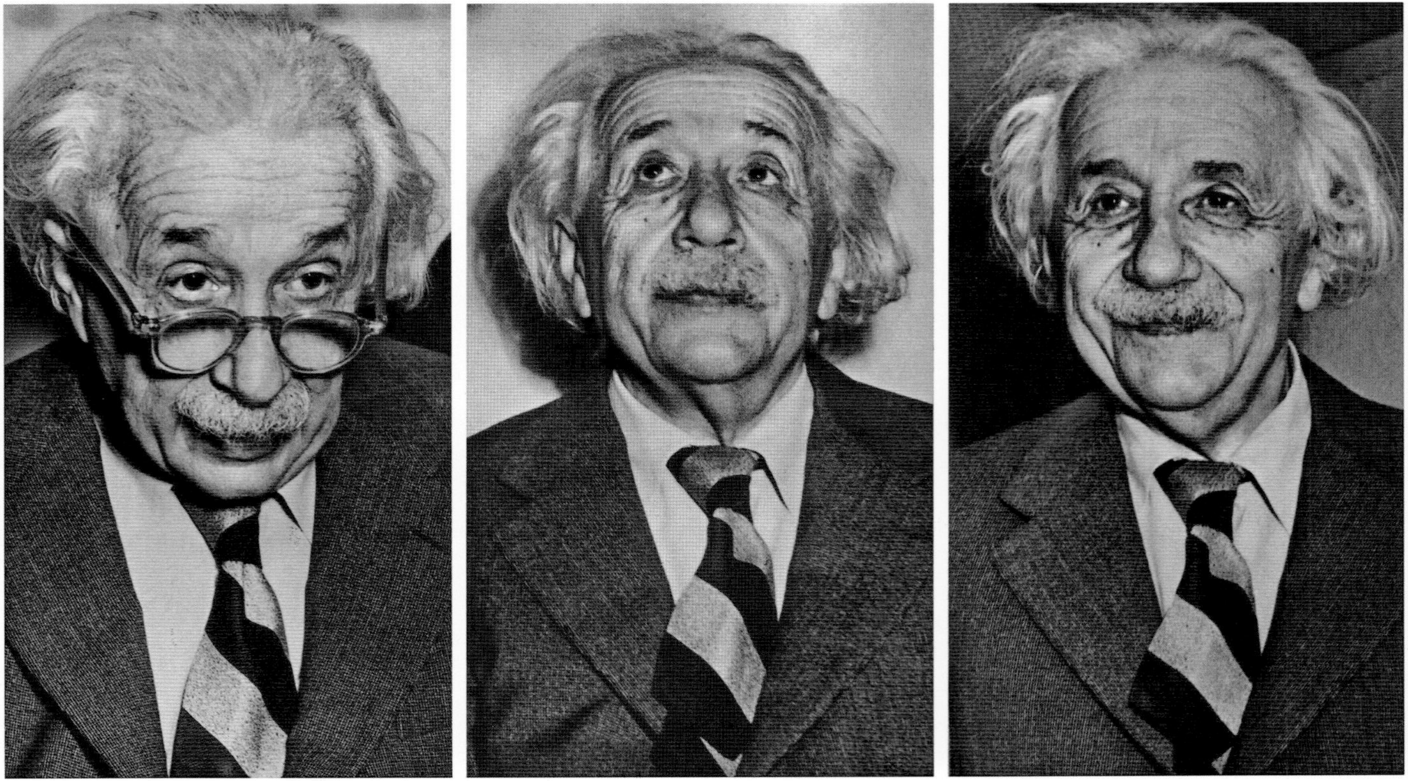

愛因斯坦這張著名的三連拍，攝於 1953 年 3 月的普林斯頓。

1879 年 3 月 14 日，愛因斯坦出生於德國的烏爾姆（Ulm）。他徹底改變了人們對宇宙的想像，儘管因提出相對論而聞名，他卻以光電效應的研究獲得 1921 年諾貝爾物理學獎。1905 年，才 26 歲的愛因斯坦發表了特殊相對論而震驚世人。雖然這些理論迎來了原子能的時代，他卻是呼籲停止武器競賽的和平主義者。（美聯社）

中譯版編按

1. 本書人名，除了國內常見的依本地習慣外，大致以「世界人名翻譯大辭典」為準。另外，為求簡潔，除同姓氏和女子名，國外人名只譯姓不譯名。

2. 為增加閱讀時的理解，文中添加了不少譯註。在一般的詞語後方加註方式之外，部份也以括號（即（　））的形式加註在詞語之前，或是當句中有兩個以上需加註的詞語時註於句末。

3. 由於國內一般讀者不像德國讀者那樣熟悉柏林，故作者提到有關柏林的街道和區域，均在前方加註方位。例如市中西區表示在柏林市內西區，市區西邊表示位於柏林市郊西邊，以此類推。

緒言

Einführung

本書敘述愛因斯坦及在柏林和他一起生活過的人，並把他們納入一座城市和某段時期的文化史中。愛因斯坦生前就被譽為「新牛頓」和「人類史上最偉大的學者之一」。直到今天，他仍是二十世紀知名的**偶像**。一九一四年四月到一九三二年十二月，這位不尋常的人物住在柏林。雖然一九三一年十二月，他已暗中決定（徹底）放棄他「在柏林的職位」，但一九三三年三月底，他在美國停留後，卻仍願意回到他在市內的住所及市區西南邊波茨坦（**Potsdam**）附近卡普特（**Caputh**）自己心愛的避暑宅子。在比利時和英國等待幾個月後，納粹仇恨份子與打手的瘋狂行徑，終於促使他決定在美國東北部的普林斯頓（**Princeton**）過完後半輩子。

底下，將設法把這位多才多藝的天才人物生活中的一個階段，和一座多元都會的命運結合起來。這兩者可說是齊頭並進：柏林躍升為大都會，理論物理學家愛因斯坦則登上生涯的高峰。愛因斯坦在柏林生活的頭幾年，只有學院同事和一小批和平主義知識份子認識他。約莫一九一九年起，他才廣受眾人矚目。威瑪共和時期（**Weimarer Republik, 1919-1933**）的柏林，分裂成許多市鎮和鄉村，較像一個地區性的世界都會，同時又具備巨大的經濟力，迅速發展成具有歐洲水準的學術文化重鎮，成為德意志帝國的真正首都。在這兩段「經歷」中，都有盛極而衰的轉折：愛因斯坦成了普林斯頓的移民學者，他的政治和道德見解卻比研究成果更受矚目，而柏林則在極權體制下，沒落為文化平庸的城市。

一九二〇與三〇年代，柏林不止**一個**，更有許多個當時的觀察者以不同方式整合起來、由布里茨（Britz）經潘科（Pankow）到策倫多夫（Zehlendorf）等佔地遼闊且相當自主的「小柏林」（譯註：大致為本市東北邊至西南地帶）。同樣，柏林不只這種「同時存在的」柏林，還有各種具有不同時代意識的社團。一般在描述城市或人物時，不免會凸顯或忽視某些特點，於是我們見到了政治狂熱的柏林；藝術或學術的柏林；劇場、諷刺劇和電影的柏林；工人鬥爭和漫畫家奇勒（譯註：Heinrich Zille, 1858-1929，柏林當時著名的藝術家，善於諷刺漫畫，在許多畫報中描繪出柏林中下階層的生活場景）筆下的柏林等。在愛因斯坦的傳記中也有類似情形，他不斷被視為天才物理學家、平易近人的男子、舉世矚目的和平之友及其雅俗共賞的科學貢獻。近年來，側重他在文化和社會領域上的描述，也越來越多。

至今的描述，多半著重在愛因斯坦的生活本身，本書則同時透過時人外部的眼光來觀察他。柏林的文化、社會和政治氛圍，構成了這二十年傳記的架構。若只**單單描述**柏林，愛因斯坦不過只在數百人中佔有一席之地。柏林既未受愛因斯坦影響，當時的他也不願說出：「我是柏林人。」（譯註：美國總統甘迺迪於一九六三年訪問西柏林演說時的名言）不過，這十八年的柏林歲月，仍令他覺得愜意，並對市內的一些機構和某些人心懷感激。

一個與愛因斯坦相關（雙向或單向）的人際網絡逐漸成形。他活躍其中的這個綿密網絡，多為學界同僚，即一般的**知識中產階級**（Bildungsbuergertum），特別是猶太同事。愛因斯坦在柏林才開始意識到自己的猶太身份，一種無關宗教的種族文化歸屬感，促使他投入猶太復國主義中的精神道德革新運動。9 這位以時空理論打破許多人既定世界觀的知名學者，因而成為反猶言論的箭靶。**功成名就**的藝術家和演員、政治和社會團體、勞工組織、文學界和新聞界等圈子，和他則有少許接觸。愛因斯坦跟新派藝術家之間亦無關係，對他們的作品也未有好感：他與工業鉅子和貴族世家間沒有任何社會關係——除了認識其中幾位之外。然而，身為貴賓和指標人物，他卻到處吃得開：例如富豪和政治人物的家宴及文化界、社交界的大事。

愛因斯坦性格中的矛盾，可從他和市中其他人等的交往看出：外在融入社會，同時內在保持獨立；意志堅強與自信卓絕，卻不太願意對物理世界外的事情負責；謙虛、友善和性情坦率，卻有時對兩任妻子和孩子們表現出強勢和冷酷；外表不修邊幅，卻在媒體前刻意展現自我。這些矛盾幾乎不曾出現在至今許多出於天才崇拜而產生的浪漫描述中。他人生中的最大挑戰，當為在為領悟自然法則而殫精竭慮，及基於民主和人權促成人類社會團結公正之間，找到最佳的綜合。

就「當代發展」而言，愛因斯坦的相對論和量子論論文對物理學界貢獻良多；在私生活中，卻是一位品味保守的知識階層和傳統男女地位的擁護者。他在物理學界的創造性，**並未展現**在其他領域：和前人與同時代人相比，他的所知所言並不獨特——卻常常 10

很動聽。雖然一般人無法了解愛因斯坦的物理理論，他卻有種特殊天分，表達得簡潔幽默，許多名言長留大眾心中。除了對物理學的影響，身為和平與民主人士的他雖然不願受拘束，卻算不上自由思想家。他的啟蒙立場和道德價值，與其說追隨法國文豪伏爾泰，不如說服膺德國文豪席勒。

和今日愛因斯坦的「市場化」相比，二〇年代的「愛因斯坦熱」便較為遜色。今日，他的肖像出現在紙鈔和郵票上，目前至少有三齣愛因斯坦歌劇，即由德紹（Paul Dessau）、格拉斯（Philip Glass）和英裔德籍的德斯（Dirk D'Ase）創作的劇本，後者為了慶祝他一百二十五週年誕辰，而在其出生地德國南部的烏爾姆（Ulm）上演。許多小說、故事和專書的書名裡都有他的名字。在作家倫茨（Siegfried Lenz）的故事中，人們可以和他一起越過易北河（譯註：Elbe，源於捷克而流往西北經德國入海）、做夢、休息及探索世界的奧祕。德國有十餘所愛因斯坦高級中學，學生們也都有許多這類讀物的文選。美國出版家塞爾夫（Bennet Cerf）甚至寫了一首關於愛因斯坦的打油詩，裡頭還包括了美裔英籍雕塑家葉普斯坦（Jacob Epstein）和美裔法籍女作家葛楚德・斯坦（Gertrude Stein）。譯文如下：

知名的家族——斯坦裡有
葛楚德、葉普和愛因。

葛楚德風格不太鮮明，
葉普的雕塑很巧妙，
愛因卻沒人能明瞭。

筆者希望能夠透過別處沒有的細節，勾勒出愛因斯坦在柏林真實卻不失恭敬的圖像。城市及文化只能在強光下檢視。我長年在哥廷根（Göttingen）大學探索愛因斯坦的**物理學**理論及其科學和社會環境，構成了這次徹底研究的先決條件。書中引用的大量資料，為了方便閱讀，則刻意省略其引文和出處註解。想找正文詳細註解的人，請上網查閱（亦參閱書末參考資料）。在主觀敘述和推測之處，都在文字中清楚表明。當中若有錯誤，還請讀者不吝指正。

1

一九一〇年的帝都柏林

Das wilhelminische Berlin um 1910

現在的柏林和動物公園多美啊！遊人熙熙攘攘，在若隱若現的陽傘下，人群成了移動的黑點。淡藍的天色像夢一般輕觸大地的綠意。大家步履輕盈，彷彿深怕行軍步伐或類似的大動作會破壞氣氛……散步者有時三五成群，有時獨自一人，隱身在高聳光禿的樹木，或一片新綠的矮灌木林中……公園的景致就像畫，像夢，像怡人的輕吻……四處望去，灌木叢中隨處可見女士們戴著別上紅、藍飾品的遮陽帽……真是美極了，這座公園！哪位柏林居民會不喜愛呢？

一九一一年六月，瑞士作家瓦爾澤（Robert Walser）在文章中，對此地人文和自然風光讚譽有加。市中心的動物公園（Tiergarten，一譯蒂爾加滕）早先是選帝侯的獵場，亦即王室的私產（譯註：動物公園不是動物園，真正動物園在公園西南區，稱柏林動物園）。威廉二世（Kaiser Wilhelm II）皇帝在此陳設許多大理石像，包括一尊其夫人維多利亞（Auguste Viktoria）的雕像。這條勝利林道兩旁，安置了從十二世紀阿爾布雷希特（Albrecht）到威廉一世（Wilhelm I）等布蘭登堡邊區的各代君王，君王像旁還有兩人隨侍，令人景仰，柏林當地人卻戲稱為「偶像大道」。據說畫家李伯曼（Max Liebermann，又譯李卜曼）還對這三十二尊雪白晶亮的名貴大理石像打趣道：「我買了墨鏡，遊園時才不致傷到眼睛。」當時勝利女神柱還矗立在帝國議會大廈前的君王廣場（後改名為共和廣場），一九三八年才移至園中的「星辰」（Stern）中（譯註：即由園東挪到園西，「星辰」為路中圓環）。柏林人覺得輕飄飄的維多利亞和底下厚重的圓柱格格不入，就調侃這位勝利女神為「唯一不協調的柏林人」。

當愛因斯坦的妹妹瑪婭（Maja）由瑞士阿勞（Aarau）來到柏林研習時，想必很能領略這裡的自然風光：動物公園、市區西南邊的格林瓦德（Grunewald，一譯格魯內森林）、公園北緣的施普雷河（Spree），以及由蓊鬱的松林所環繞，其上點綴著數百張白帆，在市區西南邊的萬湖（Wannsee）。她在一九〇四到〇七年間，在市中東區的柏林大學聽課，主要是羅曼語文研究所古法語專家的課，之後回瑞士伯恩（Bern）完成相關的博士論文。不過，她**不能**在柏林大學**就讀**：一九〇八年，普魯士才准許女子上大學，是帝國最後通過此一提案的行政區。所以她是九千名左右的大學生中不到千名的「旁聽生」之一。瑪婭在本城的生活如何，對於立著創校者洪堡兄弟（Brueder Humboldt）石像的大學附近「菩提樹下大街」（Unter den Linden）的觀感如何？這可是她進修和十年後她兄長隨心所欲授課之處。其實愛因斯坦很早就想來柏林：一九〇一年，即在他拿到「數學專業教師」證書後一年，曾經應徵市區西邊的夏洛騰堡（Charlottenberg）科技大學助教一職（譯註：即寫信跟該校大教授自薦）。

瑪婭應該是住在親戚家，或是在舅舅科赫（Jakob Koch）家。瑪婭的一位堂表姊埃爾莎．勒文塔爾（Elsa Loewenthal），娘家姓愛因斯坦（後成為愛因斯坦第二任妻子），表姊夫叫馬克斯・勒文塔爾（Max Loewenthal）。馬克斯為柏林紡織商兼工廠股東，當時住在市中西區帕紹街（Passauerstrasse）。一九〇一、〇二年間工廠關門後，埃爾莎和兩位女兒伊爾瑟（Ilse）和瑪歌（Margot）搬回德國南部赫辛根／霍亨佐倫（Hechingen／Hohenzollern）雙親的家鄉。埃爾莎的父親為魯道夫・愛因斯坦（Rudolf Einstein），便在動物公園南區麗山（Schoeneberg，一譯舍內貝格）威爾默斯多夫（Wilmersdorf）西岸的哈伯蘭街（Haberlandstrasse）買了棟房子，和妻子范妮（Fanny）及次女保拉（Paula Einstein）在此落腳。埃爾莎直到一九〇八、〇九年間才離開赫辛根，來到位於新巴伐利亞社區的這棟房子。當時瑪婭也早已回到瑞士。所以說，愛因斯坦—勒文塔爾一家是住在有十七萬居民的獨立大城麗山，而不是柏林。

是鄉下，抑或都市？

柏林在威廉二世時代是普魯士的國都，自一八七一年起，也是德國皇帝的帝都。然而，柏林的城鄉（Kommune）仍然存在，不斷和普魯士政府與專制王權周旋。在第一次世界大戰前，柏林包括有軌電車**環形線**繞行的地區，東、西兩端間則由城鄉**鐵路**聯絡。根據一九一〇年的統計，本市擁有兩百多萬居民。周邊的獨立城鎮有市區西邊的夏洛滕堡、施潘道（Spandau）、市區西南邊的威爾默斯多夫、市區南邊的麗山、市區東邊的利希滕貝格（Lichtenberg）；大、小城區有市區西北邊的特格爾（Tegel）、市區東南邊的克佩尼克（Koepenick）、市區南邊的瑞克斯多夫（Rixdorf，即新克爾恩〔Neu-Koelln〕）、市區東南邊的上麗原（Ober-Schoeneweide）和市區南西邊的施特格利茨（Steglitz）；以及移民區像市區西南邊的「鄉村別莊區」達冷（Dahlem）和「別墅區」格魯內森林；這些地方也以百萬人口圍繞柏林市，其間亦有未經墾殖的平地和森林，如王公獵場格魯內森林林地、農田、領地和地產等等。自從皇帝不再到該森林打獵後，此處就遭到砍伐，柏林及其周邊土地便因國庫考量而遭變賣。時至今日，在觀察家眼中，這片一望無際的城市地產（如作家霍伊斯〔Theodor Heuss〕所描述）（譯註：霍伊斯亦為戰後西德首任總統），卻「有些令人驚喜的田園生活。來到河谷中的古老村莊，看見的是中世紀歌德式磚造小教堂，或是帶有十八世紀腓特烈二世巴洛克風的簡樸小教堂」。不過，這些地方的開發往往漫無章法，缺乏全盤的計畫，只偏重土地建商的投機和高稅收的地區。《德國日報》（*Deutsche Tageszeitung*）在一九一〇年報導：

去年春天，在園藝人士採收馬鈴薯，而郊區農夫收割黑麥的地區，柏林的營建風這時大肆吹起。聰明勤奮的大建商兼商務顧問哈伯蘭（Georg Haberland）的建築公會，設法在此打造租屋天地。周邊的街道名稱瀰漫著萊茵葡萄酒的味道……大部分尚未興建，只有市西南的呂德斯海姆廣場（Ruedesheimer Platz），擁有唯一一條對外聯絡道路，彷彿荒野中的綠洲。

其中夏洛滕堡和麗山大力反對與柏林市合併的提案。到了一九一二年四月一日，周邊城鎮才組成「大柏林協進會」，推動城市聯絡和交通發展的計畫。不過，該協進會的真正意圖，卻是維護周邊縣市的地方利益，阻撓柏林的現代化。

優美的居住環境

威廉時代的柏林與其說是都市，不如說是一種城市景觀。撇開城堡和若干十九世紀薰克（Schinkel）大師的仿古建築不談，膾炙人口的歷史古蹟並不多，此處沒什麼貴族生活，也算不上真正的都會。四分之三的建築都是新建的，沒什麼歷史。一九一〇年的柏林，只有四成多的居民是土生土長，因而有所謂「大半柏林人是從波蘭西里西亞（Silesia）火車站過來」的說法。難怪當時的保守派藝評家與作家舍夫勒（Karl Scheffler）在書中指出，柏林「十分討厭，一直在變，不曾定型」。

十九世紀柏林都市擴展時期的重大缺失，是土地開發失衡，導致「在寬闊的幹道和應運而生的街道間，沒有明顯區別。寬闊且低平的昂貴地產本該善加利用，建造多樓層、小中庭的建築。目前在市內這類的地產上，隨處可見昂貴的臨街房屋和廉價而擁擠的背街房屋」。一九一〇年，柏林還有百分之四十八的租屋，是這種背街或側街樓房，以下是柏林畫家納格爾（Otto Nagel）在其自傳中的觀察：

> 我在柏林出生時的房間，只在窗邊有點亮光。母親生下我時的床，聽說位在房間最陰暗的角落。在這間由所謂的臥室和無走道廚房構成的屋裡，我是第七口人。裡頭還有較大的空間，卻不是客廳，而是當木匠父親的作坊。家具擺設很普通。有好幾張床、一張沙發和前面的一個橢圓形桌子，屋角放了一個花式壁櫃，上頭擺設著各種不同的小人像。靠中庭的窗户顯得陰暗……我記得自己很小的時候，總是坐在窗旁瞧著一小片天空……

柏林這種建築方式很有意思，臨街樓房的一樓當作住家和商店，後街樓房則當成作坊及庫房。成為今日觀光景點的市中東區的哈可許雜院（Hackescher Hof）和哈可許市場（Hackescher Markt），就呈現出這種商務、居住和工作場所的組合。

漂亮房子當然也很多，例如動物公園的高級住宅區，「往南延伸到後備軍運河（Landwehrkanal），散落著美輪美奐的別墅和庭園、私人道路和別墅群」。後來，有不少藝廊，像藝術界出版人保羅・卡西雷爾（Paul Cassirer），便搬遷到這裡的美景街（Bellevuestrasse）、維多利亞街（Victoriastrasse）和動物公園街，而銀行家、工業家、大教授、藝術家和作家等則在格魯內森林落戶。一九二〇年，在該城鎮劃入更大的行政區前，都還提供優惠稅率（譯註：基於合併這項事實，對於包括格魯內森林這些地區，譯者將視情況譯成城鎮、市或區）。住過這裡的社會名流有政商名士拉特瑙（Walther Rathenau）、大科學家普朗克（Max Planck）、文藝評論家克爾（Alfred Kerr）、大作家豪普特曼（Gerhart Hauptmann）、出版家薩穆埃爾·菲舍爾（Samuel Fischer）、銀行家父子弗朗茨·門德爾松（Franz Mendelssohn）、羅伯特·門德爾松（Robert Mendelssohn）和出版家烏爾施泰因兄弟（Brueder Ulstein）等人。

營房和百貨行

軍人不必為自己的房子傷腦筋。柏林除了知名的酒館、膳宿公寓和「租用營房」（Mietskasernen，譯註：似為戲稱，實指柏林工業化都市化時期所發展的，分前棟、後棟與側棟和之間中庭的ㄇ字型小坪數樓房，也是前述小納格爾的家屋）之外，更有真正的營區。在第一次世界大戰前，以兩萬兩千人保護祖國及其「神授」秩序的所謂近衛軍團，就有十幾個。這些兵營呈圓弧狀圍繞市中心。最接近皇宮的兵營，是介於市中心的銅渠街（Am Kupfergraben）、柳道街（Am Weidendamm）和格奧爾格街（Georgenstrasse）的亞歷山大（Alexander）沙皇近衛步兵團。在一九〇一年的啟用典禮中，威廉二世皇帝鼓舞軍隊：「你們是國王的衛隊，要是這座城再像一八四八年那樣反對他的話，你們就有責任用刺刀驅逐這些叛徒亂黨。」

粗魯和軍禮，就是剛到柏林，而後成為柏林大學知名婦科教授的施特克爾（Walter Stoeckel）所見到的城市面貌（引自《由〔名醫〕紹爾布魯赫〔Sauerbruch〕的手術到施特克爾的接生》）：

> 在我一九〇四年來到柏林的那天，是個不怎麼舒服的秋日。在車站前的腓特烈大街（Friedrichstrasse）上，人群在我兩旁穿梭。有個邊走邊讀報紙的男子，撞到我時只說了聲「喔唷」就走了，也沒道個歉……柏林就這樣啊！……菩提樹下大街——真是熙熙攘攘！……在皇宮和布蘭登堡大門間，五名男子至少就有一位是軍人……軍官們彼此精神抖擻地敬禮。士官或士兵一旦置身……在這個上流社會的聖地，將會舉步維艱。「大官」一接近，低階者要馬上閃到旁邊，立正「不動」，兩手緊貼褲縫，頭部跟著佩戴「勳章」者移動，直至他走遠到一定距離。

想要擺脫市容中的軍服，不妨離開菩提樹下大街，穿過這「皇帝跑馬道」上情話綿綿的情侶和不太協調的景象，到市中心的腓特烈大街和貝仁街（Behrenstrasse）轉角，離開腓特烈大街逛到萊比錫大街（Leipziger Strasse），然後沿路走到萊比錫廣場和波茨坦廣場（Potsdamer Platz）（譯註：腓特烈大街為南北走向，其餘所述各街為東西向，兩廣場位在萊比錫大街西端）。這是作家席克勒（René Schickele）的走法：

走在金光閃閃的街道上，
落日餘輝在天空流轉。
迎面幾位天仙似的女人，
駐足於明亮的店門前。
波茨坦廣場沐浴在花海中，
夢到諸神的寶貝——月亮。

都市生活就在這些大街上演。每當來到萊比錫廣場，「一定要」逛韋特海姆（A. Wertheim）百貨公司（引自〈沒有消費強迫症〉），那大理石裝潢的門面延伸到佛斯街（Vossstrasse），內有工藝美術品部門、鋪地毯的大廳和售票處。不妨再向西走到「新西區」（Neuen Westen，譯註：一次大戰前相對於市中心發達起來的商區），至維滕堡廣場（Wittenbergplatz）的「西區百貨」逛逛。在亞歷山大廣場（Alexanderplatz）西北側和萊比錫街上的兩家提茨（Tietz）百貨，正分別在拚業績（譯註：亞歷山大廣場在萊比錫街東端的東北邊）。

經濟生活

一九一二年的旅遊指南有簡單扼要的訊息：

河中船運興盛，水道四通八達……（柏林）如今也是德國最重要的鐵路中心和最知名的貿易集散地之一，甚至是歐洲第一大工業城。除了貨幣交易外，此處的貿易以穀物、酒類和羊毛為主……尤其是鑄鐵、機械製造、火車頭、鐵道組件、車廂生產、武器及盛極一時的電機和照明工業……流行商品和成衣……

在重工業和電子工業方面，堪稱市場龍頭的柏林企業，包括在特格爾的博席西（Borsig）、夏洛滕堡施普雷灣（Spreebogen）的西門子暨哈爾斯克（Siemens & Halske）公司，對市北區的洪堡林（Humboldthain）及其他地區來說，則有在市中北區莫阿比特（Moabit）和市北區威丁（Wedding）的西門子暨舒克爾特（Siemens & Schuckertwerke）公司和通用電氣（AEG）。武器生產方面，則有同樣位於莫阿比特的德國軍備武器製造公司，化工方面有愛克發（Agfa，苯胺製造公司），分布於市東南區特雷普托（Treptow）和市東北區市集堡（Rummelsburg）。值得一提的，是有助這座城市轉型，應用在照明、電機、交通和通訊設備等多方面的電子工業。這裡除了龍頭大廠，也有生產特定產品的許多中小企業。尤其是服裝、製鞋、紙品及菸類，都可透過家庭代工（特別是婦女）而獲利甚豐。一九〇六年柏林貿易局表示，當時有十四萬家庭手工人口。

柏林是**銀行之都**。除了當時還是民營的「帝國銀行」外，還有二十家一級銀行，如德意志（Deutsche）、德勒斯登（Dresdner）、達姆施塔特（Darmstaedter）和國民（Nationalbank）等銀行、柏林貿易行會（Berliner Handelsgesellschaft）或柏林暨西里西亞銀行協會（Berliner und Schlesischer Bankverein），幾乎都位在菩提樹下大街以南腓特烈門町（Friedrichsstadt，譯註：柏林自古以來在周邊建了不少城門，而位於十九世紀舊柏林西南、今在市中區的腓特烈門及舊柏林西的布蘭登堡門，即為其中的例子。「門町」則取今日「西門町」中的字義對譯Stadt一詞）的平行街道上。一九〇九年時，柏林八大家銀行就佔了德國銀行資本額的百分之八十三。柏林也是大報社之城，報社多在市中東區的保衛街（Schuetzenstrasse）、耶路撒冷街（Jerusalemstrasse）、齊默街（Zimmerstrasse）和柯霍街（Kochstrasse），羅列著《柏林日報》（*Berliner Tageblatt*）和《民族報》（*Volkszeitung*）的「莫澤（Rudolf Mosse）報社暨廣告發行部」。烏爾施泰因（Ullstein）在一九二〇年代成為歐洲最大的出版暨印刷社，擁有《晨郵報》（*Morgenpost*）、《柏林畫報》（*Berliner Illustrirte Zeitung*）及柏林最老牌的報紙《佛斯報》（*Vossische Zeitung*）（自一九一四年起）。另一家最知名的報社，是「舍爾（August Scherl）出版社」，旗下有大眾報刊《柏林地方廣告》（*Berliner Lokal-Anzeiger*）報和畫報的《週報》（*Die Woche*）。書籍出版社也毫不遜色，如在市中心畢羅街（Buelowstrasse）上的菲舍爾（Samuel Fischer）以及羅渥爾特（Ernst Rowohlt）出版社。兩家都有知名的文學期刊，菲舍爾發行《新綜覽》（*Die neue Rundschau*），羅渥爾特發行《文學界》（*Die literarische Welt*）。

往來交通

隨著工業生產往北和西北推移，住宅用地和工廠用地繼續切割開來：新的住宅區出現在市東北區的健康泉（Gesundbrunnen）車站和普倫茨勞林蔭大道（Prenzlauer Allee）。由於住家和廠區之間的距離越來越遠，勞工的交通費用益形重要。基於這類考量，大企業開始在廠區附近設置**員工社區**（例如西門子關係企業），出現了清一色的企業園區：西門子園區。

瑪婭到腓特烈－威廉大學上課的交通工具，大概是市營馬車，即利用兩匹或三匹馬拉動的公車，例如市中心友好同盟街（Belle-Alliance-Strasse）的坡道就用三匹，由不同方向貫穿城市，費用比汽車和「大柏林電車公司」的電車來得便宜。

柏林第一條地下鐵路於一九〇二年開通，早紐約地下鐵兩年，卻晚倫敦地下鐵近四十年。麗山地鐵是為了連接「巴伐利亞社區」，而在一九〇八到一〇年間建造完成：由市中心諾倫多夫廣場（Nollendorfplatz）到市南區的巴伐利亞廣場和今日的因斯布魯克廣場（Innsbrucker Platz）。威爾默斯多夫—達冷線快鐵（Schnellbahn），經市中心維滕堡廣場（Wittenbergplatz）—費爾貝林廣場（Fehrbelliner Platz）—布萊騰巴赫廣場（Breitenbachplatz）—市西南區的提爾廣場（Thielplatz），於一九一三年十月啟用。由夏洛滕堡市興建的選帝侯大道地鐵線（Kurfuerstendamm-U-Bahn），由維滕堡廣場（Wittenbergplatz）至市中西區烏蘭德街（Uhlandstrasse）也落成了，原本還要開往市西南區哈藍湖（Halensee）的。

柏林的速度變快了，政治評論家梅林（Walter Mehring）這麼形容：

菩提大道上跑啊跑！
步行、馬車嫌太慢！
手裡抓錶、頭頂戴帽，
沒時間哪！沒時間！

二十世紀初的柏林，以菩提樹下大街和腓特烈大街這十字路口，交通最為繁忙，後來被市中心波茨坦廣場和威廉皇帝紀念教堂旁的維多利亞廣場（Auguste-Viktoria-Platz，今為布萊特夏德廣場〔Breitscheidplatz〕）取代。菩提樹下大街上的速度卻快不起來，因為這條皇帝的跑馬道不准行駛嘈雜的電車，只有一條街道電車穿越。在市北、市南間增建電車路線的議案，因為威廉二世一句話而作罷：「可以從下而不能由上穿越！」於是一條在市中心腓特烈廣場（Forum Fridericianum）底下聯絡栗樹林子（Kastanienwaeldchen）和歌劇院廣場（Opernplatz）的電車隧道，工程耗費多年，如今則已停駛，部分且被封填。一九〇一年，柏林還有八千多輛（8114）出租馬車，到了一九二六年只剩兩百多輛（226）。同時，「引擎動力車輛」（即汽車）數量自一九〇一年以來逐年激增，一九〇九年，警察總長雅戈（Traugott von Jagow）因而停止發照。

流行風尚

時尚也在柏林佔有一席之地，與巴黎時尚設計師和紐約的買家交流頻繁。這一行主要位在舊西區和城中地帶。精品服飾在蒂爾加滕區，大概在雷內街（Lenné-Strasse）和蒂爾加滕街；成衣在豪斯弗格泰廣場（Hausvogteiplatz）、醫院市場（Spittelmarkt）和二次戰後消失的登霍夫廣場（Doenhoffplatz），約今萊比錫大街和耶路撒冷街路口。二〇年代，德國大約有六百家女裝成衣廠，柏林就有五百家。當時的知名廠商是位於市中東區河洲街（Werderstrasse）的格爾松（Hermann Gerson），擁有一千兩百位員工，客戶包括由貴族到歌劇女伶及演員等不同社會階層。

柏林時尚曾很古板。一位巴黎時裝模特兒穿著褲裙在菩提樹下大街漫步，卻引起公憤，躲到附近的阿德龍（Adlon）酒店，並由警方護送回住處。雅戈總長曾以違反善良風俗為由，禁止人民在公開場合穿著「褲裙」（Jupe-Culotte）。少數柏林男女還是相當正經八百，例如，作曲家兼樂評內爾松（Rudolf Nelson）的一首〈先是外衣和縮腰上衣〉香頌便博得喝采：

她在萊比錫大街
一間時裝店，
一隻小妖精
為所欲為，
時髦而自信。
有一天，他發現她，
在最後一間庫房的角落。
她躲在外衣和縮腰上衣後頭，
很難找著：
先是外衣和縮腰上衣，
再是滾邊長內褲，

接著是內褲等等，

然後，

然後就是她！

社會、文化與學術

柏林的社會

如同一九二〇年之前沒有大都會柏林，當時也沒有柏林**這樣的**社會。兩者由個別部分組成：城鎮、鄉村和封地，下層社會、社團和社交圈。其中一個就是從貴族到政界、軍方及外交界等配戴各種動章的權貴圈子。再來則是金融鉅子、大工業家、經濟、知識中產階級和勞工階層：「軍官還是軍官，鞋匠仍是鞋匠。」根據比格爾（Bruno H. Buergel）《從工人到天文學家》一書的描述，由勞工升級成為資產階級的情形並不常見。柏林保有「封閉社會」的魔咒，上至貴族在市中心巴黎廣場布列西瑞德宮（Palais Bleichroeder）裡的汽車俱樂部，下至財務互助、勞工教育、影劇、慈善、運動等社團，甚至一般的固定餐會等等。

皇帝和百姓不相聞問：議員會在君主召開國會和致詞講話時，走進史律特皇宮（das Schluetersche Schloss），社會主義者則否。當皇帝伉儷的馬車或象牙色轎車伴著「具有特殊音色和旋律的喇叭聲」，自皇宮經菩提樹下大街開進動物公園，或是皇帝以超前隨扈一個馬頭的架勢，騎乘在大道中央（即他的跑馬道）時，男士們揮帽，女士鞠躬。然而，與其說這是受百姓愛戴的場面，不如說是想「到過柏林、見識皇帝」的觀光客景點。尤其每條路口的安全人員，只要警察總長一聲令下，就要刁難，甚至毒打民眾。

柏林軍方地位之高，是項特色，官方在時尚和藝術的守舊，又是一絕。言論檢查極其嚴格。舞台表演不許光腳，女性穿著男性長褲，簡直不可思議。緹拉．迪里厄（Tilla Durieux）說，在二十世紀初的柏林，還有作家為了一句話遭到起訴：「於是慵懶地凝視著如同乳房般白皙的漂亮山丘！」另一方面，當瑪婭再度離開柏林那陣子，大萬湖解禁，准許男、女同時下水。以下是一九〇九年法國旅遊作家于雷（Jules Huret）的報導：

> 我在德國西部諾德尼島（Norderney）曾經差點吃上官司，因為在不知道規定的情況下，太靠近女子泳區——此刻，我卻站在數百位半裸的柏林女人當中。那些讓母親擦乾身子的少女，在我面前披上襯衣，而數百位男子和少年幾乎只剩一小條布……打球、跑步、做操，在異性面前展示他們的肌肉。

一九〇七年十一月，社會民主黨（Sozialdemokratie）趁新國會召開及普魯士議員選舉前，在各地發動五十場群眾集會，抗議**普魯士三階級選舉制**，視之為「對公理正義最尖刻的嘲弄」時，愛因斯坦的妹妹瑪婭大概已回到伯恩。當局藉著提高有產階級的選票價值，使得社民黨議員在獲得多數選票的情況下，卻依然維持少數（譯註：該選舉制依收入分成三級，但每級選民所佔人口比例差異雖大，比如第一級百分之五，第二級百分之十五，第三級百分之八十，各級所能選的議員人數卻一樣多）。於是，隔年一月爆發了數千人的群眾抗議——但無成果。當年的選舉結果非常不合理：保守派的四十一萬多張選票（418400）擁有兩百一十二位議員，獲得近六十萬張選票（598500）的社民黨卻只有**七個**席次。後來，警察總長在社民黨策動示威之前，便在各處貼出以下告示：

將在街頭頒布法律。
街道僅供交通。
反抗公權力，將招致武力干涉。
我警告躍躍欲試者。
柏林，一九一〇年二月十三日。

名士和藝術家的安樂窩

儘管街道不許柏林人任意使用，卻有若干能夠令他們感到自在的地方。

柏林人沒有酒館便無法生活。任何人在自己的老館子裡都有個「老角落」或「斜對角」。生活在柏林，卻未定期上酒館的人，要嘛生病，要嘛便不是柏林人。柏林佬的酒館癖有很多因素。社會學者當然首先指出這裡惡劣的居住狀況……維也納人有咖啡館，柏林人則上酒館。

藝術家也在一定的悠閒場合中聚會。例如，在原有的腓特烈門町的話，就是位於市中心朵若緹雅街（Dorotheenstrasse）上的「黑傢伙」（Schwarzes Ferkel）。咖啡館則隨柏林的發展逐漸聚集在波茨坦廣場，令當地人流連忘返的有糕點咖啡屋約斯第（Josty）、頂級咖啡廳皮卡帝里（Picadilly）和「爵爺府」（Fuerstenhof），及（仍然在西區的）選帝侯大道的咖啡館和早點咖啡亭。耶克爾（Willi Jaeckel）一九一二年出版的《浪漫咖啡館》一書中，提及文藝人士會去市中西區的威廉皇帝紀念教堂聚會地點，亦即陶恩欽街（Tauentzienstrasse）和選帝侯大道路口（今為布達佩斯特街〔Budapester Strasse〕，現址是歐洲中心），就不是那麼悠然自得。這家咖啡館被形容成火車站大廳，許多有才華者端坐這裡等著受到發掘。這有兩位一次大戰前印象派畫家，即斯萊福格特（Max Slevogt）和奧爾利克（Emil Orlik）的固定桌位，藝品商兼出版商布魯諾．卡西雷爾（Bruno Cassirer）會找斯萊福格特製作版畫。奧爾利克則為本市的文化名流素描、繪畫或拍照。具哲學素養的數學家兼西洋棋大師拉斯克（Emmanuel Lasker）在此以棋會友，他反對愛因斯坦相對論，認為是「帶有真理的謬論」。出入這裡的作家，有瘦子克勒曼（Bernhard Kellermann）和胖子平圖斯（Kurt Pinthus）。多虧奧爾利克，浪漫的咖啡館中也有幾幅愛因斯坦的畫像。

提供上百份報紙的名店「城西咖啡」（Café des Westens），又名「自大狂」（Café Groessenwahn，原註：一九二〇年由瓦萊蒂〔Rosa Valetti〕成立，位於同一家館子裡的諷刺劇團也叫「自大狂」），位在選帝侯大道偏西，一九一三年起，遷至大道與約雅幸塔勒街（Joachimsthalerstrasse）的交會口，即在今日「街邊花環」（Kranzler-Ecks）之處。在城西咖啡的幾位女性中，可以見到作家拉絲珂—徐樂兒（Else Lasker-Schueler）。據印象派文人布拉斯（Ernst Blass）的看法，這家館子「並沒有什麼無政府主義歪風，而是文雅人士的聚會場所。那裡有特殊取向的刊物：瓦爾登（Herwart Walden）的《狂風》（Sturm）、普芬佛特（Franz Pfemfert）的《行動》（*Aktion*），赫爾佐克（Wilhelm Herzog）的《潘神》（Pan，譯註：愛好音樂、發明排簫的畜牧神，人身羊足，頭上有角）。這裡會出現和我們息息相關的事情。咖啡館文摘及自由自在、無商業氣息的夜晚。」他的〈夜氛〉一詩大概也源自於此，請看最後四行：

來呀來，吾愛！吧台
調酒師透露最隱密的暗示，
你那仙女也似的秀髮
跟雪莉白蘭地的微紅多搭啊。

畫家佩希斯坦（Max Pechstein，又譯佩西斯泰因）還記得：「『自大狂』裡的哼唱，彷彿蜜蜂的嗡鳴……我們成立『新分離派』（Neue Secession），並經常聚會。我本人跟『藍騎士』（Blaue Reiter）畫社走得較近……自大狂和新聞界之間爭執激烈。」

畫家協會展覽和藝廊互別苗頭。藝術理論家暨「狂風」藝廊總監瓦爾登，已經展出從義大利未來主義、「藍騎士」畫派到德法表現主義等五花八門的現代風格。一次大戰前的柏林人，早已展覽過西班牙畢卡索（Pablo Picasso）的版畫和俄國阿爾西品科（Alexander Archipenko）的抽象雕塑。威廉二世的繪畫品味稍落後於本市的腳步，他雅好的是歷史畫、戰爭畫和帝王肖像。據說他對保羅．卡西雷爾舉辦的塞尚展（一九〇一年）不以為然：「卡西雷爾竟然想把巴黎這種爛藝術獻給我們……」

藝術女神的住所

柏林早在威廉王朝就在市中東施普雷河上的博物館島設置別致的場所，這裡有「舊博物館」、「新博物館」、「舊國家畫廊」（Alte Nationalgalerie）、「腓特烈皇帝博物館（今為博德博物館〔Bode-Museum〕）」，以及一九〇九到三〇年間建立的佩加蒙博物館（Pergamonmuseum），這裡有普魯士選帝侯國王的收藏品和藝術史家博德（Wilhelm von Bode）私人收藏及其基金會的添購藏品。後者的博物館理念，是在同時呈現藝術家的作品及其時代背景，即同時代的家具、地毯和陶瓷器等。

本市在一九一二年已有二十家劇院，不包括那三家歌劇院。一九〇五年，賴恩哈特（Max Reinhardt）在市中心舒曼街（Schumannstrasse）成立德國劇場，一年後，他以易卜生（Ibsen）《群鬼》（*Gespenstern*）和挪威表現主義畫家蒙克（Edvard Munch）劇場造像創建的小型社會問題劇（Kammerspiel），憑其多樣手法而走紅國際，至此，劇組已廣受喜愛。賴恩哈特在一次大戰前的競爭對手，是王儲橋（Kronprinzenbruecke，原註：該橋在帝國國會堂北側跨越施普雷河，今已不存）附近萊辛劇場（Lessingtheater）的布拉姆（Otto Brahm），他曾讓年輕的豪普特曼（Gerhart Hauptmann）的作品《日升之前》名噪一時。

戲劇協會在嚴格的言論檢查下成立，官方卻無法阻絕內部的活動作業。於是，有布拉姆和薩穆埃爾．菲舍爾的自由劇場（Freie Buehne）、自由人民劇場（Freie Volksbuehne）及和勞工教育協會關係密切的新自由人民劇場（Neue Freie Volksbuehne）。柏林的劇場興盛，劇評隨之而起：《佛斯報》（*Vossische Zeitung*）劇評馮塔內（Theodor Fontane）對後起之秀之多，感到訝異，當中也包括文藝評論家克爾（Alfred Kerr）。話說，埃爾莎喜好詩歌。大家知道，一九一三年，她分別在二月和十二月在市中心呂佐街（Luetzowstrasse）的克林德沃特廳（Klindworth-Saal）和美景街的藝術家館朗誦會中發表詩歌，也跟堂表弟愛因斯坦打聽在蘇黎世的發表機會。

位於菩提樹下大街、上演歌劇和芭蕾舞劇的皇家歌劇院，由音樂總監穆克（Carl Muck）和史特勞斯（Richard Strauss）指導，後者也在宮廷樂團的「冬中十夜」晚會上指揮交響曲。由夏洛滕堡市設立的德國歌劇院，在一九一二年以貝多芬《費黛里奧》開幕，當時有一萬一千名預訂者。一九〇五年，私人在市中心柳道橋（Weidendammer-bruecke）附近設立了喜歌劇院，一九一一年開始以輕歌劇知名，但和今日附近貝仁街（Behrenstrasse）的喜歌劇院無關。除了歌劇管弦樂團，指揮家尼基施（Artur Nikisch）的柏林愛樂，在這裡打開了歐洲知名度，更和西格弗里德．奧克斯（Siegfried Ochs）的愛樂合唱團（Philharmonischer Chor）演出大型合唱曲。

在演藝界的新潮中則有「電影劇場」（Kinematographentheater），在皮卡帝里咖啡廳、海軍上將殿（Admiralspalast）或市中心諾倫多夫廣場的莫札特廳，播放無聲電影。

一九一三年十月，賴恩哈特的首部電影《永福者之島》在由建築師考夫曼（Oskar Kaufmann）於選帝侯大道上興建的「聯盟宮」（Union-Palast）上演。

學術研究

儘管威廉二世在藝術方面較守舊，但他對自然科學的興趣，卻推動普魯士學術研究機構的現代化，進而也影響了柏林。他的學術管理機構透過設立注重大型工業與科學合作的研究所，改變了過去大學壟斷的地位。圖書館整理得比以往更好，大學法也現代化了。一八九九年，儘管各大學反對，在皇帝一聲令下，普魯士的大學採用了博士授與法，包括夏洛滕堡科技大學。同時，以實用學科和自然科學為取向的理科中學和高校，地位提升，和文科中學並駕齊驅。在普魯士文化部長阿爾特霍夫（Friedrich Althoff）的推動下，皇帝和羅斯福總統簽訂了兩國大學（「威廉皇帝學人」和「羅斯福學人」）的定期交流，再度推翻了柏林大學教授群的決議。他們拒絕承認美國同儕的應有學術地位。

一九〇七年，當首位羅斯福學人到來時，阿爾特霍夫形容這種交流為：

> 促進兩民族和平與相互進一步理解的最有效方法……我們在外交和貿易已經合作許久，現在是兩民族文化界領袖進行無私的交流，為真正世界文明鋪路的

時候。我們藉著這種新的文化交流，為世界和平與世界文化打下堅實的基礎。這個崇高的觀念完全符合愛因斯坦的想法。十年後，這種「堅實基礎」卻淹沒在這兩個「文化國」彼此殺戮的血海中。

一九一二年四月，愛因斯坦教授由布拉格前來柏林訪問一週。在拜訪哈伯（Haber）、能斯脫（Nernst）、普朗克、盧本斯（Rubens，又譯魯本斯）和瓦爾堡（Warburg），並與自己的堂表姊埃爾莎相戀時，對這城市有何印象呢？他後來在信中寫道，當自己回憶起「到萬湖的遠足」和同她「在柏林舒暢的森林裡」談天說地時，感到相當快樂。當時，這裡除了動物公園，還有不少可供休憩的公園綠地，但也有不少軍營：愛因斯坦在慕尼黑上學時，對德國人軍事崇拜的厭惡，至今未見消滅。對埃爾莎的愛意和對未來學術交流的期待，或許能略加緩和。位於今日市西區羅伊特廣場（Ernst-Reuter-Platz）北邊的帝國物理技術學院（Physikalisch-Technische Reichsanstalt）院長瓦爾堡（Emil Warburg），提供他另一個來柏林的機會，希望他接受國立物理科技精密測量儀器學術機構及其相關基礎研究的職位。愛因斯坦推辭：他並不想成為這種實用科學研究單位的「御用理論家」。

後來，在一九一〇年十月十一日，即柏林大學創校百週年紀念會上，皇帝登上禮堂講台，向該校神學教授哈納克（Adolf von Harnack，又譯哈爾納克）等人致詞，希望「在自己的擘畫和名義下，成立一個學會，執行建立和維護研究機構的任務」。他把這項舉動列入重視學術的普魯士傳統：洪堡卓越的研究計畫，主張成立「在科學院和大學之外的獨立研究機構，成為總體科學組織的一部分」，亦可得到國家的補助。這是威廉皇帝學會成立的緣由。許多經費來自民間和工業界。在這以科學新知為基礎的工業（如電機工業）突飛猛進時代，各大學原本無從實現洪堡結合學術研究的理念，因為學府在基礎研究方面人員和設施不足，無法達到突出的成就。這種新學術團體的設立，有助改善這種情況：一九一一年，組織基礎已具雛形。皇帝從贊助者中選出二十位理事，其中包括財力並不雄厚的四位教授，並且任命哈納克為首任理事長。最早的兩個研究所，為化學和物理化學暨電化學研究所，座落在市區西南邊的前達冷的國有土地，一九一二年十月興建完成。早在前一年，哈伯（Fritz Haber）就被任命為後者的所長，全由科佩爾銀行和歐司朗公司（Osramwerke）的大股東及猶太企業家科佩爾（Leopold Koppel）獨力贊助。

除了腓特烈威廉大學和威廉皇帝學會這兩名年華正盛的女士外，柏林還有一名令人景仰的年邁婦人，即當年萊布尼茲（G. F. Leibniz）提案創辦的「布蘭登堡科學會」，今為「皇家普魯士科學院」（Koeniglich Preuische Akademie der Wissenschaften），下轄兩組，即哲學—歷史和物理學—數學組。科學會的宗旨在於促進純學術研究。兩組成員人數相當，均常設一位「主任祕書」。一九一二年，理論物理學家普朗克便擔任物理學—數學組的主任祕書。能斯脫、盧本斯和瓦爾堡也是學院的正規成員，哈伯則要等到一九一四年才選上。各組都以研究為首要任務。院士被視為大學的教員，卻無授課的義務。例如荷蘭化學家、諾貝爾獎得主范托夫（Jacobus H. van't Hoff），至其一九一一年過世為止，便是如此。一九一一年，在成立威廉皇帝研究所的同時，物理學—數學組增加三個新的有給職，「讓科學院有機會遴選威廉皇帝研究所的所長為正規院士」。三年後，愛因斯坦便利用了這個機會。

柏林除了這三個與愛因斯坦密切關聯的頂尖研究所，也有其他與物理學相關的研究機構，例如擁有兩千名學生的夏洛滕堡科技大學和市中心榮民街（Invalidenstrasse）有六百名學生的農業大學及相關的自然科學博物館。值得一提的，還有兩座天文台，即市區南邊的波茨坦—巴伯斯貝格（Potsdam-Babelsberg）皇家天文台和市區東南邊特雷普托的阿恆霍德人民天文台（Archenholdsche Volkssternwarte）。大型企業亦各自成立實驗研究單位。

愛因斯坦還能在哪找到如此密集的物理學者及其所屬的教學研究單位呢？

2

知識慾和情慾

吸引愛因斯坦到柏林的力量

Wissenschaft und Eros
Was Einstein nach Berlin lockte

柏林物理學者基於什麼理由接納愛因斯坦，而他為何決定遷居柏林呢？根據記載，愛因斯坦未滿十七歲時，就中斷在慕尼黑的高中學業，及時申請撤銷他在德南部符騰堡的國民身分，無須在當地服兵役。後來，他在義大利和瑞士生活。到那時為止，他的學術經歷來自瑞士和奧地利—匈牙利的大學。在蘇黎世取得博士學位及在伯恩獲得授課資格後，他在蘇黎世兩度擔任教授，期間在布拉格卡爾大學（Karls-Universitaet）擔任過一年的正教授，婉拒荷蘭萊頓（Leiden）和烏德勒支（Utrecht）大學的邀聘。在德國大學方面，迄今未曾得到任何機會。一九一二年，德國北部哥廷根大學數學家希爾伯特（David Hilbert），曾邀他擔任「動力理論」講座未果。在工業和文化的民主程度上，普魯士和柏林遠遠落後蘇黎世。不管皇室、貴族、軍方、教會或官僚，都在維護某種不平等的社會秩序。另一方面，先不談該市的「休閒價值」，柏林卻是普魯士，甚至德國的物理學**重鎮**。但柏林實在巨大繁忙啊！一九一三年來到柏林的羅伊特（Ernst Reuter），便不怎麼興奮：

> 我覺得柏林跟我很不投緣。到處是灰塵和三步併做兩步、彷彿每分鐘都很值錢的人……我完全可以理解你對此地的反感，這個城市很討人厭。我卻還得住上很久呢。

這個預示沒錯，後來他對柏林的觀感變得比較友善：二次大戰後，他成為該市市長。至於最吸引愛因斯坦的，應該是兩件事：柏林獨特的學術風氣，和一九一二年起對埃爾莎的愛戀。

愛因斯坦的柏林同僚

在物理學家基希霍夫（Kirchhoff）和亥姆霍茲（Helmholtz）的主持下，柏林腓特烈威廉大學成為理論物理學的重鎮。普朗克自一八八八／八九學期，開始在此授課，一九〇〇年提出「量子假說」（Quantenhypothese），解釋熱體輻射能而大受矚目。假說認為，原子的放射能並不是一**任意**量，而是和放射頻率的量成一定的比率。自此，這個具有比率性質的自然常數，便被命名為**普朗克常數**（Plancksche Konstante）。一九一八年，基於這項二十世紀前三十年對量子力學和生活科技的重大發現，普朗克獲頒諾貝爾獎。一九〇五年六月，當愛因斯坦發表「狹義相對論」基礎的《論動體的電動力學》（*Zur Elektrodynamik bewegter Koerper*）時，他也是第一位明白其重要性的人。普朗克的研究助理馮．勞厄（Max von Laue），後來在一九一一年寫出關於相對論的第一本教材。一九〇六年起，普朗克與他和愛因斯坦通信。一九〇九年，愛因斯坦和普朗克在奧地利薩爾斯堡舉辦的德國自然學者暨醫師大會上結識。

實驗物理學家暨柏林大學物理學研究所所長盧本斯（Heinrich Rubens）也來開會，他專攻電磁輻射，尤其是長波的紅外線領域。他和同校的物理學化學研究所所長能斯脫（Walther Nernst），在低溫時的比熱方面合作。在這方面，能斯脫和愛因斯坦一樣做出理論貢獻。前者有「熱定理」（Waermetheorem），後者則根據量子觀提出假設，即固體的比熱在極低溫時也會降到零點。為了檢驗愛因斯坦的說法，必須熟悉晶格的震盪頻率，這正是盧本斯想測定的。他也和愛因斯坦通信。一九一〇年，當他有辦法證實愛因斯坦在比熱方面的結論時，能斯脫就來到蘇黎世拜訪他。能斯脫在一封信中以為，愛因斯坦是位非比尋常的學者（譯註：以至於在初次遇見時，認不出全無學者架勢的青年愛因斯坦），而愛因斯坦則把能斯脫看成神奇的「技術人士」（Techniker），似乎不無貶意：但能斯脫畢竟比愛因斯坦**更早**拿到諾貝爾獎。

威廉皇帝**物理化學暨電化學**研究所所長哈伯（Fritz Haber），是有名的哈伯—博施法（Haber-Bosch-Verfahren）的發明人之一，也就是從空氣提取氮，並轉化成氨和硝酸鹽的方法。愛因斯坦最早是在一九一一年九月德國南部卡爾斯魯厄（Karlsruhe）舉辦的德國自然學者暨醫師大會時認識他的。哈伯與愛因斯坦相談甚歡，前者並寫信告訴後者，他從愛因斯坦那受兒益良多而衷心感謝。他們討論化學反應時的熱平衡及其與普朗克量子理論的關聯性（哈伯的推測）。愛因斯坦讚賞哈伯學養豐富，卻認為他的思考和自我批評不足。不過，哈伯拿諾貝爾獎也早於愛因斯坦。另一位對愛因斯坦感興趣的柏林同事，為帝國物理技術學院主任埃米爾·瓦爾堡，他是在一九一一年布魯塞爾的比利時化學家**索爾未研討會**（Solvay-Kongress）時認識愛因斯坦的，他受能斯脫之邀，而與會的人並不認識年輕的愛因斯坦。兩學者的討論話題為輻射現象和量子觀念。瓦爾堡設法把量子假說應用在光領域已有多年——同樣出版於一九〇五年（譯註：愛因斯坦在該年發表三篇別開生面的論文，特稱愛因斯坦奇蹟年）。愛因斯坦建議，與其把光看成波，不如看成某種微粒氣體（Teilchengas），其中各粒子都攜帶一能量子，如今，這種粒子叫做**光子**（Photon）。立場保守的普朗克，排斥這種光子論，瓦爾堡卻看出光線對化學反應的影響，亦即對光化學的意義。愛因斯坦與瓦爾堡討論後，找到一項證據，即在光化學反應中，光是以量子型態的微粒被吸收的。

所以，基本上愛因斯坦和柏林同事有不少科學研討與合作的機會。大家共同的興趣都在新的量子觀及由此導出的結論。早在一次大戰前，這裡就已成為這個領域研究的前線據點之一：根據英學者馬克士威（James Clerk Maxwell）電動力學的觀念，一放射中的原子會違反經驗而變得不穩定，丹麥理論家玻爾（Niels Bohr）的量子法則也這麼認為。根據兩者，原子中的電子只能在特定的能階之間來回躍遷，而其中的能量差則釋放成電磁輻射。但根據古典理論，原子卻是不斷在任意位置放射能量，並在短時間內衰竭的。這項矛盾要如何解決呢？

像普朗克這樣敏銳的觀察家就會注意到，愛因斯坦在一九一二到一三年間寫就的引力學術論文份量，幾乎是一九〇九到一〇年間量子現象和輻射領域文章的兩倍。目前，他的興趣是憑藉自己的狹義相對論，發展出更好、更適當的重力理論嗎？一九一二年蘇黎世時期的筆記，顯示當時愛因斯坦差不多已圓滿完成這樣的理論發展。一九一三年，一份關於水星運行的**未公開**手稿，顯示他和好友貝索（Michele Besso）合作擬定了一份暫時性的理論草案。天文學家雖然觀測到牛頓萬有引力理論所預言的水星軌道偏移，兩者最後結果的精確數值卻有所出入。早在兩年前，愛因斯坦就寫了一篇關於重力場影響光行進的論文，發現到星光會向太陽偏斜。現在，他設法讓天文學者注意這些微小的效應，好最終證實理論。當時只有一位學者回應這件事，他是「柏林皇家天文台」研究助理弗羅因德利希（Erwin Findlay Freundlich）。他在愛因斯坦訪問柏林時前去拜訪，也向其他所謂的物理學權威討教。

來自柏林的機會

一九一三年元月，哈伯與文化部長，即「教會暨課程事務部」〔Ministerium fuer geistliche und Unterrichts-Angelegenheiten〕施密特—奧特（Friedrich Schmidt-Ott），和已經答應出資的贊助者科佩爾（Leopold Koppel）會商後，提議在院內幫愛因斯坦安插重要的職位。哈伯的構想在於，既然范托夫（van 't Hoff）的化學能讓熱學獲致成功，「輻射學和電子力學」對化學也將有所幫助。所謂電子力學（Elektromechanik），不妨理解成電子理論，或解釋成具有電磁輻射的原子或分子的交互作用，而其電子力學性質當時仍然不明。哈伯認為普朗克的基本能量子新概念為理解所有分子過程不可或缺一事，逐漸明朗起來。這就迫切需要新式的實驗研究。假使愛因斯坦能夠進入哈伯的研究所，一定能以別開生面的方式達成這種奠基任務。為此，實驗設備的可觀經費和給這位年輕教授的優渥薪資，將大有助益。哈伯也以這個想法來說服在學術地位上僅次於愛因斯坦的普朗克。事情有了結果，且在後來幾個月，能斯脫也加入這兩人的商議，顯示能斯脫強調以勞厄和英國布喇格（Bragg）的X射線繞射（Roentgenbeugung）方法來探討晶體的結構，而只有普朗克還記得，由於愛因斯坦對引力理論深感興趣，更須天文學者的幫助。

在三位柏林科學家的研議下，規劃出讓愛因斯坦前來柏林的新計畫。按照這個計畫，他這時應該脫離哈伯的研究所，成為科學院全職院士，一如范托夫那樣。一九一三年六月十二日，普朗克和能斯脫、盧本斯及瓦爾堡聯名推薦，在院務會議上宣布邀聘愛因斯坦為院士。愛因斯坦早就享譽國際，這是他的相對論原理及其所引起的時間概念革新所致。然而，可以經驗證明的理論結果，卻處在可度量事物的邊緣。愛因斯坦的量子假說獲致的具有實踐意義的成果，包括了固體的比熱、晶體在彈性常數和光自然振動（optische Eigenschwingungen）之間的關聯，及光電和光化學效應。他對光量子的思考「有時也不得要領」。他更出色地把動力論和熱力學巧妙結合起來。他最近關於新引力論的論文，尚未得到公認。愛因斯坦進入柏林科學院這件事，「被整個物理學界看成科學院極具價值的收穫」。愛因斯坦的年俸是一萬兩千馬克，科佩爾答應十二年內都將負擔一半額度。我們在此比較一下：化學研究所所長恩斯特．貝克曼（Ernst Beckmann）年薪為一萬多馬克，身為大學正教授則還有九千馬克，總額比愛因斯坦還多。但是，相較於一般院士九百馬克的「名譽年俸」，他的薪資卻好得太多。在愛因斯坦既定的薪資外，也加計這份榮譽俸。同年（一九一三）七月初，科學院物理學數學組在只有一人反對的情況下，一致通過這項聘任案。「由於某位民間人士出面」（即科佩爾），七月十日的這場院務會議圓滿達成神聖任務。這事不得不急，因為大家還想在八、九月休既定的長假。

隔天，不等全體院士會議確認選舉結果，普朗克和能斯脫夫婦一行人便搭週五晚上的夜車，到蘇黎世拜訪愛因斯坦，以便在週六向他提出這項邀聘，也包括范托夫所擁有的柏林大學名譽教授職位。或許，更談了延攬愛因斯坦進他們自己所內的可能性。週日，普朗克他們到附近郊遊，讓愛因斯坦安靜考慮。在他們傍晚搭車回柏林前，要是看到愛因斯坦揮動一條白手帕時，就知道這個講定的信號表示他同意這件事。幾天後，他寫信給柏林的情人埃爾莎，說他「最晚明年春季」會來柏林，成為范托夫的接班人是極大榮譽，但他更期待「我倆相聚的甜美時光」。部長還得商定技術性的細節，需要一些時間。愛因斯坦的聘任也要「尊貴的皇帝陛下」「仁慈地」核准，由十一月十二日「至高無上的詔書」加以確認。月底，愛因斯坦收到科學院的入選通知。院方請他選定到柏林述職的日期，他在回函時表示，可以在隔年「四月初那幾天」。

在給埃爾莎的信中，愛因斯坦後悔接受聘任的想法，先是想放棄，後來又改口，說這項計畫要推遲到他來柏林的時候才決定，而柏林同仁則有相當具體的構想。一九一四年一月，哈伯、能斯脫、普朗克及贊助者科佩爾和文化部長開會時，意見紛歧。能斯脫的提案最為具體，他想籌備一間探討輻射線和固體理論的研究所，聘請發明測定放射性物質輻射計數器的蓋格爾（Hans Geiger），但也有人主張把愛因斯坦所屬的研究計畫「委託」給民間贊助的學術小組。後來一份由能斯脫起草，哈伯、普朗克、盧本斯和瓦爾堡聯名簽署呈交文化部的備忘錄，則提議設置「威廉皇帝物理學研究所」。這再次仰賴了**科佩爾基金**的財務後盾。這個新設研究所的籌備計畫遭到既有的自然科學研究所，即威廉皇帝學會的強烈反對。本來擁有掌理所務全權及其研究人員的所長，現在卻由**委員小組**職掌，**沒有**自己的人手，也沒有自己實驗設備的研究所。簡而言之，就是成立一個名為**評議會**（Kuratorium）的監督單位，一個名為**委員會**（Direktorium）、擁有一個工作小組的理事會。關於備忘錄中所謂的委員會：「身為常務名譽祕書，我們建議愛因斯坦教授先生，每三年重新遴選一次所屬成員。」新的威廉皇帝研究所的方針是：

結合並安排最適任的物理學研究人員，來解決重大且迫切的專門問題，進而按部就班，既透過數學——物理學考察方法，更透過所屬人員在實驗室中進行的實驗研究，對相關問題尋求最完善的解決方法。

為什麼要讓愛因斯坦擔任這種**一人**研究所所長呢？截至目前為止，他在主持研究所方面——不管在蘇黎世或布拉格，並無值得一提的經歷。這不僅要有發現新概念的創意，更要有諸如組織研究計畫及其過程、鼓勵工作夥伴和評價研究方案等等的能力。柏林同仁知道這點。根據普朗克的信函，愛因斯坦本人也不太有自信，在所長一職及其相關的計畫議定和支援任務方面，自己就是「最佳人選」。同僚們排擠愛因斯坦，另一方面也是為了讓自己的研究計畫得到更多經費。他們推薦自己擔任前三年的理事。另外，在專門領域方面的因素也有影響。前面提過，愛因斯坦及其柏林同仁共同的研究興趣，投注在新的量子觀及從中推導出的結論。這是塊不易耕耘的土地。除了玻爾的原子模型，沒人擁有令人振奮、深具潛力的構思。**僅憑**一位院士，就要來完成古典輻射理論的持續發展，似乎不太可能：未加釐清的效應太多，不同研究領域的經驗數據太多，概念和數學的問題太大。可以想見，想形成探討和決策的論壇，把論題分配給實驗和理論物理學者和物理化學專家，在在都需要許多人協助。這便是今天所謂的跨學科或科際合作。在同樣擁有資格的同儕間，理解量子物理學所需的研究大方針，交付給研究所及所長愛因斯坦。一如預期，這項研究則由其他研究者執行。

一九一四年四月，即愛因斯坦抵達柏林，哈伯提交另一份備忘錄後，威廉皇帝學會和科佩爾基金會於六月呈交普魯士文化部一份共同提案，申請成立**理論物理學**研究所。國家補助所需款項的三分之一，其餘均由基金會和學會負擔。科佩爾本人願意出資興建沒有實驗室的小型研究樓館。七月，這項申請案來到前兩天還在總動員進行杯葛的普魯士財政部。駁回的理由並非迫在眉睫的一次大戰，而是該所本身。資金若**直接**由相關的國家或大學的研究所，而不是**間接**透過威廉皇帝學會來負擔，事情會容易得多。這應該也是達到這種學術目標的合乎體系與程序的方式。於是，愛因斯坦及其同仁便只能在沒有自己研究所的情況下想辦法。

逃離婚姻

影響愛因斯坦決定來到柏林的因素，優渥待遇儘管重要，卻只是其中之一。另一項因素，則是他與米列娃（Mileva）．愛因斯坦（娘家姓馬里奇〔Marić〕），婚姻褪色及他和堂表姊埃爾莎的戀情。經過少時在慕尼黑相遇後，一九一二年四月，愛因斯坦和她在柏林重逢。埃爾莎既是愛因斯坦母系的表姊，也是他父系的堂姊。兩人情投意合，成為戀人：

才不過幾天，我就喜歡上你，不知如何對妳表白……

我倆不住在同一個城市，多麼可惜！我應聘到柏林的希望十分渺茫……你的

阿爾伯特（Albert）獻上一吻。

一九一二到一三年間，愛因斯坦與埃爾莎祕密通信，他的信被保存下來，而他則按埃爾莎的意思銷毀她的信。這事不僅瞞著米列娃，恐怕也瞞著柏林的親戚。此事還瞞著埃爾莎的父母及其妹妹保拉，愛因斯坦也和後者有過一段「感情」。「我很難了解自己對她能有什麼情愫。事情其實很單純。她是位年輕可愛的姑娘，就這麼多了，其他事都摻和了過多的想像。」

愛因斯坦自怨自艾，不僅因他惦念埃爾莎，更因他不得不和米列娃生活。「我和她都是可憐人，被無情的義務給束縛住。」一九一二年五月，他試著跟埃爾莎一刀兩斷，表示不會再寫信給她，卻同時答應她，在搬到蘇黎世後會寫信告知新址，「**妳**就可以寫信給我」（譯註：就當時的用字習慣而言，「**妳**」〔Du〕字只用在極親密的對象上）。實際上，當埃爾莎隔年三月向他祝賀生日時，通信又再開始。「只要能跟妳相聚幾天，而不要帶著我的十字架，我願意付出一些代價……你的阿爾伯特。」

他的「十字架」米列娃自從懷了第三個孩子，即小兒子愛德華（Eduard）以來，就不再期待丈夫全心全意。她必須單獨陪孩子們待在家裡，日漸憂鬱，且患了風濕——

還不提造成她跛行的先天性髖關節發育不良（Hueftschade）。愛因斯坦接受布拉格的聘任，並未改善她的處境。一家人不得已搬遷，使得愛德華經常中耳發炎且長期頭痛，米列娃更抱怨布拉格空氣不好且衛生很差。生性樂觀快活的愛因斯坦在為埃爾莎描述他的米札（Miza，譯註：即米列娃）時，不太留情，說她是「世上最最憂鬱的人。我害怕同時看到她和妳。就算她只從遠處看到妳，也會縮得跟蟲似的！」愛因斯坦晚年還說她的容貌已經變得醜不堪言，希望這樣的話不要傳到米列娃耳裡。這話不符實情，一九一一年，一張她和愛因斯坦的合照，顯示她有大而清秀的臉孔、靈巧的上唇和自信的眼神。在一張離婚後攝於蘇黎世的照片上，我們看到的女人有著一張和善的圓臉和有些滄桑的表情：和埃爾莎相比，並未比較漂亮，或比較難看。不過，愛因斯坦在婚後不久，卻寫信告訴好友貝索，說米列娃能打點大小事，廚藝好，「總是心情愉快」。但是，她的心情低落並非源於自己。愛因斯坦表示，米列娃經常抱怨，一天到晚想著「她要如何防範你們的監視」。這裡指的是柏林的親戚。愛因斯坦的母親隨時都想傷害米列娃：「我母親恨起人來也很惡毒的。」米列娃並不妥協，甚至以牙還牙。愛因斯坦自覺身在「苦海」，而讓知識帶領他「升上安靜的境界，沒有人間的紛擾和折磨」。埃爾莎和愛因斯坦母親也會有口角，卻會重新跟她和解。令人驚訝的是，她更介入了愛因斯坦的職場事宜，亦即她登門拜訪哈伯。一九一三年八月，愛因斯坦寫信給她時說，她的幫忙或許並非全無作用：哈伯多少聽了愛因斯坦這位好心堂表姊的話。「我應該以平常心看待科學院的事，留在熟悉的圈子裡……妳貿然登門造訪哈伯，確實有著自己的作風。妳有對誰說過，還是全賴自己的大膽性情？」

一九一三年八月，愛因斯坦和居禮夫人（Marie Curie）及其女兒一同漫遊瑞士恩加丁（Engadin）。九月，他和妻兒一道探望塞爾維亞的岳父母，隨後，他將在維也納的德國自然學者暨醫師大會上發表報告。米列娃似乎應該一同前往，然後再回到蘇黎世，這時卻發生爭吵，愛因斯坦獨自前去。於是，塞爾維亞丈人就讓兩個外孫在希臘正教教會受洗。愛因斯坦從維也納直接去柏林，商議新職務，且不帶「十字架」，和情人相聚。他愉快地回家：

現在總算有個人可以讓我以全然的喜悅來想念並為之生活了。如果我猜得不錯，妳的信告訴了我，那個人已經在那裡等著我……我們分離的這半年很快就會過去。

情勢已經底定：有利於身段軟、比較迷人的埃爾莎，而不利於米列娃。不過，柏林的住處依然需要身為人生伴侶的妻子本人來打點，愛因斯坦不會插手。於是，米列娃前去柏林，寄宿哈伯家，為這個形式上還在一起的家庭找了房子。她大概還奢望著能夠改善自己跟先生與孩子的爹的關係吧。

柏林——獨特的良機

愛因斯坦在蘇黎世一定問過自己，除了柏林，哪裡更能提供既不受干擾，同時又有高薪的研究工作。他尤其喜歡沒有教學**義務**這一點。在蘇黎世，他有既定的授課時數，參與舉辦文科中學教師的國家考試，甚至指導一兩位博士生的論文。在柏林，並無這些，或是由身為柏林大學教授的他自己決定。他屬於一所知名的歐洲學術機構，能在世界知名的學者圈中討論，甚至合作。在自己的研究所，就是有這種機會。設所之事雖遭到推遲，卻仍有希望。他三十四歲，最具創造力的時期或許已經過去——但誰知道呢？他能否像柏林物理學者所期許那樣，在量子現象領域「下金蛋」？答案仍不確定。但是，他可以確定自己完成了引力理論：他現在已經能夠預測其效應，而柏林則有不少能夠加以證實的天文行家，何況他還發現一位躍躍欲試的年輕天文學者弗羅因德利希呢。

這座世界都會為他提供了參與文化和社交活動的絕佳機會。蘇黎世、布拉格、萊頓、烏德勒支，甚至維也納，均望塵莫及。不過，普魯士的軍國主義讓他很感冒，這位巴伐利亞人早就加以唾棄。對於以後必須長久相處的人，也不令他感到愉快。他寫信給埃爾莎時說，柏林人的缺點就是「素養不足」。相較於法國、英國人的言談和感受，柏林人頗為粗俗野蠻，簡言之，缺少人文素養。他這麼快就得到關於「柏林人」的結論，不禁令人訝異。這看法是從他跟柏林同事的交往得來的嗎？埃爾莎對他的感情，彌補了這點，愛因斯坦覺得這是種難得的快樂，是「一種同我極為投緣的樂事」。他期待能常和她在一起：「最美好的就是我倆在格魯內森林裡散步，及陰雨時，在妳閨房裡的相聚。」他相信，自己在柏林會更加振奮：他戀愛了。

一九一四年過去了。春天來臨，卻帶給我們極為劇烈且頻繁的風雨。大自然似乎失序了。幾乎每天都在閃電打雷，彷彿世界即將沈淪，接著就是去年所無的那種山雨欲來風滿樓的氣氛。當時大家沈浸在一種獨特的夢幻氣氛，擺盪於戰爭欲求與和平希望之間。人們大肆慶祝……

當愛因斯坦搭火車由萊頓經德國西部的亞琛（Aachen），於一九一四年三月二十九日抵達柏林時，或許正如同作家多米尼克（Hans Dominik）所描繪一樣地風雨交加。他向荷蘭學者埃倫費斯特（Ehrenfest）講述了自己的引力理論，並一同討論量子物理學的現況。說不定哈伯在波茨坦站，或者在夏洛滕堡，或是有科隆列車靠站的市中心勒特爾（Lehrter）車站等他呢？三個月前，哈伯幫米列娃在市區西南邊的達冷埃倫堡街（Ehrenbergstrasse）三十三號找到房子，離哈伯在法拉戴路（Faradayweg）四號的研究所不遠。房屋重新裝修，一週後，家具也運到，不過，卻使愛因斯坦得暫住舅舅科赫家。同年（一九一四）四月一日，他在蘇黎世辦好離職手續，興奮地告訴情人埃爾莎，自己的妻兒還得在瑞士洛迦諾（Locarno）調養兩週，所以他們倆可以安心享受愛情。

米列娃和孩子們於四月下旬來到柏林。這個新家交通便利，鄰近城鄉快鐵利希特菲爾特西站（Lichterfelde-West），和聯繫符滕堡廣場，即「新西區」的地鐵提爾廣場（Thiel-platz）站。從快鐵站利希特菲爾特搭弗羅瑙（Frohnau）線，可達位於菩提樹下大街普魯士皇家圖書館附近的科學院及比鄰的大學。在達冷這人口不到一萬的鄉村別墅區，生活相當舒適。當時蓋瑞街（Garystrasse）往市區西南邊的策倫多夫方向，是片開闊的田園。住家附近更有植物園，佔地廣大、景色怡人，並有培育許多仙人掌的觀賞館和一座擁有棕櫚樹的熱帶館。但屋內的氣氛並不怎麼好。四歲的愛德華在中耳痊癒後，仍然病弱，跟母親待在家裡，漢斯則開始上學。米列娃跟夫家親戚不相往來，而先生常常連續幾天不在家，沒有交代理由或地址（當然是到埃爾莎家）。米列娃或許已經察覺箇中情況：這與其說和先生的「老朋友」有關，不如說和他的堂表姊有關。這個狀況從五月某週末埃倫費斯特夫婦來訪時，可以看出端倪。但客人來過便走，夫妻卻得單獨相對。當愛因斯坦沒有問過太太就租了個房間時，兩人大吵起來。她責怪他被親戚牽著鼻子走，大家正等著看這位教授先生會有什麼作為。愛因斯坦躲到埃爾莎家，米列娃則接受哈伯太太克拉拉（Clara）的邀請，帶著小孩搬到他們家。早在遷居前就冷卻的這層關係，如今降至冰點：看來分離會比較妥當。夫婦兩人仍然保持聯絡，但由哈伯代傳信件。關於孩子歸米列娃及其贍養費用的磋商，由律師進行，愛因斯坦則委託好友貝索去處理。談判因愛因斯坦嚴苛的條件和雙方的猜忌而破裂。七月底，愛因斯坦的妻兒回到蘇黎世。他把大部分家具寄給他們，而在威爾默斯多夫的維特爾斯巴赫街（Wittelsbacherstrasse）十三號租了較小的房子，只要步行一刻鐘便可到哈伯蘭街。一年後，大家才在蘇黎世再見面。柏林關心不了這種在眾多不幸中的一樁私事。

緹拉·迪里厄點出了一九一四年夏天的氣氛：

> 一步舞（One-Step）正風行，大家隨著流行歌曲〈鮑比你的頭髮呢？〉跳「木腳」舞，亦即僵著一條腿繞著舞池跛行。整個柏林陶醉其中……柏林洋溢著工作狂熱和生活快感，沒有人料到，在我們大跳其舞的同時，戰爭幽靈也亦步亦趨。誠然，是有些警告的聲音，但人們充耳不聞。彷彿每個人都受制於莫名的恐慌，要在大禍降臨之前盡情歡笑，享受人生。

3

「所長先生」

愛因斯坦及其督導者

Der "Herr Direktor"
Einstein und seine Kontrolleure

了解愛因斯坦的私領域後，再來看看所謂「他自己的」研究所的後續發展，約在一九一四年八月大戰初期，到一九一七年一月兩年半的期間。當時，柏林的工廠廠主弗朗茨・施托克（Franz Stock）加入威廉皇帝學會，致贈五十四萬馬克的高額禮金。施托克經營一家機具工廠，也是哥哥羅伯特（Robert）生意興隆的電報機工廠股東，該工廠後來成為「德國電話設備」公司。這筆款項源自戰時公債，施托克拿所得利息來贊助物理學研究。學會要是不想錯過這個良機，就得加以處理。在跟科佩爾基金會、文化部，和柏林物理學者磋商後，學會評議會於七月初決定，將於一九一七年十月一日成立「威廉皇帝物理學研究所」。年度預算為七萬五千馬克，三分之二由學會、三分之一由科佩爾基金會負責。後者只願負擔十年，學會也只答應固定撥款十年。愛因斯坦擔任所長，年薪五千馬克，卻沒有提及研究樓館一事。雖然研究所的經費，少於既有的六間研究所當中的五間，但仍高多於柏林大學自然科學研究所的平均預算。

學會的**評議會**由大工業家西門子和能斯脫與普朗克所組成，而科佩爾基金會則由贊助者科佩爾和哈伯來維持，課程部則由部長施密特—奧特掌理。**委員會**有主任委員愛因斯坦，五位常務理事哈伯、能斯脫、普朗克、盧本斯和瓦爾堡等研究所教授及所有柏林科學院院士。這意味著研究單位委員會的人事重疊，也意味著分外眼紅的科學院的適當牽制。籌備處主任是西門子和愛因斯坦。這種職務具有籌備性質，以便開始籌辦設置研究所事宜。工作小組從缺。各單位之間的分工：**評議會**負責財務收支，審查**每項**研究計畫及委員會的年度預算。**委員會**則負責提出學術計畫，並加以推動。

十二月中旬，大眾從柏林兩份日報及專門學刊的公告版上，得知這間新研究所的事情：

威廉皇帝物理學研究所

將於一九一七年十月一日成立，其任務在於透過遴聘及支援最合適的學者，對重大且迫切的物理學問題，循序漸進進行研究。

題目、方法及工作地點的選定，由常設的委員會來處理。不過，其他物理學者在提案和經費方面，仍得行使同意權。

當然，儘管該所要到戰後才能發揮最大功效，卻應從即日起，盡量推行工作。

詳情請洽該所主任委員愛因斯坦教授（柏林市麗山區哈伯蘭街五號）。

委員會愛因斯坦 哈伯 能斯脫 盧本斯 瓦爾堡

少了普朗克的名字：愛因斯坦預付公告費時，竟然把他給忘了。上面的通信地址，為愛因斯坦當時的私人地址：要辦理所務，與其在哈伯自己所上提供的辦公室，不如在埃爾莎她家——他的第一位祕書，就是他情人十九歲的女兒伊爾瑟（Ilse）。她起初每週工作三天半，可以拿五十馬克月薪。愛因斯坦跟西門子申請「幾百馬克的所務經費」：後來則用於購買打字機和支付辦公開銷。

由於愛因斯坦的提案，研究院破格擢昇弗羅因德利希為「柏林皇家天文台」研究技士，三年內從事「以推動實驗和理論天文學研究為目標，檢驗廣義相對論及其有關問題」。普朗克判斷得很正確：愛因斯坦的研究重心不在量子論，而在引力論。一九一五年，愛因斯坦完成廣義相對論及其分析後，想驗證其理論。弗氏則在熟悉天文攝影技術後，從事恆星光譜紅移的測定。在一九一七年十月十九日威廉皇帝學會大會上，會長哈納克總結愛因斯坦新所的設立緣由如下：

> 這間物理學研究所：透過學會極重要成員科佩爾基金會及柏林物理學者的提案和辦法，一間由愛因斯坦教授擔任所長的常設物理學研究所，在本年度誕生了。該所具有不同於學會其他機構的獨特結構，沒有自己的研究樓館和實驗室，卻擁有一批學有專精的物理學家。他們決定進行哪些研究及為哪些學者提供支援和儀器，以推動其工作。然後，這些研究便由所內有關的學者來進行。但儀器仍然是中央機構的財產，最後會回到那裡，提供後續的其他院士使用。大家當然想藉著這個辦法來加強、結合物理學研究——並「節約成本」：現在有許多貴重儀器遭到擱置，正因先前所屬的必要研究，在該所並不能繼續使用。

新所成立公告上的間接要求，即送交委員會的物理學「提案」，由於許多同事被徵召入伍，而缺少成果。除了技術工業取向的計畫，和一項被愛因斯坦否決，成立放射學研究中心，探討X射線對生物系統的影響的方案外，僅有一項計畫具有發展潛力：這是一九一八年七月，由荷蘭學者德比（Peter Debye）提交格廷根大學物理所的案子。這項受到愛因斯坦重視的研究計畫，成功發展了愛因斯坦的固態晶體比熱理論。這個計畫探討鑽晶上的X射線散射，從中可以得到電子分布的證據。德比推測了古典電動力學的失效，提出在高能（亦即短波長）X射線照射下「發射自由電子的輻射線之量子化」。他為了加以證實，需要一種高壓變壓器。這恰好與設所者的構想不謀而合。在委員會的常會中，一致通過了這項提案：大家也想像愛因斯坦到波羅的海（德北）阿倫舒普（Ahrenshoop）度假那樣，好好休個長假！儘管經費撥發得快，德比的研究卻進展很慢，因為西門子公司要兩年後才能夠生產他所訂製的儀器。於是，所方決議將製作期限縮短成一年，同時允許變壓器借出國外。德比卻放棄這部配發給他的儀器，連同期間累計的租金一併歸還。

威廉皇帝物理所的工作

大家已預見，直到大戰結束時，外界建議，由所方資助的研究計畫成果不佳。那麼所方本身的研究計畫又如何呢？除了委員會呈請擢升弗羅因德利希為技士一案，尤其有關解決「量子問題」的方案外，都乏善可陳。哈伯和能斯脫搞戰時研究，愛因斯坦在一九一八一整年，不時生病，瓦爾堡已七十出頭，盧本斯則專攻實驗物理學和精密測量。但是，愛因斯坦還是能夠在引力理論領域發表兩篇研究論文（其中包含一篇關於宇宙學的重要文章）及關於量子物理問題的兩篇論文。後兩篇也在把光子看成具有量子化脈衝的微粒的觀念上有所突破。接著，停戰和「革命」，影響了研究的集中度。直到委員會在一九一九年三月發布第二次公告後，真正的研究推廣工作才開始。

一九一一年索爾未國際研討會，除了哈伯外，所有委員會成員都出席，但自成為量子現象方面的傑出專家以來，這些柏林學者逐漸遠離新知而有所落後。但愛因斯坦在動力理論和熱動力學領域，仍是無可匹敵的大師，特別在與電磁射線理論的結合上，更持續到一九二六年。不過八年之後，量子物理，尤其原子物理方面的聲勢，就轉移到別處，例如，慕尼黑的索末費爾德（Sommerfeld）、哥廷根的學者，及哥本哈根的玻爾。新研究所本來可以透過量子現象領域測量成果的系統性整合、委員會跨學科的共同討論，甚至從中發展出來的研究策略來迎頭趕上的。他們卻沒有把握這個機會。委員會這些深具個人色彩的學者**團隊**，原本可以在令人信服的領導下通力合作的。

愛因斯坦並無領導風範，甚至自稱「獨行俠」。他自己說過，陳述那些首先需要人家支援的問題，是種「狂妄」。在未涉及自己的學術研究時，他就不是以**問題**，而是以**個人**為中心。簡單來講，優秀的人才能夠從事優秀的研究計畫。愛因斯坦提到值得獎勵的人才有科塞爾（Kossel）、弗蘭克（Franck）、施特恩（Stern）、沃爾默（Volmer）和格拉赫（Walter Gerlach），都是知名的科學家。弗蘭克和施特恩後來甚至成為諾貝爾獎得主，只是當時已不再年輕。他們跟在量子論方面取得關鍵性進展的〔奧地利〕薛定諤（Schroedinger，一譯薛丁格）、海森堡（Heisenberg）、〔英國〕狄拉克（Dirac）、博恩（Born）和約爾旦（Jordan），並無直接關係。既然愛因斯坦在柏林不需指導博、碩士生，就不能夠提攜像索末費爾德、玻爾和博恩等後起之秀。他大概也沒這個打算：他的合作人員要負責計算工作，執行他的指示，亦即充當「驗算人員」。顯然，愛因斯坦不曾走過學界的「升等之路」，不曾當過研究助理，不曾學習學術合作，包括指導研究生的運作方式。他心目中的榜樣，是在做學生時和同窗好友及米列娃一起討論的學術著作。愛因斯坦的對手玻爾和索末費爾德同樣服膺「卓越人才成就卓越研究」的格言。索氏卻會運用志同道合的資優**學生**，這些學生是他很早就從研究班循序漸進帶上來的。玻爾的辦法，則是盡可能集合準博士生和拿獎學金的後博士研究生，進而促進在量子物理領域不同小組之間的思想交流。物理所也可以頒發鼓勵後進的獎學金，但愛因斯坦主持所務期間並未這麼做。

委員會其他成員的研究興趣已經有所轉移。哈伯在戰後積極投入從海水提煉黃金，以幫助德國支付給戰勝國的賠款。能斯脫對付著宇宙學領域中熱動力學的第二條定律，即所謂宇宙的「熱死亡」：亦即世界逐漸趨向漫無結構、喪失秩序且敵視生命的狀態。能斯脫主張宇宙中少量原始構造的自行生發，當中的放射性衰變能夠形成「嶄新的」能量。他認為這種衰變產物和「宇宙輻射線」有關，是種落在地球上，具有飽含能量粒子的射線。他在所方提出該領域的研究方案，以尋求支援。至於那位從「量子堆」出發的理論家普朗克又如何呢？關於量子之謎的解答，他只想在現有的古典物理學之內做**最小的**修正，所以並不是能夠提出全新研究命題的最佳人選。這麼說來，假使所上沒有人**在自己的研究中**，盡可能多面且深入地研究量子物理，那麼一項銜接古典物理和量子物理之間鴻溝的方案，如何能夠產生呢？

一九一九至二二年間，物理所投注約百分之四十的經費在原子、分子的分光鏡上，另外百分之三十六多少都和物質的量子特徵密切相關。截至目前為止，所方都按照發展原子物理的經驗基礎的初衷在運作。這方面有項既是非常重要，又得到所方支援的實驗，就是施特恩和格拉赫的方向量子化和關於原子具有磁性成分的證明。由於上述因素，所方無法實現最初的構想，提供**大筆**經費給**廣泛的**實驗研究，儘管他們似乎不曾放棄：委員會在每個預算年度，都為這類假想的**大型**研究計畫，保留較大的款項，只要有人提得出來！後來沒多久，學會的行政單位就發現這個情況，而把物理所的預留款項挪為他用：資助德國昆蟲博物館（即昆蟲所），或是給波茨坦**天體物理觀測站**中的天體物理研究中心添購設備。

奇特的是，愛因斯坦在面對哈伯和能斯脫時，並不會為自己所內的研究計畫提出需求，而是找其他贊助者另闢財源：他的聲望讓這種事變得容易。他是不好意思為其他委員不太懂得自己的引力理論及由此發展出來的「統一場論」，要求研究經費嗎？或許他對所上的同事有不同的想法，爭取他們的認同反倒是一種累贅？一九二二年，愛因斯坦寫信給美國洛克斐勒（Rockefeller）基金會代表時，就這樣表示，即應該補助的是少數有能力的人，而不是給遵循最少阻力法則加以分配的「組織」。主持所務的他，必須超然於組織過程來審核提案，並提出預算計畫和年度報告。其實，他絕對可以稍加要求自己研究用途的現成款項，作為應有的補償的。愛因斯坦卻不會往這方面想：他對學術的**管理**和**政策**，並無偏好。這也顯示在當弗羅因德利希為了**愛因斯坦塔樓**的落成而舉辦活動時，愛因斯坦的保留態度上——他並不是八面玲瓏的外交家。他在給學會提交年度報告時，沒有太花心思。一九二一年四月至隔年十月，他的報告簡短至極，以致可在此全文照登：

> 威廉皇帝物理研究所，柏林
>
> 本所應該根據委員會的自主考量，透過購置任何必要的儀器來支援物理研究工作。本意在於，把便利的工具提供給個別研究者，盡可能不使重要的研究活動被切割開來。一九二一／二二年度的重要補助項目：提供給舍費爾（C. Schaefer）教授研究硅酸鹽紅外線固有頻率，及給格拉赫博士探討單原子金屬蒸汽的光譜。

哈伯的年度報告，則是一份包含由所上研究產生的所有出版品的清單。在勞厄的接管下，自一九二四年十月開始，這種資訊也列入物理所的年度報告。

一如先前基金會所料，物理所的角色縮減成**研究推廣**的設施之一。推廣範圍之大，甚至使德國物理學會的新學刊《物理學報導》（*Physikalische Berichte*），連續兩年拿到補助。一九二二年，學會會長概覽所屬各所時表示：「本會在物理學和應用數學方面，並未設立所屬的研究樓館，因為帝國物理技術學院大致滿足了這種需求。在**愛因斯坦**領導下的物理所，其任務主要在於分配資源，給不同研究者提供機會，添購有助其研究的儀器，及從事大規模工作。」在戰敗後惡劣的經濟情況下，物理所的經費遠不足以供應全德的物理研究人員。於是，一九二〇年在哈伯和施密特—奧特的提案下，效法物理所開辦了更為重要的研究推廣設施「德國科學急難協會」（**Notgemeinschaft der deutschen Wissen-**

schaft）——但愛因斯坦沒有參與。急難協會主要由國家資助，且有若干部分由大工業補貼。它的研究支援涵蓋所有領域，不僅針對個別科學家，更在較大程度上擴及全部學科——這本來是物理所想為量子物理辦到，卻沒有真正完成的事情。

愛因斯坦移交職務

愛因斯坦在兩年多的所長工作後，似乎不堪負荷。他在一九二一年三月三日的委員會議中，經過**評議會**同仁的同意，提議讓勞厄成為**委員會**成員，直到十二月才實現。次年一月初，勞厄首度參加會議。為何是他呢？勞厄在一九一〇／一一年間撰寫了談論愛因斯坦狹義相對論的第一部專書，一九一四年以關於晶體上X射線繞射現象的論文，成為諾貝爾獎得主，一九一九年擔任柏林大學理論物理學教授。一九二〇年得到柏林科學院的推薦，一九二一年成為院士後，已有一定知名度。他似乎頗具組織和審核能力，因為一九二一年七月他還被推薦為**急難協會**物理學小組理論物理學召集人，並於隔年年初經過會員選舉而正式上任。愛因斯坦在即將訪問美國之前，一定考慮過委員會和所長職務代理人的問題。能斯脫和哈伯兩位都不到六十歲，當中沒有人能代理他嗎？能斯脫不行，因為他已接替瓦爾堡擔任帝國物理技術學院院長最有希望的候選人，後來在一九二二年四月一日接任這項職務。

一九二一年三月的愛因斯坦應該還不知道隔年他會離開柏林好幾個月：要到夏季才知道要應海象社（Kaizosha）出版社之邀到日本，這是羅素（Bertrand Russell）所促成的。隔年一月，愛因斯坦和出版家山本（Yamamoto）簽約，要在日本訪問六週，發表十二場演說，且在該國不許發表其他談話，日方則致贈可觀的酬勞。去程時，他想訪問中國，回程時則停留巴勒斯坦和西班牙，所以會離開柏林至少三個月之久。於是，愛因斯坦在七月請勞厄自十月一日起暫代主任委員一職，期間愛因斯坦的薪給當然歸他。愛因斯坦也知會普朗克。委員會的同事一定以為這項協議是暫時的。

但愛因斯坦從日本回來後，已不再接回主委一職。理由何在呢？一九二二年夏季，他在經濟上已不再依賴主委的薪資，這款項由於通貨膨脹而提高到一萬八千馬克。科學院支付他七萬五千馬克。他從出書、簽約，尤其和德國北部基爾（Kiel）的工業家兼發明家安許茨－肯普費（Hermann Anschuetz-Kaempfe）一同改良旋轉羅盤所得的收入，就相當於他的常規薪俸。例如一九二〇年九月，他在基爾簽一份約便獲得兩千馬克。另有證據顯示，安氏在一九二一年一月「私下」付給愛因斯坦兩萬馬克，好讓雙方避稅。基爾這些錢大概匯到蘇黎世贍養前妻及孩子。一九二二年夏天，愛因斯坦寫信給洛克斐勒基金會一位熟人時表示，他現在已經濟獨立，能夠放棄學院的薪俸而不致財務失衡。他早在一些場合中抱怨身為主委的繁文縟節，借還所方測量儀器時的公文往返，更令他反感。既然不再依賴這份薪資，他便移交職務給勞厄，儘管不再支薪，但在對外名義上，依舊保留到一九三三年。這種虛位方式，對院方、所方及他本人都有好處。

一九二二年六月，拉特瑙被暗殺後（Walther Rathenau，譯註：拉特瑙為猶太裔政商名士，代表德國簽訂敗戰後的和約），愛因斯坦的生命遭到威脅，更不會回到先前的職位。從這方面來講，身為所長的他，從今以後不會再公開露面。此外，他更在戰爭爆發紀念日，即一九二二年八月一日時，加入柏林的「終止戰爭」大規模示威活動，作家圖霍爾斯基（Kurt Tucholsky）當時也參與其中。不過，愛因斯坦沒有發言。但當隸屬「新祖國同盟會」（Bund Neues Vaterland）的德國和平聯盟在拉特瑙命案後兩週，於帝國會議組成的「德法友好對待會」（Deutsch-Franzoesische Freundschaftsbegegnung）上，他還是講了話。當時他的文章還刊登在和平集會的手冊上：

就本於各民族共同合作的所有努力，尤其一切文化奮鬥的發展而言，戰爭是最嚴重的阻礙，剝奪與精神勞動者事業息息相關的種種內外在條件：要是他還年輕力盛，戰爭就會讓他成為有組織毀滅活動的奴隸，讓他處在憤慨和仇恨的氛圍中。此外，由於戰爭導致的窮困，更造成多年嚴重的經濟依賴。因此，最重視精神價值的人，便不得不成為和平主義者。

所以，身為和平主義者的愛因斯坦在民族主義和反猶風潮中不為所動：身為所長的他，為何要有所作為呢？他連一棟研究樓館都沒有。海德堡大學所長萊納德（Lenard）的研究樓館，在拉特瑙下葬當天就遭到激進團體佔領（原註：萊納德在所上既未按規定降半旗，也沒有停半天課，而遭學生強行押至警局）。日方的邀請正好讓愛因斯坦暫時迴避拉氏命案後柏林一觸即發的緊張氣氛。

物理所職務的移交相當順利。由於勞厄任用芭忒（Bathe）小姐，愛因斯坦繼女伊爾瑟失去祕書工作。愛因斯坦在職時，一年只開一兩次委員會議，使得一些提案人要等上一年才能定案，所以勞厄接任後，便視情況調整，例如，一九二三年便開了五次會議。他用一張明信片就夠了：後來委員會就併入科學院院會，所有事歸它包辦。

柏林及東京：身為本地和海外的學人

二〇年代，柏林未曾吹過「日本旅遊風」，但當時人們對該地、中國和遠東卻頗感興趣。

例如，一九二〇年時克勒曼（Bernhard Kellermann）的遊記《漫步日本》，便在保羅．卡西雷爾出版社賣到第三版。既然德國失去在中國的殖民地，對日本的工業和文化交流也就日漸頻繁。一九二二年，急難協會還成立「日本小組」，由哈伯、哈恩（Otto Hahn）和普朗克負責。該小組和日本工業家星一（Hajime Hoshi）知名的基金會磋商，以便促進

「總體化學領域和原子研究的物理學領域之實驗工作」。星一是日本首位在工業基礎上量產嗎啡、古柯鹼、奎寧和顛茄鹼的人。逗留蘇黎世和伯恩幾日後，愛因斯坦和妻子埃爾莎於一九二二年十月七日在法國馬賽搭上一艘日本船，準備通過蘇伊士運河後前往斯里蘭卡可倫坡（Colombo）、新加坡、香港和上海等地。好友貝索認為，愛因斯坦能夠暫時離開「這個死氣沈沈的歐洲」，實在羨煞許多「德國名士」。愛因斯坦寫了許多旅遊日誌。日方出版社代表早在上海恭候，隨即展開全天候訪問行程，使得夫婦倆應接不暇。在接下來的訪問期間，愛因斯坦在船上收到自己獲得一九二一年諾貝爾物理學獎的電報，「以表彰其在光電效應方面所發現的法則」。如果是表揚他的相對論，就比較不那麼令人意外，而這項頒獎理由，導致自一九二〇年起便反對愛因斯坦的萊納德發函向諾貝爾評審會抗議。

客船在十一月十七日抵達日本神戶。這位此時變得更加知名的柏林貴賓，受到日本同儕及當地德國僑胞熱烈歡迎。然而，他沒有接受此地德國人俱樂部的邀請：來這裡就先顧好和日本人的關係。十二月，在邀請出版社的期刊《改造》（*Kaizo*）上，刊登他早在柏林八月時就寫好的文章〈當前理論物理學的危機〉。當中提出量子物理需要一種新的數學語言：「微分定理和積分條件」已經不夠。一九二六年，薛丁格（Erwin Schroedinger）以其方程式提出反證。愛因斯坦直接由兩位日本物理學者接待，其中一位叫桑木雄（Ayao Kuwaki，1878-1945），是普朗克一九〇七到一一年間的學生。一九〇九年五月，他在蘇黎世拜訪過愛因斯坦，是第一位在日本闡述狹義相對論的人。另一位是石原純（Jun Ishiwara〔Ishihara〕, 1881-1947），他在一九一二到一四年間師事慕尼黑的索末費爾德（Arnold Sommerfeld）和柏林的普朗克。一九一三年，他也在蘇黎世拜訪愛因斯坦。漫畫家岡本一平（Ippei Okamoto, 1886-1948）在描繪時，突出這兩位學者的鼻子。

一九二二年三月，謝斯勒伯爵（Harry Graf Kessler）提及在愛因斯坦家吃晚飯時，後者曾和埃爾莎說過：「只要這場熱鬧還繼續，他就應該到東亞看看。他至少可以體驗一下。」如今日本和熱鬧，他兩者兼得，因為出版社這次的邀約與其說是科學推廣，不如說是商業考量。該社舉辦的愛因斯坦演講，民眾趨之若鶩。德國駐日大使佐爾夫（Wilhelm Solf）氣憤地向柏林報告，愛因斯坦的「學術講演……變成落入山本先生口袋的日幣」。不妨說，愛因斯坦透過辛苦的講演**工作**，支付自己的旅費：他在協議的十二場演說外，至少還多講了兩場。在他的日本之行裡，真正的參訪是在最後兩週。在那六週當中，似乎只有三天沒有預定行程，難怪愛因斯坦會有健康問題。德國大使對愛因斯坦的到來頗有好評。儘管受到「各界莫大好評」，他依舊不改謙和、直率的本色。埃爾莎請佐爾夫代為留意，讓愛因斯坦行李中的獎品免稅進入德國。

愛因斯坦這一趟，也給有意與日合作者鋪路。如哈伯於一九二四年前往日本籌備一間「為促進德日在精神生活和官方設施交流的研究所」，簡稱「日本所」。作家也開始有所往來，如一九二五年的霍利切爾（Arthur Holitscher）及擔任漢堡—美國航線船醫的達達主義作家何爾森貝克（Richard Huelsenbeck）。對遠東藝術的興趣，開始在柏林增長：一九二四年，隸屬工藝美術博物館（今為格羅佩斯展覽館〔Martin-Gropius-Bau〕），位於阿爾布雷希特王子街（Prinz-Albrecht-Strasse）八號的工藝美術學校，以日本風格設置東亞藝術部。一九二九年，位於巴黎廣場旁的藝術學院，則舉辦大型的「中國藝術展」。

好在愛因斯坦的酬勞在協議後，以英鎊支付：德國通貨膨脹在下半年一發不可收拾。一九二二年五月，一美元還值五百馬克，十二月二十一日成了六千七百五十馬克，隔年一月竟然變成兩萬八千馬克。這是敗戰後舉債的結果，其他的因素包括復員費用、資本抽離、外匯投機和償付賠款等等。通貨緊縮和糧食短缺，致使國內價格大舉上揚：儘管薪水和工資有所提高，卻彌補不了價格上揚。儘管如此，罷工仍然保持在一定限度內，這或許要歸功於一九二〇年二月頒布的企業工會條例，其中賦予勞工在企業中較多的權利和義務。夏秋兩季時，左派政黨召開企業工會全國大會，主張提高工資、價格管制和解決房荒等事項。大約同一時期，多數社會黨人與獨立社會民主黨再度結成聯合的社民黨。愛因斯坦在訪日回程，亦即在中國或新加坡時，可能得知法國和比利時為了德方拖欠充當部分賠償的物資生產，而於一九二三年元旦進佔魯爾區。

就算沒有愛因斯坦，柏林豐富的文化和學術生活仍蓬勃發展。他錯過了麗莎·邁特能（Lise Meitner）的就職演說〈放射現象對於宇宙過程的意義〉，及與自己交好的耶斯納（Leopold Jessner）導演頗受好評的莎士比亞《馬克白》。埃爾莎是否和先生一同在柏林施威西騰廳（Schwechtensaal）觀賞過豐腴的藝術舞者與愛鬧緋聞的瓦蕾絲嘉·格特（Valeska Gert）的演出，就很難說了。瓦蕾絲嘉·格特演出《十字路口的繁忙交通》荒誕默劇，或是在法式手風琴伴奏下模仿《痞子》中的一位好姑娘。一九三〇年十一月，愛因斯坦曾在同樣場地講述過他的理論，這場透過麥克風的演講還被錄成黑膠唱片。柏林一位跟愛因斯坦同姓的作家，立體派藝術理論家卡爾·愛因斯坦（Carl Einstein）遭到起訴，愛因斯坦也同樣錯過他的出版商羅沃爾特的瀆神審判。威瑪共和，包括柏林的司法，並非以具有自由、寬容且能反應新政治制度的精神而聞名。就連賞心悅目的藝術，也無從豁免官方檢查：柏林最高檢察長便以「粗鄙、猥褻」為由，查禁了格羅斯（George Grosz）的組畫《看，這個人》。格羅斯先前早就惹惱柏林二級法院：一九二〇年六月，他和赫茨菲爾德（Wieland Herzfelde）趁「第一屆達達國際博覽會」在柏林博查特（Burchard）美術品賣場因為展出魯道夫·施利希特（Rudolf Schlichter）的《普魯士天使長》，即長著一個豬頭、配戴鐵十字勳章的軍官人偶，而被科以罰鍰。檢察官認為這是「以卑鄙下流的方式侮辱國軍」。

瑞士人愛因斯坦：是德國公民嗎？

儘管愛因斯坦是普魯士支薪的院士，卻拿瑞士護照前往日本。根據符騰堡王國一八九六年一月二十八日的文件，他在搬離慕尼黑一年後，「提出申請移居義大利」而放棄符騰堡公民權。在幾年的無國籍生活後，他於一九〇〇／〇一年間取得瑞士公民權。小說家阿諾爾德・茨威格（Arnold Zweig）把自己在一九三三年時的處境投射到過去的事件而錯誤地寫道：「愛因斯坦的父親把德國誤以為義大利，而隨隨便便放棄了德國公民權……於是，身為無國籍者的愛因斯坦便為了缺少一張現代國家的有效護照，而不得不經歷無國籍生活的艱辛。」

直到愛因斯坦在一九二二年十二月的日本之行領取諾貝爾獎後，他的公民權問題才成為政治事件：瑞士和德國公使都想爭取這個獎項。雖然德國外交官爭取到了，但之後出現了法律認定問題：科學院詢問愛因斯坦，在到柏林應聘時，是否明確表示過不需要普魯士公民權。否則，按照帝國暨普魯士憲法，身為官方成員的他，得被視為德國公民，卻無損於他的瑞士國籍。愛因斯坦不願照辦。他在一九一三年接受聘用前，提過不願成為普魯士公民的條件，哈伯和能斯脫知道這項條件，且部會裡應該有案可查。由於文化部沒有找到任何卷宗，於是該部於一九二三年六月和愛因斯坦個別談話。這時愛因斯坦的記憶出了差錯。他宣稱他的國籍喪失了十四年，因為**他父親**已加以撤銷。如同凱澤（Rudolf Kayser）於一九三一年在其岳父愛因斯坦的傳記中表示，愛因斯坦的父親仍然保留德國公民權。至於他所提的條件，則只得到過哈伯的口頭保證。由部會筆錄看來，愛因斯坦堅持只具有瑞士國籍，因為他擔心出示護照時的不利情況。假使他真的取得過普魯士國籍，就該盡可能不對外張揚，而他也簽字認同了部方的法律見解。這項法律鑑別進行到一九二六年十二月，從愛因斯坦的公務員資格、支薪辦法及所屬行政長官的證詞所得到的明確法律鑑定，讓人無從懷疑他的普魯士公民權和國籍。

在一次大戰期間，普魯士官方大概視愛因斯坦為瑞士人，否則開戰時，他就必須從軍，且戰時只能在取得許可後才可入境中立國，所以他必須用「原國籍證件」向官方證明自己是瑞士人。此外，他更以明確的瑞士身份應聘到科學院。就連他在戰後訪問國外，官方也准用他的瑞士公使館護照。官方或許認為，這麼做有助德國戰敗後的國際聲望。儘管愛因斯坦並非全不知情，直到二〇年代，仍堅稱自己只有瑞士國籍，甚至在各種場合中特別強調。這符合他身為和平主義者對德國主戰政策的指責。他在面對德國同儕時，也從這件事中得到好處。大約二〇年代中期，他跟物理所學生依絲忒・薩拉曼（Esther Salaman）談話時表示，幸好自己不是德國人，而是瑞士人，年輕時過過不少民主歲月。「只要合他們的意，德國人就說我是德國人，只要一不合意，馬上就說成是猶太人，我怎樣都適應不了他們這種方式。」愛因斯坦頭一次不得不使用德國護照出國，是在一九二五年前往南美時，瑞士大使館拒發護照。他在二十年後寫信給好友普勒許（Plesch）時很生氣：

> 我在一九一四年受聘到柏林時，就已明白拒絕德國公民權，後來一九一八年戰

敗後，卻在同事的強迫下接受——這是我對外生活的蠢事之一。我從小就在政治觀點上厭惡德國，感受由此而來的威脅。

話說回來，接受柏林的優渥官職，從而服務這個「不論是帝國或共和的」政治德國，就他而言，顯然並沒有什麼顧忌。

以瑞士人身份受聘，會比較方便。「當我以瑞士公民身份評論政治，對時事表態時的某種保留，不僅緣於事情的本性，更是出於自己內心對任何派系糾葛的反感。」整個大戰期間在柏林工作的路德維希·施泰因（Ludwig Stein）能夠了解這一點。一九一〇年，他放棄伯恩大學哲學及社會學教授職，一九一二年起在柏林發行《北與南》月刊，提倡國際合作。一九一四年起，為《佛斯報》撰稿，並以假名「外交人」（Diplomaticus）發表〈與政界人士交往的個人回憶〉。不論在政治上的保留或是對黨同伐異的厭棄，他都很像愛因斯坦。從保守的政、軍界，經過女婿利希特（Licht）等人的柏林地方政策，直到和平主義的圈子，施泰因處在一張大網絡的交接點。一九三〇年夏，施泰因過世時，埃爾莎寫信給安東尼娜·呂謝爾（Antonina Luchaire，娘家姓瓦倫丁〔Vallentin〕）：「我知道妳跟他合作了許多年。在柏林的社交生活中，很難想像有過這麼位不偏執而有活力的男士。」一八九九到一九〇九年間，施泰因擔任過伯恩大學教授，也在伯恩國際和平署工作過。另一方面，愛因斯坦在一九〇二到〇八年間，在一覽無遺的伯恩生活，在此取得授課資格，所以很可能兩人在這段期間已經認識。所以說，在施泰因的回憶錄中只提愛因斯坦的相對論，卻沒有談論這個人，就有些奇怪。

不無反諷的是，早在一九二二年四月《德意志猶太人》（*Der nationaldeutsche Jude*）期刊，即右派猶太裔德國公民的期刊，就議論了根本不想做德國人的愛因斯坦的德國身份：「只要不去追究愛因斯坦在出身或意願上，都不屬於這個民族，那麼他的作品對世人，他的性情對其友人，自有某種魅力。之所以成為德國人，並不是因為用德語寫作，或是在柏林有張辦公桌。」不過，該文作者似乎忽略愛因斯坦是在烏爾姆啟蒙，並在慕尼黑度過童年的。

4

戰時身爲民主和平人士的愛因斯坦

Einstein als Pazifist und Demokrat im Ersten Weltkrieg

從外部來看，愛因斯坦來柏林還不到五個月，就發生了兩件不幸的事：六月時，妻子米列娃帶著兒子離開他，回到蘇黎世，以及大戰出他意料之外地爆發。據說當妻兒在由瑞士特利安（Trient）趕來的同窗好友貝索的陪同下離去時，愛因斯坦流了一整天的淚，但眼淚是為愛子流的，而對妻子，也就是他的「十字架」，早就關係冷淡，且已認定自己和埃爾莎的感情。丈夫變心後，夫妻倆還生活了一段日子，她借助「鐵飯碗職員」的角色，維持了這位教授對她的義務。在進行協議時，愛因斯坦像對傭人一樣地對待妻子，給她一張書面指示——由甲到丁四條，各有一至三點——當中「秩序」、「妳要放棄」和「妳有義務」等詞語出現不止一次。每天還要端三餐到他房間，而且不得奢望溫柔相待。

善妒的米列娃不比丈夫那麼有魅力，她在遷居柏林之前，就預感到埃爾莎的威脅，卻因為害怕夫家親戚，而彷彿癱瘓在柏林。對這位內向、憂鬱、被丈夫忽視，除了哈伯家便沒有親友的妻子，愛因斯坦及其親戚都不曾做過什麼來幫她適應。對先生已經不能期待：他得負責自己的重要職務，行使他在院方和所方的權責，更要完成多年來對牛頓重力理論的修正。愛因斯坦的情形則不同於米列娃，他五月初寫信給蘇黎世數學家赫維茨（Hurwitz）時，就表示自己在當地的生活出乎意料地順利——甚至到了這種程度：「為了一些長輩的命令，而必須接受比如衣著等等的訓練，才不致在這被當成遊民。」對於他感情和生理的需求，埃爾莎百依百順。七月二日，愛因斯坦在皇家普魯士科學院發表就職演說。他來柏林不到四週，便完成〈相對原理〉一文，發表在一九一四年四月二十六日自由派的《佛斯報》上，提供給柏林的讀者。

這位具有泛歐思想、反戰、反軍國主義的人，由於扁平足和汗腳，而不必服瑞士兵役，如今置身在為了戰爭和勝利而亢奮的城市，處於皇帝可能在無意間引發的暴風圈中。七月二十八日，社民黨發動反戰示威，喊了三十二次「終止戰爭」的口號，終歸白忙一場。三十一日，當一位軍官在市中東區的腓特烈大帝紀念碑前宣讀〈急迫的戰爭威脅狀態〉詔書時，多數柏林人大概都站在歡呼的行列。當天隨即完成戰時動員：自八月二日起，伴隨著「軍樂聲」和行人喝采的軍灰色部隊，行軍經過本市。例如第二近衛軍團，從腓特烈大街軍營經過夏洛滕堡林蔭大道，走到西端（Westend）車站。一批批在外地休完暑假的市民湧出列車，穿越沸騰的街道，懷著滿腔熱血回到家中。這一天恰巧也是柏林大學的創校紀念日，樞密顧問普朗克則在舊禮堂中演講〈科學中的規律性〉。作家費希特爾（Paul Fechter）記敘道：

> 完全不談時代生活和歷史事件：冷靜、務實、客觀……他談到波爾茨曼（Boltzmann）和維恩（Willy Wien），彷彿那是最深沈的和平。首先，有些東西在反抗對普遍存在不近人情的疏離，直到大家領會其對比中的卓越，並把這種彷彿不帶感情、不受撼動的態度，視為某種無限生機蓬勃的力量。聽眾折服於這種

徹底穩定的秩序，在外界的騷動下，仍保有其永恆價值，具有經久不變的確定性。

八月四日，德軍進駐中立的比利時。威廉皇帝在皇宮白廳召開國會時，講了一句意在消弭政治與社會差異的名言：「朕不懂什麼黨派，只知大家都是德國人。」這句話讓所有反對戰爭撥款的社民黨人，包括李卜克內西（Karl Liebknecht），都成了叛國者。一如德國各地，柏林人也開始高喊「上帝懲罰英國」，隨後便寄發上頭有「一槍一老俄，一刀一老法」標語的明信片。

愛因斯坦的學術環境，並未讓他好過些。柏林大學一如普魯士的階級社會，擁護政策，效忠皇帝。就連愛因斯坦敬重的普朗克，也認為所有德國大學都要像柏林大學，不僅在地理上，更在心理上向皇室靠攏。十月三十日，該校法學教授基普（Theodor Kipp）在公開演講「論法律權力」中，不但不批評德軍破壞比國的中立，甚至還說：「大家不約而同表示，在這場猛烈的戰火中，敵國是如何多方持續地破壞國際法。我不願再重複這種向天吶喊的控訴，而只想質問，這種不斷的違法亂紀是否合理：難道國際法蕩然無存了嗎？」他給了否定的答案，值得注意的卻是，這種國際法僅只針對敵國。在生物學家黑克爾（Ernst Haeckel，又譯海克爾）發起下，包括諾貝爾獎得主萊納德和X射線發現者倫琴（W. C. Röntgen）等三十一位德國教授，都放棄他們的英國獎項，而且只要是金質獎章，就交給紅十字會。後來大家都響應「金換鐵」的號召，把貴金屬換成鐵片。

基普的演講，其實是在回應一九一四年十月四日〈呼籲文化界〉聲明。這聲明有九十三位德奧名流，即科學家、作家和藝術家連署，其中還包括愛因斯坦的同仁普朗克、能斯脫和哈伯等九位院士。住在本市的知名作家，如劇作家富爾達（Ludwig Fulda）和祖德曼（Hermann Sudermann，又譯蘇德爾曼），也和柏林第二任市長萊克（Georg Reicke）共同發表含六項要點的聲明，第六點是：

> 所謂「宣戰乃藐視國際法」的說詞，並不對。這不是什麼窮凶極惡。東方俄羅斯民族殺人而後飲其血，西方則把槍彈打進我國軍將士的胸膛。要捍衛歐洲文明，至少要有這項權利，對付那些與俄國和塞爾維亞結盟，並唆使蒙古人和黑人一起跟白種人為非作歹的民族。

軍國主義還結合了文化使命：「國軍和民族實為一體。」凡指責德軍進入比利時為暴行的人，都是大逆不道的反戰者。聲明作者更引用歌德、貝多芬和康德，證明德國行的是正義之事，對抗的是陰險狡猾的敵人。連署的還有知名作家豪普特曼、音樂家洪佩爾丁克（Engelbert Humperdinck）和畫家李伯曼等人。

在文化菁英的聲明十二天後，更有教授和講師群的連署，並有由古代語言學權威維拉默維茨—莫倫多夫（Ulrich von Wilammowitz-Moellendorff）起草的〈德國大學教師聲明〉，人數達三千五百位，但不包含和平主義者。所以，當中沒有愛因斯坦，而由史學家克維德（Ludwig Quidde）和柏林天文台前任台長弗爾斯特（Wilhelm Foerster），即一八八八年為了教育民眾而和西門子共同創辦的柏林《烏拉尼婭》（Urania，譯註：希臘神話中的天文女神）學社的人。愛國而保守的普朗克畢竟排斥激情，於是連同其他溫和傾向的院士，當然包括愛因斯坦，提醒院方不要跟巴黎科學院一樣，抵制連署德國〈九十三人宣言〉的院士。一九一五年，嚴謹的天主教科學哲學家迪昂（Pierre Duhem）在波爾多（Bordeaux）的四場〈論德國科學〉中指出，德國科學的特徵是「幾何精神」，大大落後於法國的「敏銳精神」。

開戰時，柏林的劇院和博物館率先關閉——工具館除外（今為德國歷史博物館），公開場合禁止舞蹈，數百家原本替代妓院的酒吧也關了。有著「敵方」名稱的娛樂場所，如「皮卡帝里咖啡廳」、「溫莎咖啡館」（Café Windsor）或「黑貓」（Chat Noir），必須立刻改名，成了「祖國咖啡廳」、「葡萄業者咖啡館」（Café Winzer）和「黑貓」（Schwarzer Kater）。隨著八月一日戒嚴開始，嚴格的報刊檢查也跟著展開。因而不難見到「祖國朗誦晚會」，劇場重新開張後，更有《更加堅強！》、《聖戰》、《獻身祖國》等劇名的戲碼。九月，備受愛因斯坦敬重的李伯曼捐出一幅殺氣騰騰的炭筆畫〈讓大家教訓他們！〉，只見戰場上一位手持軍刀的騎兵大肆砍殺，成了鼓舞士氣的戰爭海報。大作家豪普特曼儘管不須從軍，但兒子都在戰場上衝鋒陷陣，於是寫下這樣的詩句：

走吧！我們將上戰場
赴死。這裡駿馬馳奔，
到處是刺絲網
和至死不屈的英魂。
保重，年輕的愛妻
和搖籃裡的寶寶。
我這沈重的身體
或許不再擁抱你們。
這身軀，要拿來挺向
子彈和榴彈，
若僥倖沒有陣亡，
就能贏得這一戰。

柏林土生土長的青年詩人利希騰施泰因（Alfred Lichtenstein，又譯利希滕斯坦）以更加篤定的信念邁向戰場：

死前也得有詩作。
安靜，弟兄們，別吵我。
上陣拚命何必多說。
愛人哪，莫為我難過。
……
太陽向地平線移動。
我也將落入萬人塚。

開戰後不到兩個月，他就命喪黃泉了。

〈九十三人宣言〉旨在喚起文化界的民族沙文主義，知名的哥廷根數學家希爾伯特（David Hilbert）和柏林史學家德爾布呂克（Hans Delbrueck）兩人則未連署。大家爭論是否要請瑞士籍的愛因斯坦來連署，或像他的好友，物理界同仁博恩（Max Born）所認為那樣，另一張護照讓他在拒絕簽署時不會被視為叛國。十月，生理學家、知名的柏林「慈善家」、主治醫師尼古拉（Georg Friedrich Nicolai）起草〈呼籲歐洲人〉小冊，對這份聲明做出答辯時，曾和愛因斯坦與威廉・弗爾斯特會商。

尼古拉和愛因斯坦的關係源自埃爾莎，她因為心臟問題接受過尼古拉的診療。為他立傳的楚爾策（Zuelzer）表示，尼古拉在周遭女性的眼中，是位有魅力、有理念的男子漢，然而卻沒人像他一樣，認為單憑自己的能力就能阻止大戰。他的文章呼籲歐洲人在交流日漸頻繁的世界中，致力歐洲統一，對抗自我中心的民族主義，阻止因長期戰爭而導致的文明敗壞。柏林許多教授都收到這份呼籲，但除了三位起草人，只有尼古拉的一個朋友加入：來自俄國聖彼得堡（Petersburg）的業餘學者比克（Otto Buek）博士，他出版過俄作家果戈里（Gogol）和康德，翻譯托爾斯泰、俄思想家赫爾岑（Herzen）和西班牙思想家烏納穆諾（Unamuno）的書。一般大眾卻不知道這項令人敬佩的舉動，起草人則因為連署人數不足而作罷。一九一七年，尼古拉在瑞士發行的書《戰爭生態學》中收入這篇〈呼籲〉，當時德國國內則無法取得。

一般在談到這段過去時，有時會讓人以為，當時德國只有愛因斯坦及其好友在反對〈九十三人宣言〉。路德維希．施泰因則有如下的報導：

> 我在《北與南》月刊中，發起一場運動，反對九十三位文化人士草率的聲明，要求給其他人士表達不同觀點的機會。我召集了近四十位學者，聯名在雜誌上發表反對聲明，其中更包括一些原本屬於九十三位連署成員，覺得今是昨非而加入我們反對行列的人。

到了年底，這種抗議就減弱許多：十二月三十日，由考夫曼（Oskar Kaufmann）在市中東區的穀倉社區（Scheunenviertel）畢羅廣場（Buelowplatz，今為羅莎．盧森堡廣場）所建的「新自由人民劇場」，上演了挪威劇作家比昂松（Bjoernstserne Bjoernson）的喜劇《葡萄盛產時》。相較於文字，圖畫較難審查：所以一九一四年十一月九日，「狂風」畫社開始展出他們的表現主義新藝術，參展畫家包括了一九一六年就「在戰場上」陣亡的馬爾克（Franz Marc，譯註：《在戰場上》即為馬爾克的畫名）。柯林特（Lovis Corinth）的柏林「新分離派」則有民間審查：他們在戰時只展出德國畫家的作品。

等到這場朝野共同期待的戰爭開始變得沒有勝算，亦即「開始落葉」時，更由於敵軍的海上封鎖，柏林的供給情況日漸惡劣。一九一四年十月底，麵包開始摻入馬鈴薯粉。馬鈴薯短缺時，就有三分之一的豬隻遭到宰殺。隔年二月，柏林成為第一個發放麵包卡的城市：每人一星期兩公斤麵包。所有公車停駛。有錢的愛國者請人在柏林西邊挖壕溝，讓好奇的市民觀看「勇敢軍人們」的駐紮情形。連婦女都踴躍加入圍觀的人群。當中難免有老鼠、跳蚤，甚至糞便——假使避談不雅的戰爭活動的話。

和平主義者

戰爭爆發後，各國出現了和平運動。這在法國一開始就遭到壓制，在美國則部分癱瘓，部分隨政府路線搖擺，而後逐漸形成反對志願從軍的團體。而英國、中立的荷蘭和德國則出現新的團體，抗議政府的戰爭機關，並設法和一些組織，即在一片殺伐和報復聲中捍衛人權的組織，維持國際關係。然而，這些團體卻被「全德意志聯合會」（All-deutscher Verband）之類的大國沙文主義團體斥責為背叛祖國。

新祖國聯盟

一九一四年十一月十一日，柏林成立了新團體，即名稱有些曖昧的「新祖國聯盟」（Bund Neues Vaterland）。會員都是反對德國主戰政策者，涵蓋各種出身、職業和黨派。這個團體透過普魯士騎兵上校泰珀—拉斯基（Kurt von Tepper-Laski）與外交界，甚至皇室建立關係。他是知名的障礙賽馬騎術大師，在聯合俱樂部經營比賽場（今日為達爾維茨〔Dahlwitz〕賽馬場），附近擁有別墅和馬場。在戰前，他就致力於德法雙方的友好關係，具有社交天分：他是「俄國政治犯暨流亡者支援協會」和「互濟委員會」的會員。

現在是新聯盟的首任主席。泰珀是在動物園餐廳（今已不存）露台或無憂宮（Sanssouci）的花園，和專欄作家萊曼—魯斯比爾特（Otto Lehmann-Russbueldt）與法學家、前任國會議員、自由民主派週刊《週一世界》（*Welt am Montag*）發行人馮・格拉赫（Hellmut von Gerlach）會談，後者更是普魯士軍國主義的反對者。

和平主義者、「德國世俗學府暨道德課程聯盟」創辦人莉莉・揚納施（Lilli Jannasch）也加入。一九一四年十月初，她和新祖國聯盟共同成立一間新聞中心，後來則成為出版社，隨即刊行萊曼—魯斯比爾特〈歐洲聯合國之創立〉的小冊。不久後，羅伊特（Ernst Reuter）也跟著萊曼氏和揚納施加入聯盟的工作行列。

聯盟遵循的是雙軌策略：一方面設法藉著給首相和國會上條陳，來影響朝中權貴，另一方面則刊行小冊子來爭取輿論界大老的支持。新祖國聯盟不屬於任何黨派，但有些成員，如布賴特沙伊德（Rudolf Breitscheid）和伯恩斯坦（Eduard Bernstein），則在社民黨具有影響力。聯盟的綱領主張：政治及社會改革、推行男女平等普選權、議會民主制、改善勞動人口生活條件及勞工組織的社會保險與權益。

一九一五年春，愛因斯坦和埃爾莎已是其中的會員：在同年秋天的會員名錄上，埃爾莎還出現兩次，一次是埃爾莎・愛因斯坦女士，一次是埃・勒文塔爾。迄今為止，詳實的傳記和出版品均認為，愛因斯坦是新祖國聯盟的創盟元老。這項錯誤源於萊曼氏關於新祖國聯盟戰後組織的書《德國的人權團體》，他在其中把愛因斯坦列為「前十位會員及同情者」，儘管他的會員編號是「二十九」。到了一九二六年，愛因斯坦已聞名全球，該團體加以利用，但一九一四年十一月時，除了同事，沒有人認識他。國際法學者許金（Walther Schuecking）報導了一九一五年三月二十一日該聯盟在市中心造船工堤道（Schiffbauerdamm）的德國體育館會議廳舉辦的第五屆常會，當時愛因斯坦也有出席：「我首次聽到這個人的名字。據說他透過一條時間統一性的定理……達成一流的學術壯舉。」這種不太專業的描述，大概是指愛因斯坦一九〇五年的狹義相對論。在聯盟成立的那個月（十一月），愛因斯坦正在設法總結「廣義相對論」，亦即多年來他所發展出的重力理論。十月二十九日，他提交給學院一篇較長的論文〈廣義相對論的形式基礎〉。隨後他和同齡的荷蘭實驗物理學者德．哈斯（Wander Johannes de Haas）合作，他是夏洛滕堡市的帝國物理技術學院研究助理。他們一同求證磁棒上磁力和旋轉動量之間的關聯，該現象今日稱為愛因斯坦—德哈斯效應。

新祖國聯盟直到一九一六年二月七日被普魯士軍方解散為止，在這短暫的活動期中，只是一個小型的菁英團體，而愛因斯坦如何得知這個社團呢？他可能透過第十四位會員的介紹，即「無線電發報系統學會」學術董事阿爾科（Graf Georg von Arco）。他是聯盟中唯一可能和愛因斯坦有業務接觸的人。當時的柏林大學藝術史編外講師（Privatdozent，譯註：即向學生而非向學校收取酬勞的大學內教師）及新祖國聯盟遭查禁後，兩個社團的共同創辦人魏斯巴赫（Werner Weisbach）在回憶錄中寫道，阿爾科致力和平及「跨國的」雙邊諒解，這位理想主義者「聚集了各種具有和平主義，甚至共產主義理想的人」。不過，他不懂人性：缺少歷史意識和對事情的誤判下，執迷於不切實際的觀念。

> 愛因斯坦也跟阿爾科一樣……透過這個朋友來到我們這個社團。他（愛因斯坦）在政治方面也是夢想家，追求高貴理想的人。

愛因斯坦在聯盟會議上結交了法國作家、音樂學者及和平主義者羅曼・羅蘭（Romain Rolland）。他在日內瓦的國際紅十字會戰俘民事代理機構工作，一九一四年九月，在一家瑞士報紙上以〈論混戰〉同時批評兩個陣營：譴責德國的帝國主義和軍事擴張，指責法英與帝國主義的沙皇結盟，更失望地指出歐洲的教會和社會民主政黨背棄理念，同流合污。

柏林作家赫爾佐克（Wilhelm Herzog）為譯介羅曼・羅蘭的人，和他人共同創辦文化刊物《潘神》，也是新祖國聯盟的盟員。一九一五年一月，他把羅蘭文章摘錄在自己的月刊《論壇》（*Das Forum*）上。莉莉・揚納施藉這機會把羅蘭和他的目標介紹給新祖國聯盟。通信於是開始，其中有羅伊特、身為聯盟同情者和工作者的羅蘭，和許金、德爾布呂克、柏林國際法學者韋貝格（Hans Wehberg）以及慕尼黑國民經濟教授布倫塔諾（Lujo Brentano），卻不包括愛因斯坦。愛因斯坦在聯盟會議後寫信給羅蘭，講述從宗教狂熱到民族主義高漲間的歷史變遷，指責參戰國家學者的行為，彷彿開戰時大腦就被割除一般。他讚揚羅蘭在德法兩國間的努力，只要他在柏林的職位或是和學界的關係派得上用場，便樂於盡棉薄之力。

所以說，在德國，愛因斯坦並非首位和羅曼．羅蘭結交的知識份子，更有隨著瑞士雙親而在柏林長大的教育學者伊麗莎白．羅滕（Elisabeth Rotten）博士。大戰前，她在劍橋大學擔任了一年的德語文學教師。

我原先打算投身教職。如今我卻無法拿定主意，在學生面前若無其事地教書。因為我由從前的同窗、畫家和其他人處得知，一夕之間在德國成了「敵國人」的人，可能陷入困境，我便趕到柏林看看，是否及如何能夠讓這些落難者團結起來，保持中立。

她順利創辦了「國外德國人及德國外國人諮詢暨救援中心」的救援組織，並與日內瓦國際紅十字會合作，援助了許多遭到拘留者。伊麗莎白．羅滕也協助了羅曼．羅蘭和莉．揚納施促成德法醫師戰俘的交換。

參與其事的羅曼．羅蘭回信時，便請愛因斯坦協助，力促國際紅十字會的軍官前往德國。後者在法國訪視過德國戰俘，想要了解其環境條件，進而打消敵對雙方的仇恨。

但是，愛因斯坦不善安排：他大概沒有辦成這件事。反倒是他在一九一五年四月給瑞士好友，即法醫學教授燦格（Heinrich Zangger）的信中取笑羅蘭的樂觀主義。隔年，愛因斯坦再次幫不上忙：他弄丟埃倫費斯特的一封信，也就不曉得自己應該問「羅（滕）女士」什麼。

愛因斯坦是位熱情的和平主義者，卻只表現在思想和言談，而非行動上。反觀他在一九一四到一八年間的五十九種學術出版品，其中有三十篇理論物理學論文、一九一五年十一月廣義相對論的顛峰之作和一九一七年知名的宇宙學論文，可見他無法成為和平**積極人士**的緣故。學界**積極的**和平鬥士，如克維德、許金或韋貝格讓愛因斯坦相形失色。敗戰後，伊麗莎白．羅滕仍舊從事社會活動：協助組織藉由美國貴格會資助的活動，賑濟營養不良的德國兒童。到了一九二〇年七月，有五十多萬名兒童受惠。這時已經出名的愛因斯坦，免不了為這項活動加上一句讚詞：「美國與英國貴格會造福人群的大善舉。」他親眼看到當中已有「寶貴的」人脫離苦海。

這種言多行少構成他人格的一個面向：他對**個別**人缺乏理解和同情，和自己對「寶貴的」人的偏愛和對全「人類」的同情，恰成對比。這也見諸於他對兩家妻小的關係。一九一五年四月，愛因斯坦寫信給燦格，認為和平即將降臨，因為「愚人們」即將另找活動領域。能斯脫兩個兒子一九一七年陣亡，愛因斯坦在給貝索的信中簡單提及後，便表示：「老耶和華還活著嗎？這些投入戰爭的人的心理很特別。我已經荒廢仇恨了。」

這是否意味愛因斯坦多少接受「復仇」之神這樣的觀念？在此不妨比較一下柯普勒（Keppler）主教在一九一五年廣為流傳的文章中所說的話：「戰爭再次審判、嚴懲那些想藉異族方式來污染德意志本色的胡作非為……」兩者的說法都帶有會懲罰人的神的觀念。但愛因斯坦所理解的懲罰神，卻不在祂的賞善罰惡。一九一五年六月初，他在給埃倫費斯特的信中重提這個主題：「老耶和華還活著。不幸的是祂也打擊無辜者，而對不自覺有罪的罪人們，祂更不手軟。那麼這懲罰和打擊的權柄從何而來呢？難道來自暴力嗎？」

愛因斯坦一九一八年春的一封信中，顯示出他對「小人物」的鄙視。同事瓦爾堡（後來的諾貝爾獎得主）的兒子奧圖，是位前景看好的年輕生物學者，但不願從服役的前線調至後方。愛因斯坦問他，他在戰場上的職務是否不能由一位缺乏想像的平常人以常規方式取代。難道保全「更有價值的」個人，不比那裡的惡鬥來得更重要嗎？這封信雖然是受奧圖母親之託而寫，卻很能凸顯愛因斯坦對在前線或後方參戰的個人命運的無動於衷。同年八月，愛因斯坦在波羅的海阿倫舒普度假期間，寫信給博恩，表示自己讀到歐洲人口總數自上個世紀從一億一千三百萬增加到近四億，「是個幾乎能使人友善看待戰爭的可怕想法」。參加世界大戰，卻不一定意味著作戰、殺人以及被殺。小愛因斯坦五歲的畫家馬克斯．貝克曼（Max Beckmann）以**志願**衛生兵的職務經歷了一次大戰：他的畫作便表達出對殘酷戰爭的親身體驗，有別於愛因斯坦出自書桌的言論。

社會工作對愛因斯坦而言，向來是具有意義的人生要素。可見，在他的理解中，研究和口頭支持和平及非暴力，就是他所能和所願的社會參與。愛因斯坦真心同情個人遭遇的例子如下：普朗克受到嚴酷的試煉，一九一七年大兒子傷重不治，同年一個女兒夭折，兩年後，次女也在分娩後死亡。這時愛因斯坦寫信告訴博恩：「我對普朗克的不幸感到難過。當我……探訪他時，忍不住直落淚。」

一九一五年六月，新祖國聯盟派出一位密使，連同一位具有馬克思主義思維且以《圖解風俗史》知名的作家富克斯（Eduard Fuchs），向羅曼．羅蘭確認該會宗旨的正當性。羅蘭在日記中記載，富克斯談起普魯士軍國主義時，正如看待一位共同敵人。愛因斯坦回瑞士探親時，聯盟不僅把他和羅蘭的會面安排妥當，更把愛因斯坦的到來，視為聯盟工作的一項進展。會面安排在九月十六日日內瓦湖畔的韋維（Vevey）。實際上，愛因斯坦談到在影響輿論方面的**緩慢**進展，表示悲觀。他指責德國學者參與備戰工作，認為他們念念不忘的問題「為何我們被世人如此憎恨？」很可笑。羅蘭記敘，愛因斯坦只看到國人的最大缺點，這大概是對他們卑躬屈膝態度的反彈，並把他的跨民族思維解釋成源於猶太血統。他可能不知道，愛因斯坦在布魯塞爾、義大利熱那亞（Genua）、巴黎和馬德里都有**近親**。後來還有另一位聯盟成員拜訪羅蘭，他是亞爾薩斯作家席克勒（René Schickele），在柏林共同發行《白誌》（*Weisse Blaetter*），卻避居瑞士，這大概是為了進行對抗德軍的召集工作。一九一五年，或許因為羅蘭致力於民族間的諒解，他獲

83

得諾貝爾文學獎，以「表揚其作品中高度的理想主義和刻畫各色人等時洋溢的同情和真理之愛」。

愛因斯坦在拜訪羅曼．羅蘭之前，曾經為聯盟的活動盡了唯一一次「棉薄之力」。當時籌畫的是教授們呼籲民族之間的諒解。一九一五年六月，阿爾科、愛因斯坦、維也納作家戈德沙伊德（Rudolf Goldscheid）和柏林作家凱斯滕貝格（Leo Kestenberg）一起會商，並達成共識，不以聯盟，而以**個人**名義發送這種具有國際性質的呼籲。我們不清楚這樣的呼籲是否真的寄發：無論如何，這件事停留在個人的層面。所以愛因斯坦無法像聯盟同志、國際法學家韋貝格那樣，後者在聯盟的一封被扣押的祕密通報中，批評德國破壞比國中立，而被批鬥成叛國者。

柏林還有更隱密的和平主義團體。一九一五年二、三月間，作家韋費爾（Franz Werfel）在柏林訪問宗教哲學家馬丁．布伯（Martin Buber）時得知，布伯在開戰之初，便聯合作家蘭道爾（Gustav Landauer）和哲學家謝勒（Max Scheler）結成「反軍國主義地下聯盟」：顧名思義，這對整個戰時的柏林人是不公開的。這可在同年八月起初不涉入政治的瓦爾登（Herwart Walden）「狂風」畫廊展出費利克斯米勒（Felixmueller）、夏卡爾（Chagall）、考考斯卡（Kokoschka）和魯索（Rousseau）的畫作中看出。同年冬，更展出挪威的藝術作品。其中蒙克（Edvard Munch）的一幅《中立》顯然影射著政治事件：沙灘後草地上的人們，無視海上的沈船而興高采烈摘著蘋果。報紙上的指環廣告，則較不具藝術價值：

> 純銀打造。環上有德、奧匈、保加利亞及土耳其的國旗顏色。永誌戰友關係及其勝利。

就連利用戰場上廢砲彈黃銅製成的「德國藝品」，也「可按照需求刻出戰役名稱和日期」。一九一五年二月，當李卜克內西和盧森堡（Rosa Luxemburg）「捲進」政治風暴，亦即被判處監禁的同時，新祖國聯盟也日漸遭到官方阻撓，直到隔年完全查禁為止。羅伊特和四十出頭的萊曼－魯斯比爾特，被判處充軍，克維德因為是保加利亞國民，而被逐出柏林，阿爾科在數度審訊後，因破壞審查規定遭到申誡。就連與軍方關係良好的泰珀－拉斯基也受審訊，只是後來無罪釋放。十二月，愛因斯坦寄給荷蘭「反戰協會」的明信片遭普魯士軍方截獲，柏林警方便就其參與和平運動一事加以調查。警方表示，他屬於新祖國聯盟、閱讀具自由傾向的《柏林日報》，且在和平運動中有鼓動行為，只是當時（亦即一九一六年一月）**未受**注意。當局未對愛因斯坦採取任何處置，繼續讓他不須知會軍方的「邊區司令部」（Oberkommandos in den Marken）而前往國外。他在戰時藉著這項自由，出國好幾趟：到瑞士探親、到荷蘭拜訪同事，即諾貝爾獎得主洛倫茨（Hendrik A. Lorentz，一譯羅侖茲）及同事兼好友埃倫費斯特。此外，如同柏林首都司令部向科學院抱怨，就連國內行程，他「身為中立國國民沒有盡到義務，親自告知當地警方其目的地」。

就在柏林的愛因斯坦而言，隨著同輩的教授投入戰時研究及年輕的物理和天文學者志願或強制從軍，他變得有點孤立。所以他很高興人家來訪，如一九一五年二月（波蘭）克拉科夫（Krakau）大學「理論物理學者與同胞」納坦松（Wladyslaw Natanson）。學界的還有夏洛滕堡帝國物理技術學院研究助理博特（Walter Bothe），物理研究所助教弗蘭克（James Franck）和赫茲（Gustav Hertz），三位後來都是諾貝爾獎得主，還有蓋格爾（Hans Geiger）及僅有的一位氣象學者、志願參戰的教授、樞密顧問及波茨坦天文台台長卡爾．施瓦茨席爾德（Karl Schwarzschild）。一九一六年，這位學者英年早逝，在軍中感染波及免疫系統的惡性皮膚病「天皰瘡」。他發表過關於愛因斯坦新引力理論的重要文章。

另有一批物理學者，在參戰幾個月後，負責較不危險的幾項任務：其中之一，是市西南區的施必先街（Spichernstrasse）上由今波蘭布雷斯勞（Breslau）物理學者、後備騎兵上尉拉登堡（Rudolf Ladenburg）所主持的重砲測試的音源測定單位。該單位的任務在於利用各種不同辦法測定砲彈的位置，如以光學（砲火）、聲學（砲聲）和測振學（後座力振動）彼此參照，並加以改良。拉登堡研發的一項技術更使用在前線上。穿上軍服的學者，還有馬克斯．博恩，當時是柏林的副教授。不過，在這種物理學者的抽屜裡，都是自己真正感興趣的問題算式，比如晶體物理學中結晶的壓縮性或內聚力等問題。博恩後來表示，當時他幾乎每天都找愛因斯坦討論。

在三位促成愛因斯坦到柏林的同仁中，有兩位參與了戰時研究。能斯脫起初試驗笑氣等物質，目的在於不殺死敵人而使之投降。一九一四年十月的第一批實地測試，卻因為濃度不足而失效。隨後，哈伯提議一種便宜的工業廢氣（即氯氣），並發展一種釋放技術：一九一五年四月二十二日，首次在比利時佛蘭德（Flandern）的伊普爾（Ypern）**實地應用**，造成一萬五千人中毒，五千人死亡。升任上尉的哈伯，便在他達冷的研究所中投入這項純軍事研究。根據哈恩（Otto Hahn）的記載，一九一六年時來到哈伯所裡商討毒氣戰物質生產的人有「院方二十五位知名的科學家，包括後來的諾貝爾獎得主維爾施泰特（Richard Willstaetter）、詹姆斯．弗蘭克和威蘭（Wieland，又譯維蘭德）」。根據一八九九、一九〇七年的海牙（Haager）公約，毒氣是禁用的，哈伯卻認為他能夠藉此縮短戰爭時間。於是，一批毒氣戰物質的研發團隊組成了，當中有物理學家和化學家，例如弗蘭克、赫茲、哈恩和韋斯特法爾（Wilhelm Westphal）等人。一九一五年，因植物顏色研究拿到諾貝爾化學獎的維爾施泰特，在哈伯的催促下，改良了防毒面具。維氏並不支持戰爭，但德國那些學者菁英卻是二話不說，力挺皇帝和祖國。這句話也適用於英法的科學家。法軍在榴彈中填充了更危險的碳醯氯，於一九一六年二月二十二日首度使用，影響超乎最壞的預期。毒氣彈從此就用顏色加以標示：黃十字、藍十字和綠十字。同時施放兩種毒氣彈時，俗稱「放煙火」。

和平主義者愛因斯坦知道同僚哈伯這種不人道的祕密研發嗎？當然知道。知名慕尼黑物理學家索末費爾德（Arnold Sommerfeld）說，戰爭開始時，他拜訪過愛因斯坦，兩人一起讀過關於敵國研製毒氣的報導。愛因斯坦的評論：「這表示他們先搞臭，我們卻能更勝一籌。」他是從好友哈伯那兒得知這點的。相反地，例如愛因斯坦的醫界朋友，名噪一時的海德堡內科醫師克雷爾（Ludolf von Krehl），卻從來不知此事。而哈伯發明大量生產氮（哈伯—博施法：彈藥和肥料生產），使得戰爭延長數年，愛因斯坦也無從反對。兩人一直是好朋友：或許他們都克制了自己針鋒相對的態度。哈伯的妻子克拉拉．伊默瓦（Clara Immerwahr）本身是化學博士，卻認為毒氣戰是科學的變態與腐敗而譴責丈夫，並在一九一五年五月二日以其佩槍引彈自盡。一般認為：「這種行為應該是家族遺傳。」同日，「上尉」哈伯還前往東線進行毒氣測試（可能是遵照軍方指令）。

有兩件事顯示愛因斯坦也可能想在軍武研究上有所貢獻。一九一六年八月，他發表了小論文〈水波和飛機基本理論〉，有開發「貓背」型態機翼的構想。飛機製造廠商「柏林—〔市中東南區〕約翰尼斯塔爾（Johannisthal）空中交通公司」請求學術團體協助改良空戰武器。愛因斯坦寄去了試驗型雙翼飛機的設計。兩位飛行員努力起飛：他們成功離開地面，並像「大肚子母鴨」般升空，而以不太輕盈的姿態降落地面。愛因斯坦後來打趣承認這項不良紀錄：其實，當時他還不太懂飛行原理，更不懂當時已有一定研究的氣體動力學。話說回來，那時連製造廠本身都沒人懂得飛行**理論。事實上**，要是普魯士軍國精神不那麼盛行，原本可以有些人才的。例如，自一九一二年起在德國最早的機場柏林—約翰尼斯塔爾開辦飛行學校的先驅梅莉．貝瑟（Melli Beese）。她在課餘時間自行開發了一架飛機「貝瑟鴿」，不管在飛行或製造技術上都有重大改良。大戰期間，她和法國丈夫被視為敵人而遭拘留。能斯脫先前的英國學生林德曼（Frederick Lindemann）也比愛因斯坦出色，致力試驗飛機的旋衝，計算出何時能達到穩定狀態。

愛因斯坦另一項跟軍武有關的研發，為適用於各種船隻，尤其是潛水艇的旋轉羅盤，但這項重大改進要到戰後才完成。這兩個案例使愛因斯坦有別於達文西，後者雖然愛好和平，卻**直接**為雇主設計殺人武器。

請願書的不對等鬥爭

德國官方在開戰時的說法，是國家遭到圍攻，必須起而保衛，因此不須公開討論「戰爭目的」，也不准討論。隨著後續戰況變化，這項禁令便無法貫徹。全德意志聯合會相信德國終將勝利：該會向政府和國會提出申請，說明其分一杯羹的主張。一九一五年五月，六大經濟團體發表聲明，表示比利時應列入德國管轄，德法國界應該向西推進到由貝勒佛（Belfort）到法國北部濱英吉利海峽布洛涅港（Boulogne）的邊界，而俄國的波羅的海及其以南行省，均應歸屬德國。六月，由聯合會支持，以柏林大學新教神學教授澤貝格（Reinhold Seeberg，又譯塞貝爾）為名，連署了三百二十五位教授和四十位中央和地方議員的〈澤貝格請願書〉，當中還包括柏林大學五十位教授和講師。除了經濟社團要求的兼併，更有重建德國殖民地，結束英國在埃及和蘇伊士運河的勢力，甚至粉碎整個英帝國的主張。七月十四日，新祖國聯盟隨即回應，把克維德起草的備忘錄呈交首相和國會議員。當中認為，兼併方案並不利於德國——理由是待兼併區中的一千六百萬人口難以整合。在軍方查禁之前，備忘錄發放了七百份。法國、荷蘭和瑞典也收到譯文。

七月底，出現另一份反對聯合會主張的文件，即〈德爾布呂克—德恩堡（Dernburg）請願書〉。連署的人當中，有十二位新祖國聯盟成員，如愛因斯坦、阿爾科、克維德、許金和泰珀—拉斯基。愛因斯坦同仁普朗克和盧本斯也有列名，但柏大教授總數只有十五位，連署人數則只有主張兼併的澤貝格請願書的十分之一。裡頭一句「……我們表明原則，認為吞併政治獨立或習於獨立的民族的行動，應該受到譴責」，雖然排斥了吞併比利時，卻沒有反對合併俄羅斯的波羅的海行省，以及擴張非洲的殖民地。當中一句「我們全民堅信，德國終將全面勝利」和愛因斯坦的見解有明顯出入。八週後，他和羅曼·羅蘭會面時表示，他希望對手勝利，以結束普魯士的王朝和權勢。由此可見愛因斯坦在柏林的社會適應及其內心與同僚的立場保持距離。

愛因斯坦在廣義相對論上的突破

愛因斯坦在柏林的第一篇有關相對論的文章，應該是在一九一五年六月二日於市區東南邊的阿恆霍德（Archenhold）天文台發表的。月底，他應哥廷根大學數學家希爾伯特之邀，也住在他家，辦了六場演講。講題是他在廣義相對論上的進展，但當時談的理論，是重力和其他力的交互作用。兩位學者的相遇，形成有益的競爭。十月初，愛因斯坦告訴馬克斯．博恩，自己的引力理論有點不對勁。月底時，則似乎碰到瓶頸。十月二十八日，博恩寫信問希氏，「是希爾伯特自己發現這個問題」，還是愛因斯坦發現希氏的問題。隨著愛因斯坦在十一月的發表，鬥爭到達高潮，他分別在四、八和二十五日交給學院〈廣義相對論〉、增錄〈以廣義相對論解釋水星近日點動進〉和〈引力場方程〉等論文。下了六到八年的苦功夫，這部帶給愛因斯坦最大榮譽的著作終於完成。

二十日，希爾伯特在哥廷根大學發表〈物理學基礎〉報告，並寄給愛因斯坦講稿，基本上，他跟愛因斯坦一樣闡述了引力場方程式。希氏的目標在綜合愛因斯坦引力理論和米許（Miesch）電動力學。愛因斯坦惱火地表示，希氏想搶在他前頭達到目標。他在給好友燦格的信中指出，這位世界知名的數學家想為自己的成果「領取證書」。這不僅顯示某種不快，也透露出愛因斯坦的自負，乃至傲慢。他大概不能接受，這位數學專家在和他討論後，竟然比他更快領悟道理。二十三日，博恩寫信告訴希氏：

> ……我聽愛因斯坦和弗羅因德利希說，您現在已弄通了引力理論。我也能夠從您在數學學會中的報告摘錄看出來……愛因斯坦自己說他同樣解決了這個問題，在我看來，他的考察（我從談話中得知的）卻是您理論中的特例。不過，他畢竟從他的程式確切推導出行星軌道的異常。這的確是項重大成就。

至今若干科學史家仍在爭論這件事。愛因斯坦在與希氏通信中要求的優先權，並未得到後者的承認。希氏並不看重錦上添花的聲望。再者不妨假定，愛因斯坦也有可能在未加註明的狀況下佔用他人的成果。在他一九一七年知名的宇宙學論文中，愛因斯坦採用**封閉的**三維空間當成世界模型，卻未表示，這是得自一年前重病垂死的施瓦茨席爾德的論文，文中描述了恆星模型：施氏在所謂〈內部施瓦茨席爾德解答〉中，正是採用球面三維空間，一如愛因斯坦隔年用於宇宙學解答的原理。愛因斯坦曾遞交施氏論文給學院。這個大有於助愛因斯坦聲望的封閉空間構想，是否源於他的同仁施瓦茨席爾德呢？

在愛因斯坦引力理論方面，取代牛頓**單一**重力位能的有五項方程式，均是難以解決的**非直線**方程，也就是聲名鵲起的愛因斯坦場方程。然而，最重要的結論則是重力不僅影響時鐘運轉，也左右距離測量。哲學家康德的擁護者隨即開始謾罵：不該存在的事情，就是不可能的。根據康德的見解，依循物體空間距離的幾何學，正如時間流程一般是**先驗**的，亦即先於任何經驗前提而**固有**的。康德贊同當時學界獨尊的歐幾里得（Euklid）幾何，將之視為和日常經驗一樣理所當然。愛因斯坦卻證實，任何物質分布均同時具有空間和時間的特徵，因此空間幾何一般來講是非歐幾里得式的。

哥廷根數學家明科夫斯基（Hermann Minkowski，一譯閔可夫斯基）把空間和時間結合成**四維**事物，即所謂**空時**及其「彎曲」，更是令人難以理解。至今，哲學家偶爾把這四維解釋成純**空間**的，並訝異如何能夠和我們的直觀空間三維並行不悖。但時間和空間在廣義相對論中，可以清楚分開。三維空間如同四維**空時**是彎曲的：只是我們無法直觀設想四維事物的彎曲。在明氏的四維描述中，引力位能隱藏在幾何數值中，該數值界定了兩相鄰點之間的「距離」和空時中兩方向之間的「角度」。這種數值稱為**度規場**。

對我們來說，新重力場論的作用卻不像蘋果落下那麼容易察覺。重力由質量體產生：物體質地越密，對其他物體的引力作用也就越強。愛因斯坦理論中超越牛頓之描述的這種效應，即在鉛錘、桌子或整棟房子的重力雖是小到無法測量，地球之類的行星重力卻不然。他的理論預測了三種存在於地球或我們行星系上的效應，能夠透過觀測加以證實或推翻。如所謂**引力紅移**，或重力場對時鐘運轉的影響：在海平面上比聖母峰上慢一點點。今天則能利用原子鐘極精確地測定這種效應。在愛因斯坦的時代，人們把這闡釋成某種**頻率**移，顯示為太陽或其他恆星光譜線波長的**紅**移。第二項效應涉及行星繞著太陽的運行。根據牛頓理論，這是種橢圓形的天文學家開普勒（Kepler）軌道。軌道上有個每次公轉時都一樣的近日點。在愛因斯坦廣義相對論中，這個近日點在每次公轉時均有極小，卻可以測定的變動。在前述〈水星近日點動進〉論文中，探討的是太陽系最內圈，即水星軌道的近日點。天文學者從過去兩百年來的水星觀測結果都可以得知這種效應，卻無法加以解釋。

第三項效應即所謂「日蝕時的光偏折」，最令大眾嘆為觀止。按照愛因斯坦的重力理論，富含能量的光也會受到質量體吸引，甚至由於質能的等價，而如任何質量「向它擴散」。日蝕時，從旁經過的高能量星光通常向太陽偏折，因為重力場越在外圍越弱。這種光卻只有在日全蝕，即月球遮蔽了太陽本身散發的光線時才觀測得到。所以星場要拍攝兩次，一次在日蝕時，下一次在數週或數月，即當太陽走出所拍攝的星場之後。底片將進行比對，並測定星體影像的位移。既然日全蝕不常出現，甚至只在「遠離歐洲」的偏僻地區才看得到，這種測定便意謂一大筆經費。牛頓理論經過若干向上修正後，有半數成為愛因斯坦所預言，後來加以測定的光偏折值。他在一九一一年做到了這點。

儘管堅信自己的廣義相對論是描述重力的正確理論，愛因斯坦仍然擔心這三項預言的實測證明。德國在施瓦茨席爾德死後，便幾乎沒有天文學者對相當於牛頓重力說的複雜理論感興趣，且不惜大費周章來測定微小效應的人。直到一九一九年，才進行了太陽附近光線偏折的測量。這項理論起初得不到什麼迴響。一九一三年底，在蘇黎世的愛因斯坦便向貝索抱怨，雖然羅侖茲和郎之萬（Langevin，一譯朗之萬）欣賞他的重力概念，勞厄和普朗克之類的物理學家卻「覺得這種原理思維難以接近」，便隨即歸咎於德國民族性：「德國（成年）人根本沒有不帶成見的自由眼光（戴了眼罩）！」既然英國有名的物理學者起初均不能認同他的理論，法國學者也沒全體喝采，愛因斯坦所謂民族性的說法就缺少說服力了。

當時他唯一公開的反戰言論

一九一五年十月二十三日，亦即廣義相對論的完成階段，愛因斯坦接受歌德聯合會柏林分會的邀請，暢談戰爭問題。他的講稿另以〈歌德之國一九一四到一六——祖國紀念本〉的題目刊登。這對愛因斯坦正是求之不得的機會，可以把他的反戰態度訴諸讀者大眾，而不只在給國外友朋的私人信件中吐露。在寫自柏林的信件裡，他不曾直接批評威廉王朝的立場：他若有類似批評的信件，均發自言論檢查的範圍之外（例如瑞士）。他在一篇短評〈我對戰爭的意見〉裡則說，戰爭是人類發展的頭號大敵之一，必須竭盡全力加以阻止。面對可悲的現況，他卻依然確信：

歐洲在不久的將來會形成一種國家組織，如同德帝國排斥巴伐利亞和德國南部符騰堡（Wuerttemberg）之間的戰爭，這種組織也將排除歐洲戰爭。

在前一份篇幅加倍的評論草稿中，有若干不合總編要求的段落，如愛因斯坦不帶感情，冷靜地把國籍問題「像對待一份壽險地」界定成純公事。他的國家觀念和許多同僚的國家崇拜大相逕庭。在另一段落中，他把民族主義比喻成櫥櫃當中「存放深仇大恨及大屠殺的道德戲服」，可在戰爭時聽命取用。愛因斯坦收回這項說法，卻堅持反對在**平時**歌頌戰爭及強調戰備。至於愛因斯坦在撰文時是否想到，**在戰時**要對抗這種如同當時所盛行的對戰爭的認同，簡直是螳臂擋車；或是總編是否反對他其他較不審慎的措詞等等，就不得而知了。

在刊行版本的末段，他強調，貪婪和權力慾、仇恨和鬥爭心均應一如既往地加以鄙棄。身為猶太人的他講得很中肯：「各位要榮耀主耶穌，不能單憑言詞和詩歌，更要憑藉自己的善行。」愛因斯坦在戰時德國唯一公開的反戰表態，至今依然值得世上當權者玩味。

5

陣地戰和革命

Stellungskrieg und Revolution

既遭逢失婚，又與院方主戰氣氛相扞格的愛因斯坦，只有寄情於學術工作和戀人埃爾莎。一九一五整年，他都寫信告訴埃倫費斯特和燦格等朋友，他跟大家有多疏離。他像「水面上的油滴」，全靠自己的觀點和方式過活。他生活平靜、愜意，比在蘇黎世時更加孤絕。埃爾莎的細心照顧，使他不致孤獨，他來柏林畢竟是為了她。以下的話說得更加明白且諷刺：「心平氣和對我幫助很大，不亞於和我堂表姊格外愜意美妙的關係，我靠終止婚姻才維持住這段關係。」一九一六年五月五日，他接替普朗克擔任德國物理學會會長，這似乎並未耗費他太多時間。同月十四日，他仍舊怡然自得，寫信給貝索時表示，自己的工作和生活相當閒適，「沒有雜音」。既然妻兒不在身旁，他便跟不少柏林人一樣，參加布里斯托（Bristol）飯店「文學社」的每週聚會，這是由來自布雷斯勞，長他三十歲的專欄作家莫什科夫斯基（Alexander Moszkowski）主持的。莫氏靠出版幾本好書就可以過活，例如打油詩集《不朽之盒》（《世界文學三百三十三則絕妙笑話》，突破十萬本！），及其他「幽默」讀物與嘉言錄等等。對這位專欄作家來說，與愛因斯坦結交，更是錦上添花。

希望落空：一九一六到一八

柏林當時的生活有多美好呢？一九一五年，因不適任而免服兵役的畫家格羅斯（George Grosz）覺得：

當我返鄉時，柏林是冰冷迷濛的，音樂咖啡屋和酒館的熱鬧與住宅區的冷清晦暗，恰成對照。在小姐懷裡跳舞買醉的軍人們，又再次厭煩地扛上背包，穿過街道，搭上火車，回到骯髒的壕溝工事。

一九一六年三月，為了戰爭補給，官方禁止烘焙糕點，並發放「奶油配給卡」：每人每週只配發一百二十五公克。四月是糖，六月是肉的配給，不再供應乳品，八月起，也停發乳酪。七月，開始衣物和糖精配給，十月發放雞蛋配給卡。馬鈴薯這時也歉收，產量只有前年的一半。蕪菁甘藍成了基本糧食，添加在麵包、果醬和（乾燥）咖啡中。百姓信念動搖，怨聲載道。到處流傳著反諷與褻瀆信仰的怨言：

我相信蕪菁甘藍，那是德意志民族的衣食父母，相信它的親戚兼同伴——果醬，那是軍糧單位的產物，葬送了我對馬鈴薯的希望，由於農夫唯利是圖，採集、榨製、加工，充當頂級水果，成為國軍英雄的麵包塗醬。我相信聖戰，相信發戰爭財的社會，囤積商行，稅金的提高，肉類配給額的減少和麵包卡的永恆存在，阿門！

一九一六年夏，由於橡膠短缺，軍方徵用民間腳踏車的內外胎：用來配備海軍陸戰隊的自行車分隊。上班、上學的路程超過三公里者，及醫師和助產士因業務需要者，才准騎車。搭計程車出遊當然被禁止。為了祖國，柏林的學生要蒐集栗子、果核及空罐頭。撇開飲食變差不談，他們可能把戰爭當成遊戲，而在寓教於樂的「光榮勝利紀念本」裡，剪貼「民族戰爭」的明信片，並從當時學校流行的四色「戰場地圖」，得知每週「國軍到了哪裡？」的答案：也就是「飛機和飛船何時、何處丟炸彈」。飛船應該就是在柏林市西區施塔肯（Staaken）打造的齊柏林飛船。聖誕夜時，有老少咸宜的戰爭遊戲「潛艇打戰艦」，或是在耶誕樹下的幼兒圖畫書《爸爸去打仗》，這是以普魯士采琪莉（Cecilie）公主「為了將士妻兒的利益」而出版的。書中也有飛船的投彈和防禦：

小巷子冒出
一陣陣灰煙，
堡壘的迫擊砲
猛射著砲彈。
彷彿水中的海豚，
一艘齊柏林飛船
從繁星的高空中
安全地回返。

一九一六年，工資降到一九〇〇年的百分之七十八：勞工開始騷動。早在一九一四年十月，要求改善計件工資的第一場罷工，便發生在市中東南的西里西亞門（Schlesisches Tor）一帶的機械製造工廠「畢爾曼（Beermann）公司」。一九一六年六月底，柏林軍事法庭祕密審理勞工領袖李卜克內西的叛逆罪，判處四年多的刑期，導致大型軍備及工業金屬加工工人發動示威罷工。邊區司令部發出通牒，要柏林勞工「逐漸擺脫政黨和工會首領的影響，脫離激進陣營，即所謂斯巴達克團（Spartakus-Gruppe）」。

儘管面臨種種短缺，大柏林地區仍舊進行著軍備以外的建設：柏林第一條地下電車線菩提樹下隧道於一九一六年十二月啟用。隔年，地鐵疏通線進展到由市中心諾倫多夫廣場至市中東區三角軌道（Gleisdreieck），市北區博恩霍姆街（Bornholmstrasse）向北跨越鐵道的大興登堡橋（今日為惡人橋）也已完工。肖特基（Schottky）取得用於無線電廣播的放大管專利。

既然飲食乏善可陳，那麼娛樂呢？本來一九一六年要在柏林舉辦的奧林匹克運動會被迫取消。一九一三年，由夏洛滕堡建築師馬爾希（Otto March）設計，擁有六萬四千個座位和皇室包廂的「威廉皇帝（後來改名為「德意志」）運動場」（今日為奧林匹亞運動場）落成，卻沒派上用場。一九一四年十月一日，柏林戲院開始發行政治宣傳用途的無聲電影新聞週報。一九一五至一六年間，影片檢查又開始放寬，使導演劉別謙（Ernst Lubitsch）得以在國內用粗俗的喜劇娛樂大眾，例如《肥皂泡小姐》及《當我翹掉了》。同時，後來知名的製片人穆爾瑙（Murnau）和朗（Fritz Lang）也志願從軍。

話說回來，並不是大家都一樣貧困。

> 今年冬季，以皮草裝飾成了時尚的主流……可以看到夾克，甚至裙子車上寬窄不等的皮製鑲邊。相當高級的毛皮領子，似乎變得不可或缺。快被遺忘的海狸皮為年輕人的服裝增添丰采。更有海豹皮和灰色皮草，例如銀狐、灰狼、負

鼠及類似絨鼠毛質綿密的新品。

一九一六年十一月，舍爾（August Scherl）的《週報》雜誌便刊出這篇文章：同期雜誌還大肆刊登酒類廣告，如「德國大紅丘（Scharlachberg）白蘭地上選品牌」和「赫爾（Hoehl）特級香檳，乾啦！」；甚至前線也未受忽視：士官布施（Busch）一九一六年贏得「頂級米勒（Mueller Extra）雪茄在前線」的廣告比賽，畫了位「平民」嘴上叼根雪茄，大衣口袋有幾瓶香檳及一條「頂級米勒」，正在向前奔跑。

這顯然符合愛因斯坦若干柏林大學同僚不曾間斷的好勝心：或許不過只是情勢所迫。然而，一九一六年七月底，他們在一份呼籲中表明：

敵國打算利用封鎖來圍困我們。難道為了一時小小的匱乏，就要懷疑我們的未來，身為勝利者的我們難道要這麼做嗎？假使真是如此，我們便不配稱為一個民族，擁有一個帝國。所以我們要……堅持下去，取得勝利……

所謂「封鎖」是協約國從海上封鎖德國的港口。

一九一五年後，愛因斯坦在信中幾乎不曾再對戰爭表示意見：一九一六年二月，德軍攻佔法國東北部凡爾登（Verdun）失利；夏季到十一月間，法國北部索姆河（Somme）畔戰役成為膠著的陣地戰。數十萬人陣亡，愛因斯坦因而稱這場戰爭「病態」或「瘋狂」，並把這個世界叫做瘋人院。他並未談論，甚至進一步了解戰爭的社會或經濟因素，對主戰派的立場和目標，也不曾理性地加以探討。

他比較關心新祖國聯盟持續討論的事情：德國的民主化，尤其是議會的加強和普魯士選舉權的改革。聯盟現在卻被官方查禁。不過查禁四個月後，即六月八日，在柏大講師魏斯巴赫家中成立了另一個會，即「同道社」（Vereinigung Gleichgesinnter）。這個社聚集大約三十位不同政治色彩的和平主義知識份子，接替聯盟進行國內外政策的理論探討，宗旨則是克服胡作非為的民族主義和提倡以道德為根本的權力政策。這個社團致力影響輿論，並盡可能與國外學者取得聯繫。創社時未在場的愛因斯坦認同該社宗旨，於十月寫信給魏斯巴赫時表示，時代的病根在於道德理念的軟弱無力。一旦超越俾斯麥—特萊契克（Treitschke，右派理論家）式的權力政策，排除戰爭諸國家（至少是歐洲國家和美國）組織的組成目標，就可以立即達成。「所以請將我列入名單，這是一大樂事：我解救了自己的靈魂（dixi et salvavi animam meam）。」

除了愛因斯坦，「同道社」還有兩位物理學者，一位是他的柏林好友博恩，一位是哥廷根大學實驗物理學者，編外講師特勞本貝格（Heinrich Rausch von Traubenberg）。開會地點在市中心畢羅街（Buelowstrasse）九十號菲舍爾出版社會議廳，愛因斯坦則很少出席：確實到場有兩次，一九一七年十月和十二月。特氏和天文學家之子腓特烈—威廉·弗爾斯特（Friedrich-Wilhelm Foerster）指責，自俾斯麥以降的普魯士外交方針，殘忍且不利德國的權力政策，同時多數社員提議，基於人道原則建立愛國主義和民族價值，這才是大小國和平相處且利益均霑的正路。愛因斯坦跟同道社大概很投緣，因為在此可以盡情討論例如撫平仇外情緒和改善民族間關係等等重大的政治倫理議題。

麗莎·麥特能在給哈恩的一封信中，描寫了一九一六年十一月愛因斯坦在應邀到普朗克家時的舉止：

> 愛因斯坦演奏小提琴，為其難得天真、獨特的政治和戰爭觀點增色。當今有這麼位素養深厚，手上卻不拿份報紙的人，的確是件奇事。

德國報紙因為審查的關係，必須刻意隱瞞政治和軍事的真實情勢。然而，仍有不受審查的瑞士報紙：由於軍方能力有限，儘管德國報紙不得流到國外，中立國報紙卻可在德國流通。

在一九一六到一七年間的「蕪菁甘藍冬天」，柏林的溫度降到零下二十度：最長的霜凍期從一九一七年一月四日持續到二月十日。結冰的運河幾近停擺，燃料供應全靠過度負載的鐵路。劇場、戲院和博物館都關閉，學童放了額外的寒假。需要添加保暖的衣物和鞋子時，只有依賴配給證。在大柏林地區，成人每週麵包配給額為一千八百公克（當然摻了馬鈴薯或蕪菁甘藍）、奶油八十克、肉與骨頭兩百五十克、糖一百八十克及蛋九十克。一月時，由蘇黎世返鄉的船醫兼作家何爾森貝克（Richard Huelsenbeck）有如下的觀察：

> 柏林成了勒緊褲帶的城市，到處飢腸轆轆，隱藏的不滿化為失去分寸的貪婪，使人越發執著於自己赤裸裸的生存。相形之下，蘇黎世彷彿療養勝地……柏林的人還不曉得，隔天中午是否還能有一頓熱食。大家十分擔憂，預料由興登堡（Hindenburg）高層所主導的國家大事將誤入歧途……看來德國又將重蹈歷史覆轍。原本以為是詩人和哲人的民族，這時突然警覺到，已被弄成法官和劊子手的國度。

由權貴們捐贈而在國王廣場（Koenigsplatz）豎立興登堡大雕像的踴躍程度，顯然大不如前。

一九一七年二月，在這種民生狀況下，難怪愛因斯坦的胃和肝出毛病。皇家衛生顧問及精神病醫師尤利烏斯伯格（Otto Juliusburger）為他診療。飲食處方的特定費用，則由他南德的親戚及瑞士好友燦格支付。三月，他身上還出現膽結石。愛因斯坦當時在修訂《狹義及廣義相對論淺說》一書——設法向專家以外的讀者解釋自己的理論。他可以會見訪客，如三月時，在哥廷根向希爾伯特學數學的瑞士研究生胡姆（Rudolf Jakob Humm）來訪。兩人談論引力波及由引力論導出量子論的可能性，愛因斯坦覺得不可能。胡姆拿到博士學位，後來在蘇黎世成為知名作家及當地「新俄國」社的共同創辦人和執行祕書。愛因斯坦也關心過該社的柏林分會。

在胃出毛病**之前**，愛因斯坦完成了一篇重要論文，於二月八日交給學院，即〈對廣義相對論的宇宙學考察〉。文中設法透過他的場方程的模型解法，來描述藉由「恆星」而存在於太空的大範圍物質分布。一九一六年九、十月兩週期間，他在荷蘭和天文學者西特爾（Willem de Sitter）暢談廣義相對論和「量度中的世界」。於是，在新的論文裡，他就修改了自己的引力場方程，在方程式中增加一個前所未見的自然常數，即**宇宙常數**。這篇論文令一般大眾感到震驚的地方，在於當中所描述的世界模型顯示，空間具有**有限的**量，本身卻是**無限的**，亦即沒有可見的界限，所具有的特徵類似二維的球面。一九三三年秋，阿諾爾德·茨威格興奮地回顧道：

愛因斯坦表現了自十七世紀荷蘭大哲學家斯賓諾莎（Spinoza）時代以來猶太人的大力精思。宇宙不再是無窮無盡的系統，而是以特定方式具有封閉性的事物！

荷蘭之行影響深遠：一九一六／一七年間，西特爾在一份**英文**天文學期刊上發表了三篇論文，講述愛因斯坦的廣義相對論及其在天文學上的推論。一九一七年對德作戰期間，英國幾位聰明而無偏見的天文學者已經準備好遠行，要在日全蝕時測量太陽附近的光偏折。除了「皇家天文學院院士」戴森爵士（Sir Frank Dyson），還有貴格教友、和平主義者和拒服兵役者埃丁頓（A. S. Eddington，一譯愛丁頓）參與。不像著名的學者同儕羅素，埃丁頓作風不拘一格，劍橋三一學院同事們認為，他在學界會比在部隊貢獻更多，這樣才能維持他們之間必要的關係。

四月初，愛因斯坦復原良好，甚至能夠參加德國和平學會柏林分會在市中心波茨坦街二十八號「奧地利咖啡館」（Café Austria）的每週聚會。這場十餘人的聚會遭到警方驅散，後來則以住家私人茶會的方式繼續進行。在這種場合下，積極投入新祖國聯盟的克維德首度遇到愛因斯坦，凸顯出愛因斯坦在實際和平工作上的消極性。警方正嚴格把關。二月時，俄國革命黨推翻了沙皇政權，而國會中斯巴達克團員向俄國無產階級的「崛起由衷致敬」。大柏林地區軍備工廠中，由工會組織的金屬加工工人，即從裝配工到車床工的情緒都開始沸騰。

一九一七年二月，大勢如下：月初，德國在拒絕敵國敷衍的和談條件後，聲明將進行無限制潛艇戰。許多人預料的大難即將降臨。早在一年前，首相貝特曼—霍爾韋格（Bethman-Hollweg）便在國會上提出警告，這種潛艇戰將促使美國參戰：「大家會把我們當瘋狗一樣對付！」當月十八日，女演員緹拉．迪里厄和格楚德．艾索爾特（Gertrud Eysoldt）在保羅．卡西雷爾藝品館舉辦朗誦晚會，節目多多少少涉及戰爭。雕塑家珂勒惠支（Kaethe Kollwitz）表示，對作家安涅忒．科爾布（Annette Kolb）和多伊布勒（Theodor Daeubler）的文章，她只是約略聽聽。「隨後緹拉卻朗讀了一段作家萊昂納德．弗蘭克（Leonhard Frank）的故事……逐漸顯得激昂，幾乎難以克制。當她結束而『和平』一詞餘音依然繞樑時，一位聽眾也跟著高喊，如同壓抑已久的渴望——和平、和平——這道聲浪讓大家情緒高亢。」

這時，愛因斯坦則為尼古拉的另一項和平提案傷腦筋，那是尼古拉在西里西亞，〔今波蘭〕格勞登茲（Graudenz）的無聊役期中構想出來的。他在德國古典派不具政治性的文章中領悟到革命精神，打算出版一系列《古典派政治觀》的文集。他找到俄學者比克（Buek）和普芬佛特（Franz Pfemfert）為共同發行人，後者是十足的和平主義者，亦是表現主義文學期刊《行動》的創辦人與發行人。很早就是尼古拉反軍國主義同志的普芬佛特，則設法尋找贊助者。他和普魯士國會少數派波蘭議員科爾豐蒂（Woycech Korfanty）交涉，反戰的他，不願讓普魯士因為打勝仗而繼續統治部分波蘭。科氏表示，自己樂於組成聯合會，以募集所需款項。後來，科氏於一九二一年帶領波蘭武裝起義，在上西里西亞和由戰勝國所監控的公民投票劃清界限。愛因斯坦找埃爾莎的有錢堂哥莫斯（Adolf Moos）出資贊助尼古拉，莫斯卻認為此事窒礙難行。尼古拉不肯放棄，指責愛因斯坦的退縮。愛因斯坦不想造成埃爾莎親人的金錢損失，於是發生口角，斷然拒絕支持這項方案。

一九一七年四月初，獨立社會民主黨由社民黨分裂出來，主事者為柏林工運幹部暨國會議員哈澤（Hugo Haase）。在柏林市代表大會中，社民黨員分成兩派，即擁有二十三位代表的社民黨，和二十二位代表的獨立社民黨及自主的斯巴達克團。四月中旬，柏林三百家軍備工廠的五萬名勞工集體罷工，爭取食物的合理分配、較短工時和較高工資。更有例如馬上接受和平談判、解除戒嚴狀態和言論檢查、釋放政治犯及實行民主選舉制等政治要求。戰爭部部長格勒納（Groener）中將語帶威脅表示：

最惡劣的敵人就在我們之間——就是那些鼓動罷工的懦弱者、卑劣者。這些人一定要受到全民的審判，這些背叛祖國和國軍的人……要工作才有幸福！

隨後，罷工主嫌和其他鬧事者接連被充軍。

五月十一日，愛因斯坦在物理學會會議上發表〈由索末費爾德到愛普斯坦（Paul Epstein）的量子定理〉論文，提出具有不依賴座標型態的玻爾—索末費爾德式的量子法則。然而，他的健康情況顯然比他所想的來得嚴重。五月時傷到腳趾，還算小事，嚴重的是自研究生時期以來的老毛病——胃痛。醫師建議他盡快到瑞士恩加丁休養，愛因斯坦卻得存錢，設法在七、八月到瑞士探望妹妹瑪婭和妹夫溫特勒（Paul Winteler）時，在盧塞恩（Luzern）療養。這並沒有實際效果：秋天時，他「只生了一場小病」，卻「常常躺在床上」。後來則因為胃壁或十二指腸潰瘍，「禁不起激動」，不得不靜躺床上六個多星期。經過X光片診斷後，由市區南邊的新克爾恩醫院內科主治醫師暨胃腸肝病專家埃爾曼（Rudolf Ehrmann）為愛因斯坦進行診療。秋天，自回到柏林以後，愛因斯坦似乎就在哈伯蘭街五號跟埃爾莎住在一起。她細心照顧他：「埃爾莎每三個鐘頭就為我弄飯，任勞任怨」；他安心靜養，晴天時就待在陽台。十月，愛因斯坦成為新設的物理所所長，由於沒有研究樓館，信箱便設在他的這個私人住址。該機構的經營靠私人捐款，當時主要源自戰時公債，反戰者愛因斯坦對此卻不以為意。

愛因斯坦似乎並未對表現主義的文學或繪畫感興趣。普芬佛特的《行動》擁有令人讚嘆的表現主義版畫，愛因斯坦也未定期閱覽。十二月號《行動》中，化學家暨作家豪特沃尼（Paul Hatvani）的〈試論表現主義〉中談及相對論，肯定會令愛因斯坦感到有趣。當中講到：

> 當代令人矚目的精神體驗：跟表現主義藝術幾乎同時問世的，便是相對論（尤其是愛因斯坦的相對論）對自然科學的進一步加強……我只想指明，愛因斯坦教授成功地以新理論取代牛頓的引力直觀，我稱之為「心理中心取向」：該理論揚棄物理學之上和之間的思維慣性的所有前提，把思維的自我本身消融在「引力」的意識內容中……各種表現主義作品不也是如此嗎？

《行動》不太重視新祖國聯盟之類的資產階級和平主義社團，可能令愛因斯坦不以為然。普芬佛特表示：「此外，有些人知道……我的作品向來不同於克維德—格拉赫協會的和平主義及社民黨沙伊德曼（Scheidemann）—哈澤政黨的國際主義……」也就是說，他排斥一些和愛因斯坦同調的人。一九一七年九月，愛因斯坦病情似乎有所好轉。

他寫信告訴貝索，自己飲食狀況良好，也經常休息，並且已把量子論應用到剛體上了。

柏林的供給情況依舊惡劣。一九一七／一八年冬，配給卡每週只發放三十克奶油和五十克人造奶油。馬鈴薯供應到了一九一八年才有所改善，菜類卻幾乎只有甘藍菜。衣物和鞋類幾乎無法取得。一九一八年，男工的平均日薪是三點八五馬克，一九一四年則是三點三。該年的馬鈴薯價格卻漲到一九一四年時的三倍，蛋是六倍，肉是兩倍半。柏林只有兩成的住宅供電，其餘的只能以配給的汽油或酒精搭配煤炭和瓦斯來照明。在一九一八年一月底，武力鎮壓軍備工廠四十萬勞工暴動之後，軍方在二月一日把八家兵工廠納入掌控，並「加強」戒嚴狀態，以因應柏林、夏洛滕堡、舍內貝格、威爾默斯多夫、新克爾恩、利希滕貝格及施潘道等地的人民騷動。

愛因斯坦在冬季調養期間，仍然繼續自己引力理論的分析。一九一八年一月，他告訴貝索，自己的學術聯繫和健康情況都良好。其中包括一九一七年十一月至隔年一月，和埃森的克虜伯（Krupp）公司工作的數學家魯道爾夫．弗爾斯特（Rudolf Foerster，別名魯道爾夫．巴赫〔R. Bach〕）通信，將電磁和重力場共同結合成一個理論，即所謂的「統一場論」。一月三十一日，愛因斯坦把〈論引力波〉論文提交給學院，三週後刊出。這樣的引力波相當於電磁波，卻非來自被照射的電荷，而是來自隨時間變化的重力質量。在實驗室中無法產生這種波，因為無法準備夠大的質量和加速來達到這種「重力波動」的可測量振幅。在弱引力場的假定下，愛因斯坦算出，每一點狀輻射源的時間單位中，透過引力波向四方散射的總能量。這種重力波目前尚未得到觀察：來源應該是互相碰撞的雙螺旋星系，甚至超新星爆炸之類的遠方物體，希望目前運作中的檢波器（其中一台在德國北部的漢諾威〔Hannover〕附近）能夠測出第一道訊號，但並非很有把握。

在引力波暫時無法確認的同時，柏林的達達主義運動卻開始驚動四方。一九一八年二月二十三日，何爾森貝克在由藝術商諾伊曼（J. B. Neumann）提供的新分離派展覽廳舉辦「德國第一場達達演說」。接著是四月的達達朗誦晚會：豪斯曼（Raoul Hausmann）發表〈繪畫中的新素材〉宣言，當中說明：

> 達達：這是善惡的綜合體，除了精準的攝影外，這是唯一合法的圖像傳達型態與在共同的經歷中取得平衡……只有這裡才沒有壓迫、恐慌，我們遠離象徵主義、圖騰崇拜、電動鋼琴、毒氣攻擊、人際關係和野戰醫院的哭嚎。只有透過我們充滿矛盾的奇妙有機體，才能夠獲得某種資格，成為車子的傳動軸，讓人站立或跌倒的地面……

三、四月時，愛因斯坦和蘇黎世數學家魏爾（Hermann Weyl）頻繁通信，探討引力和電磁作用的**統一場論**。三月底，魏爾到柏林看望愛因斯坦。到了五月，愛因斯坦還得了黃疸。度過七、八月在波羅的海阿倫舒普的暑假後，健康大有改善。雖然推掉了蘇黎世當地大學的邀聘，卻答應每年在此舉辦兩次四到六週的講座。於是，這成為他不常在柏林的一項因素。

愛因斯坦有別於許多同仁，並不支持戰爭。所以，當顯然不知情的同事、布雷斯勞數學家克內澤爾（Adolf Kneser），把愛因斯坦的研究看成為德國勝利而努力時，令他大為感冒。一九一八年一月二十七日，克氏在皇帝祝壽會上致詞，談到引力論領域的最新發展和愛因斯坦的廣義相對論。他在結束講演前，卻未就學術談學術，而把愛因斯坦的成就講成「德國人在大戰期間完成的研究」，及「在後方以滿腔熱血為我民族進行的和平事業」。學術殿堂供奉的是真理之火，在承平時期也應維持不滅。「德意志民族在此顯示對未來的堅定眼光和求勝意志。」克氏把這份刊行的講稿〈論重力〉寄給愛因斯坦，讓他哭笑不得：他的名字竟然被當成沙文主義的宣傳。論出身，他是猶太人；論國籍，他是瑞士人，就自由思想而言，則是一個有人性的存在——對國家觀念沒有特別的偏好。他希望自己可以告訴克氏，在他致詞前，先確定能夠顧及他的感受，而不要下此斷言。克內澤爾答覆得既禮貌又堅決：

在您看來，我的講稿沒有點出什麼重點……事實卻是，您大放異彩的發現是在戰時德國產生的。您……受到學術研究女神的愛護。所以不妨請您留意，您的研究是德國人的光榮，德國人的和平事業……我很欣慰，您不是和許多瑞士學者一樣缺少歸屬感……我覺得可以從中見出，不論有無意識，您本身覺得德國是您學術研究最安適的處所。

克氏觸及愛因斯坦行為的弱點：既然鄙視德國社會的尚武精神，為何當一九一八年夏天蘇黎世當地大學和瑞士技術學院提供機會時，自己卻繼續待在柏林呢？他寫信告訴貝索，柏林人把「所能想到的都送到他跟前」，令他「羞愧得想鑽進地洞」。他也坦白跟妹妹說：「要放棄柏林人難以形容的所有善待，我於心不忍。」有心留住愛因斯坦的普朗克和哈伯設法提高他的薪資，不論這裡學術氣氛或是他所能享有的一切，看來都極具吸引力。當時他也無法表示，讓心愛的埃爾莎跟他搬到蘇黎世。米列娃倒是答應離婚，再來就是談愛因斯坦要如何負擔贍養費的問題。在蘇黎世，他可以更接近兩個成長中的兒子。愛因斯坦陷入長考，甚至做惡夢——他拿刮鬍刀割開自己的喉嚨。

「頭號社運份子」愛因斯坦

德國軍方讓大眾誤以為未來會獲得勝利，或至少簽訂對得起陣亡者的和平協議。當時身為野戰醫院護理員的布萊希特（Bertolt Brecht）則持不同看法：

> 到第四年春季，
> 和平不再可能，
> 戰士心生決意，
> 索性壯烈犧牲。

反觀和平人士，他們則繼續筆戰，並成立新的論辯社團。愛因斯坦倡議恢復國際學界的關係；知名學者有關這個論題的文集應在瑞士發行。他堅信道德高尚，「幸運藉著精神成就在整個文明世界的精神勞動界博得聲望」的人，應該公開呼籲（即使說服不了當權者），帶給所有「不應孤獨而喪失道德信念」的人「慰藉」。他發通報給同僚，卻得到保留或拒絕的答覆。希爾伯特寧可等到「瘋狂浪潮過去，理性回返的時候」，並擔心這樣的呼籲更會激起主戰同僚的敵意，「這種具有國際意味的言詞，在同事看來像塊紅布」。神學家及哲學家特勒爾奇（Ernst Troeltsch）表示，「單單遁入精神和少數人信念的國度」是不可能的：身為實在論者的他，對在危險的戰爭中找到出路更感興趣。從這件事可以得知，愛因斯坦樂於進行的**集體**事業，是學者的**國際合作**。他的目標在恢復交戰雙方學者間的密切關係。

激進的和平主義者希勒（Kurt Hiller）採取不同愛因斯坦的路線，訴諸「貴族式」的知識菁英。議會並不管用，應該成立知識份子團體，把國家帶離民族主義的路線。一九一八年仲夏，希勒在獨立社民黨左派領袖伯恩斯坦（Eduard Bernstein）家裡遇見愛因斯坦，當時後者「儘管尚未世界聞名，在學界卻擁有一定的知名度，很難不對他表示某種敬意」，便送了愛因斯坦一本自己的小冊。了解希勒之所以拒斥民主議會的愛因斯坦，於九月九日一封難得的政治表態信中，婉拒他所提議的聚會。愛因斯坦認為，要挽救德國，只有以西方強國為榜樣，盡快全面實現民主。只有這樣的主張，才能確保全面解除「權力意志」的集中，從而避免重蹈一九一四年的覆轍。他推辭的藉口仍是：「身為瑞士人的我，覺得不宜涉入貴國的政治事務。」

一九一八年十月初，新首相巴登親王（Prinz Max von Baden）表明：德國應該成為君主立憲國，讓社民黨參與朝政。隨後，朝廷派人向美國總統威爾遜請求進行停戰及和平磋商。接著在中旬，新祖國聯盟也開始重組。十月十四日，盟員在市中心美景街親水（Esplanade）飯店聚會，聽伯恩斯坦、泰珀—拉斯基審判這場戰爭的罪魁禍首：君主政體、軍國主義和資本主義。五天後，同一地點的另一次集會做出決議，並刊登在《柏林日報》上。當中要求，以直接、無記名且平等的選舉（「一人一票」）組成的議會為基礎，本著民主和社會主義精神，全面修正憲法和行政制度：女性和軍人應該同樣擁有選舉權。提案中還有維護人權、青少年和平教育及廢除階級特權等主張。

十一月四日，由（德北）基爾迅速擴散的水兵叛變，及九日時的總罷工宣告，促成社民黨堅決要求皇帝遜位及沙伊德曼宣布成立共和。前一天的訴求是：

走出工廠，走出軍營！伸出雙手吧，社會主義共和萬歲！

次日，由威丁、莫阿比特、約翰尼斯塔爾和上麗原及大工廠所在的市區各地，走出大批人群，來到城中，經過皇宮，走過亞歷山大廣場，來到菩提樹下大街。少數人有武裝，隊伍前頭卻舉著「兄弟，別射擊！」的標語。嚴肅的臉孔上頭飄著紅旗。難道軍人真會按照皇帝在募兵講話時所要求，在鎮暴時射殺自己的親戚、父母或兄弟嗎？他們沒有扣下扳機，大家稱兄道弟，一如市中心榮民街重騎兵第二團營區前的情形。只有在強佔

「金龜子營區」時例外，即歐朗寧堡（Oranienburg）「城外」市中北區香榭街（Chausseestrasse）近衛輕步兵營區（亦即今日的「世界青少年體育館」），一位軍官在此射殺了三位通用電器公司工人。一九一五年，萊普（Hans Leip）曾在這裡的衛兵室寫下軍中情歌〈莉莉瑪蓮〉歌詞。

重新成立的新祖國聯盟，號召大家十一月十日禮拜天在國會大樓附近集會。數十萬人慶祝共和時，卻突然遭到機關槍火力驅離，只剩下少許人在附近較安全的地方聆聽醫師暨性學專家希施費爾德（Magnus Hirschfeld）的演講。《佛斯報》週日版公布隔天的集會地點與時間，在市東區亞歷山大街四十一號「教師會館，晚上八點」，有伯恩斯坦的講演及「幾何學家勃拉希克（Blaschke）和愛因斯坦教授」、作家兼社會評論家霍利切爾（Arthur Holitscher）和女性主義者暨性改革者海倫娜·斯特克（Helene Stoecker）等名流蒞臨。

在這難得晴朗的一天，愛因斯坦或許也出了門。根據魏斯巴赫的記敘，天空彷彿「善待著新生的共和，空氣中瀰漫著某種喜悅」。後來一陣子，愛因斯坦首度積極參與政治事務，或許正如他告訴妹妹的信中所提，為廢除「軍國主義和樞密顧問的愚昧」感到振奮。他挖苦地告訴母親，如今他在院士當中像是「某種頭號社運份子」。如同臨時成立的大學生委員會（Studentenrat）之類的政治社團，新祖國聯盟在國會取得一個辦事處，並在十一月十一日週一開放。大學被大學生委員會關閉，保守派的校長澤貝格（Seeberg）大概遭到激進學生挾持。愛因斯坦連同博恩和心理學家韋特海默（Max Wertheimer）設法和大學生委員會交涉。然而，這三人當時卻進不了人滿為患的國會大樓。這時，擔任新祖國聯盟理事的霍利切爾加入他們，一起成功進入首相府。他們在社民黨埃伯特（Ebert）正在主持的內閣會議接待室裡，遇見考茨基（Karl Kautsky）和伯恩斯坦之類的「社會主義預言家及學者」。博恩寫道，經由引見，「我們得以表達出對大學的憂慮」。隔天，他們在國會大樓和大學生委員會對談，他們「充滿漠視事實的理想主義」，而這種「狂熱隱藏著布爾什維主義的危險，因為軍人委員會也有類似的信念」。

在這次談話中，愛因斯坦表達了意見——大概涉及剛剛議定的章程。他把學術自由、助教教學自由和研究生選課自由，看成「德國大學設施中最寶貴者」，並提出警告：「若取消這些自由，將令我惋惜。」隔天，仿照工人暨軍人委員會而成立的「精神勞工委員會」（Rat der geistigen Arbeiter），也在其綱領中要求愛因斯坦可能贊同的「大專院校所有成員政治上的討論和行動不受限制的自由」。不過，另一項「教師自由授課及透過學生選舉教授」，愛因斯坦就可能不表同意了。會中並未形成密切的合作，或許因為急進和平主義者希勒想扮演要角：他擔任了主席。

星期三，新祖國聯盟以「全民立法大會」的標語在市西南區的施必先街三號「西城光輝廳」發起民眾集會。據《佛斯報》記載，有數千人參加，加開了第二廳才敷使用。愛因斯坦也在演講者之列，反對無產階級專政，主張盡快召開制憲會議。他為這場演說準備的手寫稿保存至今。他在開頭時表示：「舊有的階級統治已經廢除，被自己的罪行和軍人的解放行動瓦解。」他把軍人和工人委員會視為戰時的「民意機構」，並預先提出警告，成立無產階級專政將「打擊人民同志首腦的自由」。暴力只會產生仇恨和反動，當前的社民黨領袖應該無條件得到公認。

愛因斯坦期待盡快召開制憲會議，在支持新成立的「民主人民聯盟」（Demokratische Volksbunde）時表示，該聯盟致力兩性平權的形式，根據普通、平等、無記名且直接的選舉制，「盡快召開德國及德奧國民大會」。當時參與的人士有哈伯和盧本斯等教授，更有作家戴默爾（Richard Dehmel）、豪普特曼、畫家李伯曼和工業家拉特瑙、羅伯特・博施和施廷內斯（Hugo Stinnes）等名流。愛因斯坦連署了新**德國民主黨**（Deutsche Demokratische Partei）的成立號召，另外也有社會學者阿爾弗雷德・韋伯（Alfred Weber）、馮・格拉赫、銀行家、政治家沙赫特（Hjalmar Schacht）及《柏林日報》總編特奧多爾・沃爾夫（Theodor Wolff）。然而，愛因斯坦並未成為這個自由主義政黨的成員。只要這個政黨跟新祖國聯盟一樣追求他所期待的民主憲政，則兩者有所出入的黨綱在他看來並不重要。他這種對不符合自己期望的東西視而不見的思想特徵，也見之於他對宗教虔誠的界定，及他和猶太復國主義的關係。

不過，愛因斯坦並未簽署所有立意良善的提案，就算那是二十世紀初便因身為社民黨員而被解除柏大教職的物理學者阿倫斯（Leo Aarons）的提案。一九一八年十一月十二日，阿倫斯在〈致柏林大學校長及評議會的公開信〉中要求，大學應該本著「如何在重新打造大德國時，善用這民族的精神力量？」為宗旨，召開大專院校聯會，把集合起來的「精神力量」運用在「實際生活」中。愛因斯坦拒絕這位「自由言論開路先鋒」的提議，因為教授們應該在戰後立即明白表示，從中已學不到什麼新的政治教訓。當務之急在於：「學會一件事，就是『閉嘴！』」愛因斯坦耳邊仍然響著許多同僚的沙文主義論調，其中一句「以日耳曼旗幟領航的壯士」，尤其令他不以為然。他在一九一八年二月二十四日的信中表示：「寧可認同我那位被你們以為徹底壓制的猶太同胞耶穌基督。」「我真的寧可受苦，也不願使用暴力。」兩年後，筆名武若伯（Ignaz Wrobel）的圖霍爾斯基在《世界劇場》（*Weltbuehne*）雜誌中，以詩句點出這種繼續作祟的劣根性：

看這位教授！他專業地
講述拉美西斯和王位繼承，
貌似客觀，卻每天薰陶著

舊皇朝的新主人。

（譯註：拉美西斯〔Rhamses〕似指西元前十三世紀埃及在位最久〔六十七年〕的法老王）

德國的大專院校依舊是「反動派」，擁護共和的教授們便於一九二〇年五月在《佛斯報》上聯名號召「支持民主憲法」，當中也有愛因斯坦。

重新成立的新祖國聯盟，在八位理事之外，還選出十四位成員的「工作小組」，包括愛因斯坦和特勞本貝格，及十七位組員的「主要小組」，包括泰珀—拉斯基、尼古拉、許金、謝斯勒，連同知名的作家和畫家如：珂勒惠支、亨利希·曼（Heinrich Mann）和佩希斯坦（Max Pechstein）。由活動小組擬定的綱領有幾個要點：一、協助國際調停；二、廢除暴力和階級統治，為人權和社會公義而奮鬥；三、協助實現社會主義（但並非黨綱）；四、培養人格。

自〔一九一八年〕十二月十日起，近衛軍陸續回到柏林營區，在布蘭登堡門接受埃伯特和市長等人致敬，其中也有「歡迎勇士們，神和美國總統威爾遜祐助你們」的大字報。愛因斯坦顯得很高興，認為「軍國主義文化」已從柏林消失，不再恢復。然而，他對局勢的發展也有所憂慮：當時南德特別效法瑞士，而柏林則以俄國為師。「一群缺乏真正團隊精神和宏觀精神的脫逃奴隸」，這是他十二月初寫給貝索信中的話。他取消相對論的課，中旬時和埃爾莎前往瑞士，並按約定在蘇黎世授課。這方面的費用——愛因斯坦不收鐘點費，只要交通和住宿費——並不微薄，這是瑞士州方在聖誕節前的決議。期間，愛因斯坦、埃爾莎和妹妹瑪婭則遊覽阿羅薩（Arosa）和盧塞恩。隨後在二月的三週裡，他的講課頗受歡迎。此行的另一目的，則是和米列娃談妥離婚。一九一九年二月十四日，在愛因斯坦承認出軌後，這段婚姻由地方法院宣告「因為個性不合」而終止，米列娃取得孩子的監護權。迄今為止，愛因斯坦都能善盡贍養義務，一九一七年費用是一萬兩千馬克，隔年匯了八千五百馬克或六千法郎，卻登記為八千法郎。這是當年匯率迅速惡化下的額外負擔。

十二月六日，愛因斯坦把此行的第三項目的告訴在萊頓的埃倫費斯特：

……最近我將取道前往巴黎，請求協約國救援此地瀕臨餓死的人民。在這麼多謊言後，大概很難讓他們相信令人痛苦的真相。不過，我認為，假使我用名譽做擔保，人們是會相信我的。

由於欠缺和戰勝國當權者的交情，他並未前往巴黎實現這個願望。

柏林的軍方高層，尤其自西線安返的皇軍高層，開始在由多數和獨立社民黨組成的「人民委員」政府之外，建立第二權力中心。這就一定導致彼此和與委員政府的社會主義及共產主義擁護者（即斯巴達克運動）之間的對抗。人民委員們只能憑藉軍方來維持權力。對於十二月和隔年（一九一九年）一月街頭鬥爭的數百位犧牲者及李卜克內西和羅莎．盧森堡的遇害，在瑞士的愛因斯坦並沒有什麼表示。不過，他還是跟三百二十六位社會人士一樣，其中包括通用電氣總裁與政治家拉特瑙，簽署了由尼古拉為李卜氏與羅莎氏受害而創立的「人權促進會」（Liga zur Foerderung der Humanitaet）聲明。聲明稿開頭表示：「連署者……抗議當前於柏林各階層再度盛行的血腥暴力和情緒。」一月十九日，愛因斯坦也錯過德國為了制憲國民會議而進行的首度真正民主選舉。他大概也不會參與，因為覺得自己是瑞士人，且直到一九二六年，均以此身份向柏林當局報備。

二月六日，國民會議不在柏林，而在**威瑪**召開，因為柏林當地的騷動無法平息。由軍機改裝的客機，事先已在「柏林—威瑪」間往來，成為歐洲第一條空中航線。接著，三月更有「柏林—漢堡」和「柏林—瓦爾內明德（Warnemuende，位於德國東部）」航路。社民黨埃伯特當選總統，駐在柏林，並與當選總理的社民黨人沙伊德曼共組聯合政府。筆名老虎（Theobald Tiger）的圖霍爾斯基在《世界劇場》中有評論詩如下：

縣長！這位沙伊德曼
職位僅次於皇冠和權杖！
想想：昨日還遭普魯士流放，
今天卻站在寶座旁！
昨天被查抄法辦的人，
今日竟握有總理的職掌——
縣長，位在萬人之上！

三月十四日，愛因斯坦和埃爾莎回到柏林過他四十歲生日之前，社民黨國民代表諾斯克（**Gustav Noske**）在埃伯特授意下掌握軍隊總指揮權，在柏林宣布，將於國民會議前武力鎮壓斯巴達克團和共產黨等等革命份子。三月初開始，再度進入戒嚴狀態。在馬里克出版社（**Malik-Verlag**）諷刺文學期刊《破產》（***Die Pleite***）四月號封面上，有格羅斯素描的畫像：胸前掛滿勳章的諾斯克一手香檳、一手軍刀，腰掛手榴彈，站在屍堆中央。十六日，謝斯勒伯爵寫道：「許多藝術家和知識份子（如愛因斯坦）從一家逃到另一家。政府打算狠狠對付共產黨菁英。」這裡所指的應該是有名的卡爾．愛因斯坦（**Carl Einstein**），他在一九一六到一八年間擔任布魯塞爾德國佔領區總督府民事行政單位的軍

120

職，面對布魯塞爾軍人委員會相當刁鑽的成員。這位當時在柏林同樣出名的同姓者，常被人跟愛因斯坦混為一談。總之，一次大戰期間，愛因斯坦這種消極對外適應社會的和平主義者角色，活動範圍是在道德信念，而非政治作為——更不是在大眾之中。

除了不確定國家的未來樣貌，更令柏林人感到不安的是社會問題。本市在一九二〇年一月的失業人口為五萬九千，大柏林地區是九萬三千，全德失業人口總數為四十四萬七千，且有上升的趨勢。為了增加就業機會，柏林繼續興建南—北鐵道，即由新克爾恩沿腓特烈大街到市北郊區的西門子電動地下鐵。退伍的人爭相回到自己的工作場所，這段期間，這些工作位置已被「外來」勞工、雇員及許多柏林婦女佔有。女性的職務發生根本變化：她們不得不參與戰時經濟，擔任電車司機或電梯小姐，自一九一八年起，甚至成為軍方汽車司機。婦女這時總算也被准許進入柏林教師協會。一九一六年時，公立學校的女老師還有結婚禁令：結婚的女教師必須放棄職位。為此，許多職場女性必須再度回到低人一等的地位。然而，如今女性擁有選舉權，且至少在「公民的權利義務」意義上，擁有相當於男性的平等待遇。不過，最空前的事，似乎是一九一九年一月底雕塑家珂勒惠支受聘為柏林藝術學院教授。她自己並不覺得當之有愧：「學院多少是種應該廢除的過時機構。」隨後在夏季，身為威廉皇帝研究所化學系主任的麗莎．邁特能也獲得教授職。在若干領域，如柏林司法界，女性的解放則比猶太應徵者來得緩慢。要等到一九二三年六月的新條例，女性進入司法界的管道才被打開。

一九一九年五月底，羅莎．盧森堡的屍體出現在市中心後備軍運河。法裔德國詩人戈爾（Yvan Goll）以〈柏林頌〉紀念她：

紅色編輯寫聖歌！
管風琴哀嚎：蘇珊娜啊！
後備軍運河綻放聖潔的玫瑰。
德國最後一朵玫瑰！

（譯註：「羅莎」（Rosa）一名本義為紅色；她擔任過數份共黨機關報的主編，包括柏林的《紅旗報》，並素以「紅羅莎」知名）

6

難以抉擇

米列娃、埃爾莎或伊爾瑟？

Keine leichte Entscheidung
Mileva, Elsa oder Ilse?

愛因斯坦與米列娃由相識而相戀時，他的女性觀或許**有別於**男性的知識中產階級，大大跨越席勒膾炙人口的〈鐘〉一詩裡所謂「賢淑端莊的家庭主婦和孩子母親」的觀點。還是並未跨越？畢竟他結識了一位「有心向學」的女子，可以一同探討物理學和他的理論，即使當時身為女友的她並未通過畢業考。從學生時代的照片看來，二十一歲的她臉孔漂亮，神情專注，深色頭髮上有個搶眼的蝴蝶結，眼神灑脫，雙唇自信地緊閉。她對愛因斯坦一九〇五年三篇著名論文是否有所貢獻，由於缺乏文獻，至今眾說紛紜。大致看來，多數愛因斯坦的傳記作家都把米列娃描寫成大學者不起眼的賢內助，彷彿深怕多加一點肯定的描述，就會使愛因斯坦失色。在愛因斯坦給她的信中，米列娃所扮演的角色，看來較今日的評價來得重要：「我也很期待我們的新論文。你現在應該繼續你的研究，要是我真的有個女博士寶貝，自己又是一個平凡人，我將會多自豪啊！」或是像：

> 當我倆一起成功結束關於相對運動的研究時，我好驕傲、好快樂。每當我看著形形色色的人時，心中總浮現妳的倩影！

從這段話中還可以得出比證明米列娃的貢獻更多的事情呢。

從另一方面看，米列娃也不只是位蘇黎世大學生：她還為了愛因斯坦而甘冒未婚懷孕的風險。像這種未婚媽媽，在塞爾維亞，是會遭到鄙視甚至排擠的命運的。愛因斯坦的父親不同意他們結婚，認為他少了份穩定的工作。母親則要他提防：「等你三十歲時，她就成了老巫婆。」第一個孩子——女兒「黎瑟兒」（Lieserl）是私下接生的，後來留在米列娃父母家，生平至今不詳。小孩出生一年後，兩人克服了障礙。一九〇三年一月，愛因斯坦在父親過世後，跟米列娃結婚，大概違背了雙方家長的意願。第二個小孩，即兒子漢斯，在一九〇四年五月出生，這場戀情似乎隨之被拋諸腦後。愛因斯坦跟漂亮女人眉來眼去，毫不遮掩，自小因為先天性髖關節發育不良而跛行的米列娃，因而日漸吃味。丈夫和別人寫些無傷大雅的信，甚至互通無傷大雅的款曲，令她醋勁大發。她找對方的丈夫理論，令愛因斯坦極為難堪。這種事或許便造成婚姻中的第一道大裂痕。

米列娃很勤勞，在蘇黎世，她燒菜、洗衣、打點房客和搭伙的學生，想在愛因斯坦微薄的教授薪水外增加收入。不少傳記都記敘到，先生常常幫忙做家事、帶小孩，因為她在忙完之後還得跟他一起處理數學問題到深夜，使愛因斯坦感到歉疚。在理解先生的理論方面，她大概逐漸落後。操心孩子、三餐和先生的她，為何非得像擁有可以討論的同仁和好友的丈夫那樣突飛猛進呢？她跟愛因斯坦並不需要成為像居禮夫婦那樣的學者夫妻。一九〇一年底，心有所屬的愛因斯坦早有預見：「在妳成為我親愛的老婆前，我們會一起好好從事學術，不至於成為老市儈，不是嗎？」但愛因斯坦婚後，不曾幫太太爭取過職場機會。次子愛德華出生後，米列娃更得獨力照顧兩個孩子和先生，累壞了身子。在她不情願地遷到布拉格之後不久，一家又搬到蘇黎世，家裡添了不安。根據貝索太太安娜（Anna）的說法，愛因斯坦在到柏林之前對米列娃讚賞有加：她是可以大大方方帶出場的人，因為她不會言不及義。這種話他是不會拿來誇讚自己家族任何人的。或者這是句反話？因為隨著時日過去，米列娃越來越寡言了。

離開米列娃

只可惜這樣的讚美無濟於事。自一九一四年七月起，愛因斯坦到柏林生活，讓妻兒留在蘇黎世。一次大戰時，出國的困難更令分離的狀況惡化，即便在「中立的」瑞士。一開始，愛因斯坦並未打算和柏林的愛人結婚。他在一九一三年的一封信中，告訴過埃爾莎，法庭只接受「通姦」為離婚依據，他卻「沒有掌握到半點確切的事證」，亦即妻子的姦情。愛因斯坦不能夠單方面向法院訴請離婚：只有米列娃可以這麼做。一九一五年十一月二十六日，由於燦格勸他不要破壞跟米列娃的關係，愛因斯坦回信表示，他之所以再也忍受不了米列娃的因素有很多——儘管他很愛孩子。他重視埃爾莎，珍視她的親切大方，卻下定不了決心再婚，她的十八歲女兒也是因素之一。尤其埃爾莎父母愛慕虛榮，更設法撮合兩人的婚事，而且，老一輩的都有反對同居的道德慣例。

另一方面，柏林附庸學者風雅的風氣很盛，所以埃爾莎家的女性不單不致因此丟臉，反而還很有面子。不過，一旦他被「俘擄」，生活就會變得複雜而不利於他的兩個兒子。他不願被自己的感情或是別人的眼淚影響，只希望保有本色。一如燦格，貝索也表示反對離婚，認為再婚是「大不幸」，並希望自己不需要跟他「親愛的老友愛因斯坦為此決裂」，期待愛因斯坦善盡他的最高義務。燦格不相信這樣的相安無事。愛因斯坦為孩子的未來感到難過，心裡卻沒有主意。他不想順從自己的本能去「依賴」，任別人將他綁死。所謂「別人」，原本是指愛因斯坦在柏林的親戚。事情總要有個了斷：否則「女人們不會善罷甘休」。不過，是哪種了斷？一九一五年夏，即分離一年後，愛因斯坦來到蘇黎世，帶兒子們出遊，也同漢斯遊歷符騰堡。他迴避了妻兒的未來問題，或許自己都不知道該如何決斷。米列娃憂心她在俄國前線失蹤的唯一弟弟（一位醫官），愛因斯坦對此也沒什麼表示。

燦格擔心的事發生了。一九一六年二月，愛因斯坦在柏林向米列娃提出離婚要求。四月復活節，他回蘇黎世團聚，這幾週對一家人來講，卻是辛酸時刻。漢斯要爸爸不要再去柏林；愛因斯坦不想再見到妻子；米列娃因心臟病發作住院，感到被忽視、被遺棄。燦格、貝索等友人，均盡可能伸出援手。愛因斯坦起初似乎並未感受到妻子的病情嚴重及和他離婚計畫的可能關聯：

> 我衷心感謝你，始終幫助我的孩子和妻子。從你的信看來，內人的確病得不輕……我現在誠摯請你，藉著紙片讓我持續了解事情的現況。

貝索責備這位朋友，理直氣壯：「二十年下來，我們熟悉彼此。現在我發現你內心逐漸對我懊惱，就為了一個跟你不相干的女人。抗拒這種關係！就算她有十萬種理由，也是匹配不上的！」愛因斯坦在一九一六年九月致米列娃同鄉女友的一封信中表示，他把和她離婚看成關乎「存活之事」，絕不會再回到她身旁。話說回來，她仍是他的一部分，且將繼續存在。米列娃因為退縮，受了一陣子折磨。所以愛因斯坦請求米列娃的朋友，在她沮喪時相陪伴。「您不必同情我。儘管有若干外在問題，我的生活仍保持高度協調。我的所有意念均指向這種思維。」他可說是一種愛好視野開闊的人，只有在「被無法看透的物體擋住視線」時，才會感到不適。我們合理推測，這種無法看透的物體並非米列娃，而是他研究工作中的數學或概念問題。女性是男性身體的**一部分**：這是愛因斯坦有時會從《舊約聖經》中借用的意象。

不過，他還是體會到妻子的處境，而寫信給燦格說，他自覺虧欠她，並認為：「她涉及或經由我而承受的沈重壓力，至少部分導致了她的重病。」體認到米列娃的惡劣健康情形及瑞士好友的勸告，似乎讓愛因斯坦收回他的（或更是埃爾莎的）離婚要求。「從現在開始，我再也不拿離婚議題來煩她了。跟自己家族的仗已經打過，我學會忍住眼淚。」米列娃的病情每下愈況，沒有任何跡象顯示能在冬季結束前好轉。回家後，「儘管她身子還虛弱，卻平靜篤定地在床上吩咐家務」，也愉快地陪著孩子，甚至調教「小漢斯學習音樂」。這是貝索告知愛因斯坦的。

愛因斯坦在婚姻中的口角和對孩子的憂心，大概比他對外所承認的還來得多。他在一九一六到一七年間跟貝索通信時表示，妻子跟次子愛德華的病或許應該一死了之：「我很高興內人病情逐漸好轉，但如果是腦結核瘤，而這很可能，那麼長痛不如短痛。」么兒的情況令他沮喪：「他已經不可能成為完整的人了。要是他在真正領會生命之前就告別人世，誰曉得會不會比較好呢？」他覺得對她有所虧欠，並責備自己。即使愛因斯坦對妻兒的病情判斷後來均證實為誤，在孩子和愛人之間的無所適從感，卻仍大大折磨著他。自一九一七年初起，他的胃與膽出現狀況，不得不接受治療和照護。七、八月，他再度到瑞士逗留數週，同時為健康做療養。他帶兩個兒子到阿羅薩，並讓七歲的么兒在當地兒童療養院住院一年，因為怕他染患結核病。米列娃則拜託母親過來照顧他們，但母親本身就病弱，便讓米列娃的妹妹佐兒佳（Zorka）來蘇黎世。妹妹過來幫忙，起初對米列娃來講應該再好不過，但沒幫很久，佐兒佳自己便因憂鬱症而在蘇黎世的精神病院接受診療。姊姊把妹妹的病歸咎於戰時的不幸經歷：她在一九一六年時遭到數位士兵輪暴。

自己拖著病體的愛因斯坦，這次不能再迴避做出了斷。一九一八年二月，他明確提出離婚要求。燦格寫信——可能是給貝索太太或某位律師：

> 愛因斯坦太太最近收到一封來自柏林的無情信：「我已經決定無論如何要取得離婚協議。」這是埃爾莎的私心所致，她不要錢再被匯出去。以前當愛因斯坦還很忠實且不出名時，她根本不會來引誘，甚至認識他的。我也寫了封信給貝索，不過，也要請您事先和愛因斯坦太太商量該信的內容。請您草擬一下她所認為妥當的構想……這陣子我們已經習於盡可能合乎情理地和柏林人的冷酷周旋。

燦格致貝索的信包含以下段落：「好友愛因斯坦令我擔心。他氣沖沖地寫了粗暴的信……目前我收到一封給他夫人的：『今天我拿定主意，無論如何要離婚，妳考慮考慮。我給妳九千馬克，一切費用都含在內——直到取得諾貝爾獎金——我答應把這筆錢投注於孩子們在瑞士的教育……妳必須提出離婚，我會在柏林辦好所有事情。』」燦格認為，愛因斯坦這種強迫，簡直是「無預警地把刀架上脖子。我們得商量，之後再給愛因斯坦教授答覆」。居間斡旋的燦格和貝索，按照法律規定在夫妻雙方財務問題上取得協議。愛因斯坦確定米列娃「在我過世時，會小心處理那些錢：所以我不會把監護權都丟給她……」。他怎麼會考慮到自己的早死呢？是因為一九一七年起始終纏身的病嗎？其實長他三歲的米列娃後來早他七年離世。愛因斯坦覺得她得到不錯的贍養：除開協議的事項，她在他過世時，會得到五千法郎及銀行戶頭中一萬法郎的再婚禮金。「妳所得到的待遇，是孩子們的家長所盡可能提供的。所以不妨說，儘管不是很闊綽，對他們卻已是相當合理的照顧，可說遠遠優於早年我所得到的扶養。」

米列娃在這樣的壓力下讓步了，交出對方所要的離婚申請書。蘇黎世和柏林彷彿雨過天青，愛因斯坦「對小朋友寫來的可愛的信，感到非常愉快，連米列娃也寫得很友善」。他的另一種情緒化反應，則顯示在同年年底給貝索的信上。在裡頭，他把自己的離婚事件看成「知道的人都認為是笑話」。由於太晚接到柏林法庭的傳喚，他在當時的應訊沒有結果，離婚卷宗於是又被寄回蘇黎世。燦格最後一次設法再拉近愛因斯坦和孩子，讓他疏遠埃爾莎。他在蘇黎世促成一個聘任愛因斯坦的機會，他卻加以推辭：他在蘇黎世已有定期教學的合約。愛因斯坦和米列娃的婚約在一九一九年二月終止，維持了十六年。一九一五年，愛因斯坦曾跟燦格表示，他「勇敢地過了彷彿瘋人院的十年生活」。這麼算起來，他認為自己和米列娃的幸福歲月最多只有兩年。這個說法公允嗎？

該娶誰呢？

愛因斯坦和埃爾莎在一起快七年了，現在得趕快結婚。一九一九年六月二日將屆滿七年——不過，瑞士法庭規定離婚後兩年的禁婚期，而愛因斯坦也還沒做好準備。這不單是米列娃，不單是婚後額外的財務負擔使然。埃爾莎自家便出現一位競爭者。話說，布拉格的檔案室存放了有關十七世紀卓越天文學家開普勒（Johannes Kepler）的文獻，妻子過世後，他在給朋友的信中臚列並描述十幾位可能的結婚對象。不過，開普勒表示自己不可能娶第一位候選者，因為第二位就是她的女兒！在母女之間難以取捨——愛因斯坦也自以為身處這樣的窘境，但他未告知任何朋友這種難處，而是告訴當事人：四十二歲的埃爾莎和二十一歲的長女伊爾瑟。

我們是從一九一八年五月二十二日伊爾瑟寫給尼古拉（Georg Friedrich Nicolai）的信

130 131

中得知此事的。伊爾瑟不僅認識這位為母親看病的心臟專家和風流才子，而且對他非常仰慕。自他一九一七年秋被軍方貶調到萊比錫附近的艾倫堡（Eilenburg）後，還數度探望他。我們從妹妹瑪歌得知，伊爾瑟成了他許多的「俘虜」之一，她也屬於他所列名單上的「母女檔」。伊爾瑟寫信，信上還註明讀完請銷毀的話，告訴他出乎自己意料外的內心衝突。她在這方面只信賴他這個人，並請他惠賜建言。

您記得我們最近談過阿爾伯特和母親的婚事，您還說他跟我結婚才更妥當。我直到昨天之前，都不曾認真考慮。昨日突然出現「他想娶母親或我」的問題。一開始是半開玩笑地講出來，不到幾分鐘，卻成了需要詳加考慮和商量的嚴肅事體。阿爾伯特本身不願做任何決定，只是有心娶我倆當中的一位。

伊爾瑟還表示，阿爾伯特跟她很親，「甚至比我身邊任何男性都親」：這也是她當天親口說過的話。或許他對她用情之深，是因為她的年輕。「我不曾有過跟他肌膚之親的念頭，也察覺不到自己這類的愉悅。他則相反——至少在最近——他親口承認自己覺得難加克制。」她卻認為，對他的感覺尚未強烈到結成夫妻共同生活。對這檔事，她只有嫁做奴婢的感受。

所以，當愛因斯坦為了埃爾莎在柏林的名譽而談妥米列娃的離婚「補償」期間，對其年輕繼女的情愫也跟著增加。他跟進入適婚年齡的伊爾瑟，自然而然提到生育的話題：「阿爾伯特也表示，要是我沒意願懷他的孩子，不要跟他結婚對我會比較好。我確實沒有這意願……」她對母親感到歉疚，給埃爾莎經過多年才「取得的地位投下陰影」，這可能有違情理。伊爾瑟覺得自己很倒楣，「才不過二十歲的小傻瓜，就要為這種人生大事」做抉擇。「請您幫幫我！您的伊爾瑟。」由她的文句和經歷看來，這封信不該被低估成「少女幻想」，而是點出這樣的問題，即愛因斯坦是否把具有積極意義的婚姻，僅僅理解成沒有太大情緒介入的家庭和樂，也不為自己的性自由設限。就消極面來講，他把婚姻視為要求人互相包容的「沈重耐心考驗」。他在某些場合下，更把婚姻說成由缺乏想像力的混蛋所構想出來、披著文明外衣的奴役制度。

求救信後一年，大事決定了：愛因斯坦選擇她母親為妻子，一位把丈夫抬到天上的女性——至少在她婚後十餘年致女性朋友的一封信上是這樣講的：

老天爺啊，世界變得多麼可憐！……假使阿爾伯特可以當一陣子上帝，他會好好清理整頓一番，就像祂過去的所做所為！您不這麼認為嗎？

相較於過去七年的戀情，再婚的兩人均已不那麼幸福。埃爾莎為了在愛因斯坦生活中「取得的地位」，必須多所忍讓。論智識，她在丈夫之下，既無較高的學歷，更因早婚而缺乏職場經歷。不像米列娃，她則被尊為「愛因斯坦教授太太」，分享了先生的榮譽和光彩，且樂在其中。她甚至在傭人的單據簽上「愛因斯坦女士」。至於丈夫的身心，她也得和其他女人分享。這裡拿一對夫婦來對照：薛丁格（Erwin Schroedinger）和妻子安娜瑪麗（Annemarie）．薛丁格，娘家姓貝爾特爾（Bertel）。她也未在職場工作過，也十分欣賞自己的丈夫。不過，她接納先生的風流韻事，自己也從魏爾（Hermann Weyl）和厄瓦耳（Paul Ewald）兩位情人身上得到慰藉。反之，身為設法獨享丈夫財產的妻子，埃爾莎則不能容忍他類似的生活方式。對這種同時彼此蘊含好感和互助，因此基本上「無關浪漫」而必要的男女關係，她並不諒解。

兩性天生非一夫一妻

猶太作曲家霍倫德爾（Friedrich Hollaender）一首曲子有這幾句：

愛情帶來幸福時刻，

忠實並不產生快樂，
我不知自己屬於誰，
只為一人，又是何苦？

當愛因斯坦的一位女性朋友為了丈夫不忠而請他出主意時，他寫信表示了類似的看法：「您肯定知道，如同一般女性，一般男人生性也非忠於一人的。人的欲求一旦遭到阻礙，反應還會更加激烈。強迫人從一而終，將使所有當事人嘗到苦果。」夫妻間的不忠，通常不為人知。愛因斯坦卻讓外遇公諸**親友**，並期待妻子接納他的行為，埃爾莎深受其苦。三〇年代期間，她寫信給好友安東尼娜．瓦倫丁（Antonina Vallentin，婚後稱為呂謝爾夫人〔Julien Luchaire〕），一位漂亮聰明的譯者、《北與南》的主編及後來愛因斯坦的傳記作者：「生性使然，妳也為丈夫多情深受煎熬。妳對他有份深情，可說至今依舊。我覺得妳應該有所改變——但妳卻不願，也不能。」埃爾莎也本該「有所改變」，但她一樣不願意。

她的女兒在得知愛因斯坦外遇時表示，她應該馬上得到賠償，否則跟他離婚。埃爾莎淚流滿面，尋求補償。安東尼娜在一本書中對一九二八年柏林社會的溢美之詞，應該會令埃爾莎感到欣賞與慰藉。她覺得那是知名學者之妻的艱難處境：「在這方面，埃爾莎女士，即愛因斯坦夫人可以和卡嘉．曼（Katja Mann）女士對照。她出身愛因斯坦家族，是丈夫的堂表姊，有一頭金髮，皮膚白皙，容貌出眾，神情自若，讓人感受到：她給丈夫打造了一個世界，讓他得以發展出推動世界的思維。」另一方面，卡嘉的對照也值得參考。她父親——數學教授普林斯海姆（Alfred Pringsheim）外遇不斷，也未隱瞞自己的孩子：她八歲時，就知道父親跟舊情人生了孩子。她母親了解丈夫這種弱點，卻似乎逆來順受，一笑置之。埃爾莎可沒辦法，丈夫的出軌讓她感到受傷。

至於愛因斯坦一九二三年的祕書或文書貝蒂（Betty Neumann），是否為再婚後的首位外遇對象，我們不得而知。她是漢斯．繆撒姆（Hans Muehsam）醫師的奧地利姪女，一九二〇年初，他在柏林為愛因斯坦母親保利娜（Pauline）診治惡性腫瘤。愛因斯坦和他在醫學期刊上共同發表了一篇研究論文。一九二三年七月，在愛因斯坦給繆撒姆的明信片上，有條給貝蒂小姐的附記，他「暫時以個人名義」致意，直到「您再度使我領略到文字工作的好處」為止。不到三個月後，他在波昂的物理學者研討會期間，寫信給「親愛的貝蒂！」，表示他「非常想念妳閒談天空、樹木、愛批評的哥哥……」。他告知了接下來到萊頓探訪埃倫費斯特的時間及地址：「我在那裡將收到貝蒂的信。基爾市還滿適合我那好動的小傢伙，倒是少了些……」。信末一句「妳的愛因斯坦誠摯問候」，顯示已有某種較密切的私人關係進入了工作領域。據愛氏作傳奧弗拜（Dennis

Overbye）指出，埃爾莎允許愛因斯坦為公事每週和貝蒂會面兩次，約一年後，卻設法讓他開除她。我們在網路上找到一封他寫於該年一月二十四日的信：

> 親愛的貝蒂！漢斯舅舅和舅媽昨天跟我說，現在妳又要離開了……貝蒂啊，我要不是這麼左右為難的話，該多好……！若能知道妳在身旁，且常常看到妳甜美的笑，我就高興了。但命運即便對我這種令大家羨慕的人，也是無情的。既然不能黏著妳，我便總是希望偶然跟妳相遇，但如今連這樣的偶然都不可得。親愛的貝蒂，儘管取笑我這個老痴男，給自己找個小我十歲，像我一樣疼妳的男人吧！讓妳的阿爾伯特獻上一吻。

二〇〇二年十一月，美國自然史博物館展覽中的一篇文章甚至指出，愛因斯坦與貝蒂的關係維持了將近十年。二〇〇〇年一月，榮能（Meir Ronnen）在《耶路撒冷郵報》（*Jerusalem Post*）上披露，儘管耶路撒冷「國立希伯來大學圖書館」檔案室保存了愛因斯坦和貝蒂的往來信件，卻連弗里茨·施特恩（Fritz Stern）之類的知名史學家都不得閱覽（譯註：後來像奧弗拜倒是進去閱覽過）。當時為貝蒂記載的卒年應該是錯的：她還活著，這是種保護她的措施。柏林有位演員叫伊莉莎白（Elisabeth，別名黎絲兒〔Liesl〕）·諾伊曼，到一九九四年才過世。前任丈夫是維也納的心理醫師貝恩菲爾德（Siegfried Bernfeld），到了美國跟導演菲特爾（Berthold Viertel）發生戀情後結婚，或許她就是貝蒂？

持有愛因斯坦遺產的人，私下作為就不是那麼有創意：他們只注意他在外遇上的花費，而不去處理可能有所渲染的說法。如愛因斯坦的柏林朋友，內科醫師普勒許（Janos Plesch），描述便較為誇張。他說愛因斯坦是個性慾很強的人，這很容易「從他豐滿的嘴唇和漂亮但高挺的鼻子」辨識出來，大自然慷慨賜給他性愛的秉賦。他對情人並不太挑剔：對他來說，自然純真的女性比名門貴婦更為投緣。他比柏林男人更懂得欣賞柏林女人！

演戲演到十二點半，
耳鬢廝磨到深夜兩點……
妳就是天之嬌子，
妳這柏林女人——！

普勒許的判斷不太正確，因為有位一九二五年到三二年間與愛因斯坦保持戀情的女性，就屬於上流社會。她是一名主治醫師的遺孀托妮．門德爾（Toni Mendel），風韻猶存的她，年齡略小於愛因斯坦，在萬湖有棟別墅及馬車和車夫。這種條件有利兩人多次一同聽音樂會和觀賞歌劇。他和夫人大約每週會面一次，常在她「百萬華墅」中過夜，有時在那裡「早上六點就大彈鋼琴，吵醒屋裡所有人」。而托妮到愛因斯坦家時，則「總是送教授夫人巧克力糖之類的禮物」。在埃爾莎的「幫手」荷爾塔（Herta）看來，這種交情只得到埃爾莎勉強的尊重。門德爾女士到愛因斯坦在卡普特的消暑屋子見他，卻和埃爾莎鬧得不可開交，記載在一九三一年九月二十四日的訪客登記簿上：

> 假使我是門德爾女士，
> 今天不會生這麼多事。

當天鋼琴家埃德溫．菲舍爾（Edwin Fischer）也在場。不過，這兩位女性似乎還是可以相處：一九二八年春，愛因斯坦在心臟出毛病後，接受普勒許醫師的建議，夏季到波羅的海阿倫舒普療養，同行的還有埃爾莎、女兒瑪歌、新祕書海倫．杜卡（Helene Dukas）及門德爾夫人。

一九一八年耶誕節，和德國詩人里爾克（Rilke）結束一段情，而和統計學家貢貝爾（Emil Julius Gumbel）在一起的詩人克萊兒．戈爾（Claire Goll），見過愛因斯坦後，下了個錯誤的評斷：「他不會不在意女性。他獻殷勤的方式不很高明，僅止於一般寒暄和俏皮話，頂多是友善的碰觸。要說是萬人迷的話，他缺乏必要的經驗。他把所有膽量保留在科學的思辨和發現上。」愛因斯坦也有不須跟女性耍「膽量」的時候，如一九二五年隻身前往南美。他在去程時結交了作家埃兒瑟．耶路撒冷（Else Jerusalem），娘家姓柯坦意（Kotányi）。赫曼（A. Hermann）在傳記中寫道，他並未迴避這頭阿根廷「豹貓」。埃兒瑟在長篇小說《聖金龜子》中，放膽描繪了維也納紅燈戶而走紅：這部由柏林菲舍爾出版社刊行的作品，一九〇九至一九年間就達到三十二刷。

三〇年代初，另一位情人出現。維也納人瑪格麗特．雷巴赫（Margarete Lebach），金髮，風趣，小埃爾莎九歲。一九三一年起，她週週來訪，給埃爾莎帶來自己烘焙的維也納糕點，但對阿爾伯特更感興趣。埃爾莎「幫手」荷爾塔表示，她跟教授先生之間大概發展出超友誼的關係。不管怎麼說，一九三二年夏，她還每週來一趟卡普特。「每次她來，教授太太就到柏林採購和辦其他事。她總是一大早就進城，很晚才回來，也就是所謂的退場……」不過，愛因斯坦先前就認識這位「交情不錯的女士」，如作傳者納坦（Nathan）和諾登（Norden）在書中委婉的稱呼。一九二八年六月，他生病後曾寫信給她：「我身體的復元程度，跟大夫和其他對這身老骨頭感興趣的人的數目，恰成反比。」自一九二九年夏季起，瑪格麗特卻還能跟他一塊駕帆船：有一次她還把低胸泳裝忘在他船上。愛因斯坦研究助理邁爾（Mayer）把它拿去跟其他衣物一起洗，然後交給埃爾莎，因為他以為這件連身泳衣是瑪歌的。這件衣服引起夫妻間的激烈口角。愛因斯坦自己不會游泳：跟艾伯特總統相反，他不曾穿泳褲拍照過。埃爾莎和女兒她們學過游泳嗎？埃爾莎怎麼說都不會跟阿爾伯特玩帆船。於是，他就找了別人跟他上船：

親愛的雷巴赫小姐！

我愧對我的好帆船，因為除了我，沒人對這感興趣。如果能夠跟你們一起駕船，我覺得挺有意思。所以開門見山吧。我知道你們有事情要忙，所以時間全由你們決定。只要提前告知，我都可以配合……你們的愛因斯坦。

雷巴赫小姐似乎也是已婚：一九三一年元月，愛因斯坦從美國加州帕薩迪那（Pasadena）寫信：「親愛的雷巴赫夫婦！……由衷致意。期待三月中再見，你們的愛因斯坦。」他們忙的「事情」，可能是位於柏林西區夏洛滕街「雷巴赫時尚週刊公司」的業務。瑪格麗特的先生是威利．雷巴赫（Willy Lebach），自一九三三年到三八年奧地利被「合併」期間，在維也納獅子街（Loewengasse）的「巴赫維茨（Bachwitz）巴黎時尚公司」行政部門任職。

埃絲苔拉、緹拉和卡西雷爾家族

關於普勒許醫師所謂與愛因斯坦交往的「自然純真」的女性，似乎並未留下什麼線索，接下來有所交往的柏林女性，仍是位家境優渥的人。透過她，我們會接觸到柏林社交界的「網絡」。這位情人是埃絲苔拉・卡岑內倫伯根（Estella Katzenellenbogen），看來擁有幾家花店，更擁有轎車和司機。荷爾塔覺得，她的車子「比（跟愛因斯坦）相熟的卡岑施泰因（Katzenstein）醫學教授的車子豪華許多」：埃絲苔拉的兒子孔拉德（Konrad Kellen）在自傳中透露，那是一部「在巴黎訂製的寶藍色賓士雙人座轎車」。她還有兩個女兒，萊奧妮（Leonie）和埃絲苔拉（Estella）。她在二〇年代末離婚前，是「東部企業」總經理卡岑內倫伯根（Ludwig〔Lutz〕Katzenellenbogen）的妻子。該企業是個擁有釀酒、水泥、玻璃和機械等工廠的集團，經營權轉讓柏林舒爾特亥斯—帕岑霍佛釀酒廠，在二〇年代末的經濟危機後，陷入財務困境。離婚後的埃絲苔拉繼續住在轉到她名下的「動物公園附近賓德勒街（Bendlerstrasse）」的房子裡。愛因斯坦以下的信，日期和收件人都不詳，可能是給埃絲苔拉，也可能是給貝蒂：「小寶貝……我賣力工作，一有空就愉快地想著妳……寫這封信不容易，因為埃爾莎隨時可能進來，所以真的要小心……

昨天好美妙，令我現在還很陶醉……如果妳能設法，我會在五點，甚至四點五十到老地方……親一下愛人，妳的阿爾伯特。」埃絲苔拉的父親曾是醫師，她本身對非正統醫學，即鐘擺催眠頗感興趣，這方面，她卻幾乎不曾跟物理學家愛因斯坦談過。

埃絲苔拉的先生卡氏為「友朋社」（Gesellschaft der Freunde）社員。這是柏林擁有一百多年歷史（1792-1935）的社團，服膺摩西．門德爾松（Moses Mendelssohn）的「探究真、愛好美、欲求聖、實踐善」宗旨，致力猶太人民的解放和整合。社員有不少銀行家和出版家，李伯曼和莫什科夫斯基也加入，愛因斯坦則沒有。非猶太人的少數會員則有帝國銀行董事長、「國社黨政權的財政擘劃者」沙赫特（Hjalmar Schacht）、曾任總理的政治家漢斯．路德（Hans Luther）及大工業家西門子（譯註：國社黨即所謂納粹黨）。卡氏也另結新歡：一九三〇年二月離婚後，便和緹拉．迪里厄結婚，成為她第三任丈夫。迷人的她「擁有妖冶的容貌和舞蹈家的曼妙身材」，一九一〇年時跟藝術商人保羅．卡西雷爾結過婚。

卡西雷爾家是個大家族。保羅的兩個弟弟經營電線工廠，大哥里夏德（Richard）為神經科大夫，妹妹嫁給表（堂）兄弟布魯諾（Bruno），他是德夫齡格街（Derflingerstrasse）布魯諾．卡西雷爾出版社發行人。一八九八年，保羅和布魯諾在動物公園商區維多利亞街三十五號（Victoriastrasse，今無此街）創辦「卡西雷爾藝術沙龍暨圖書經銷」出版社，三年後分道揚鑣。保羅獨自繼續經營藝品經銷部門，一九〇八年更創立「保羅・卡西雷爾」文學出版社，自一九一〇年起，還刊行藝術評論半月刊《潘神》。保羅還有另一個必須一提的堂表兄弟，即哲學家恩斯特・卡西雷爾（Ernst Cassirer）。布魯諾出版了不少他的哲學書，甚至有關愛因斯坦相對論的著作。恩斯特在該書序中表示：「愛因斯坦讀過本書原稿，藉著若干評註予以補強，和他的教材結合起來。」

作家塔烏（Max Tau）則稍稍誇大了恩斯特和愛因斯坦的交情，表示：「他對相對論的詮釋，促成了和愛因斯坦的情誼，愛因斯坦當時便已得知物理學家海森堡（Werner Heisenberg）近來一再表達的道理：自然科學的發明或發現，需要哲學家加以詮釋和界定。有幸領略愛因斯坦和卡西雷爾之間相遇的人，就會明瞭，精神的偉大總是意味著極簡。」所以，愛因斯坦又可在此上下其手。他是在「卡西雷爾——迪里厄——卡岑內倫伯根」的關聯上認識埃絲苔拉的嗎？他在獨立社民黨員保羅・卡西雷爾和在緹拉・迪里厄那裡，可以找到具有類似政治思想的人。一次大戰期間，保羅和緹拉曾在瑞士待過一陣子，在此接觸作家席克勒（René Schickele）、斯特凡・茨威格（Stefan Zweig）、安涅忒・科爾布（Annette Kolb）及其他和平主義者。緹拉在柏林時和菲舍爾及畫家斯萊福格特往來密切，所以說「與聞」了文藝界。

愛因斯坦並未對緹拉這個**女性**，而是對她在舞台上更漂亮的對手伊莉莎白・貝格娜

（Elisabeth Bergner）感興趣，一如劇場總監賴恩哈特的一個兒子所描述那樣：「冰雪聰明和無比嫵媚的奧地利式結合，加上性感的沙啞嗓音」。貝格娜女士在回憶錄中談到普林斯頓的一場巡迴演出：「那時愛因斯坦到更衣室來找我。這是見面或再見——在柏林時我們就認識，他看過，而且記得我扮演的每個角色。」談到新的柏林劇場的二十一部不同劇作。在柏林，愛因斯坦跟她不僅在劇院中，更在普勒許醫師家中會面，在此也和電影明星瑪蓮娜．黛德麗（Marlene Dietrich）交往。有時，普勒許為了愛因斯坦到來，甚至提供一間小客房。回憶錄中的貝格娜顯得非常潔身自愛，令大家覺得不可思議。她在柏林的第一位情人——演員格拉納赫（Alexander Granach）的兒子寫道，她是父親一生中的至愛，而「後來便冒出演員蓋爾格（Heinrich George）。她有過許多為她鋪設人生道路的情郎，而她則頭也不回地向前邁進」。所以不應排除，和她的許多仰慕者相比，愛因斯坦更能和她親近。以下是貝格娜的現身說法：

> 生活常常重新來過，真是令人驚訝！……當我遇到愛因斯坦時，就出現這樣的端倪。當時我卻以為，主要是品味的變化。只要是我所喜愛過的，便不會再有感覺。現在卻有些不同。當我得知愛因斯坦過世時，隨即明瞭，他在我心裡依然活著，彷彿在房裡陪著我。此刻我所惋惜的，正是不能夠告訴他的一些事

情……

緹拉、貝格娜和愛因斯坦曾經列在同一張節目單上，即一九二九年，為了去世的演員施泰因呂克（Albert Steinrueck），在市中心憲兵市場旁演藝廳舉辦的追思會。愛因斯坦跟電報業龍頭阿爾科（Georg von Arco）和企業總經理卡岑內倫伯根等人同屬於「名譽治喪委員會」。

多好，有位出名的父親！

想嘗嘗婚外情的人，要留意自己不被訛詐。要脅跟埃爾莎告發愛因斯坦，起不了作用，因為他毫無隱瞞。還是他只向太太透露那些**有地位的**女性朋友呢？這類女性大概不會勒索愛因斯坦。不過，倒是有位在柏林認識愛因斯坦一家人的女子，後來設法冒充成愛因斯坦的女兒。那是來自維也納的演員格蕾忒・馬克施泰因（Grete Markstein）。一九二〇年六月到二四年底，她跟柏林國家劇院經理，和愛因斯坦相熟的社民黨員耶斯納（Leopold Jessner）拿到幾份合約而擔任配角。根據蔡克海姆（Zackheim）小姐的考證，格蕾忒在一九二六年當媽媽，靠著朗誦勉強度日，一九二九年灌了一張世界民間童話集唱片。她肯定送過愛因斯坦家這張唱片，因為埃爾莎一九三〇年時寫給她一封讚賞信；而愛因斯坦一九三二年從他的「物理學基金」匯給她一筆小錢，是贊助者供他自由運用的戶頭。至於她和愛因斯坦的關係怎樣形成、性質為何，則不得而知。納粹掌權後不久，格蕾忒經巴黎流亡倫敦。一九三五年，她拜訪同樣移民英國的普勒許博士，在他和愛因斯坦的朋友，牛津學者林德曼（Frederick Lindemann）面前冒充成他的女兒。消息傳開，魏爾和勞厄得知此事。愛因斯坦請密探在維也納進行調查，發現當地出生的格蕾忒只小他十五歲：當年愛因斯坦家人剛剛遷到義大利，而他在慕尼黑正要從學校退學，所以不可能有這麼個女兒。愛因斯坦給普勒許寄了首賠罪的韻詩：

朋友們全都揶揄我，
只有家人幫我捱過！……
要是我從容
在外面播種，
就算聽來逗趣，
也莫擾人心緒。

普勒許的回信就更不正經了：

絕世天才當種馬，
怎知如此大刺刺！
所以不必要苛求，
也無須感到愧疚。
因為萬事皆為相對，
愚人才以為大不韙。
故請以神的名義繼續：
用精液滿足世人所需！

這個話題恐怕不是大家樂見。但是，當其他大物理學家的情事也公諸於世時，為何不該描述一下愛因斯坦的事情呢？如諾貝爾物理獎得主、波力學創始人、愛因斯坦的柏林同仁及普朗克接班人薛丁格，就有過多次婚外情，至少另外生了兩個女兒。為什麼這種私生活非得從愛因斯坦傳記被排除掉呢？該領域的描述，似乎違反了愛因斯坦無道德瑕疵的公眾形象和這樣的事實，即女性要不受他吸引，要不就是主動加以誘惑。凡是在回憶錄中把愛因斯坦這種關係講成純「柏拉圖式」的同時代人，若非對他的真實生活視而不見，便是有意加以粉飾。

不過，近幾年來的愛因斯坦傳記中出現一條記載：愛因斯坦於埃爾莎去世後，在紐約還跟一位夜總會舞孃生了個女兒。據說時間在一九四一年，且她「被跟他（愛因斯坦）有交情的人」收養。「知情者」小心隱瞞了數年，或許也是為了避免觸怒擁護愛因斯坦形象的團體。在一九九九年的一次暗示後，伊芙玲．愛因斯坦（Evelyn Einstein）於二〇〇五紀念奇蹟年百週年對一份德國週刊公開：她的養父就是愛因斯坦長子漢斯，儘管在當年她幾個月大時收養了她，卻從未相認。她認為自己很可能就是愛因斯坦的女兒，使得繼父不得不扶養自己。愛因斯坦不曾與「黎瑟兒」及第二位親生女兒相認，畢竟在他的人格上投下一道陰影。

7

日蝕後浮現世界之星

Nach der Sonnenfinsternis
Der Aufgang eines Weltstars

愛因斯坦在戰時的和平主義信念，既未得罪學術當局，亦不傷害政府高層：他升任另一重要職位。一九一六年十二月三十日，威廉皇帝在比利時的大本營特別簽核了聘書，請他接替施瓦茨席爾德擔任夏洛滕堡帝國物理技術學院評議會委員。一年後，威廉皇帝學會會長哈納克誠惶誠恐請求「無比尊貴的皇上陛下」，讓愛因斯坦在十月一日物理所開設時，擔任「威廉皇帝物理學研究所」所長職位。自一九一四年起，愛因斯坦也是德國物理學會委員會理事。

至少自一九一一年起，愛因斯坦就鑽研這樣的問題：光線因重力質量導致的光偏折，能夠用何種天文測量加以證實呢?從一九一八年元旦開始，弗羅因德利希由於對廣義相對論及其實驗證明的興趣，成為愛因斯坦的合作者。弗氏在這領域的研究，先前礙於天文台的主管而進展有限，因為身為研究助理的職責，主要在有系統地測定星座位置。此外，上司們也不太重視由牛頓引力理論推導的命題。一九一四年七月，弗氏和天文台兩位同僚前往俄國克里米亞半島，打算在八月二十一日日全蝕時進行測量，卻因大戰爆發遭到拘留。從軍隊退伍後，弗氏積極打造在柏林的機構和儀器方面的條件，以求證實太陽及其他恆星的**光譜線紅移**。

同時，愛因斯坦也關注著廣義相對論的其他結論。一九一八年三月，他以一篇論文回應由荷蘭數學家西特爾（De Sitter）所發現的新解答，即關於透過宇宙常數所推導的愛因斯坦場方程的宇宙學涵義的解答，他這項答案與愛因斯坦的觀念相矛盾。據西特爾的看法，廣義相對論「只有在空間的物理特性**完全**只由物質決定時，才算是令人信服的體系……所以一個缺少由本身產生的物質的空—時連續統是不可能的」。西特爾的世界模型正是這樣的模型，呈現一種沒有任何物質的空洞空間：乍看之下，似乎是不隨時間而變化的。愛因斯坦認為，他在一種數學的不完全性，即所謂奇點當中發現了西特爾解答裡物理學不可靠性的依據。但這句話不太對：哥廷根數學家費利克斯．克萊因（Felix Klein）也認為，所謂「奇點」是種藉由人為選擇的座標產生，不具數學意義的現象。一九一七年，愛因斯坦引進「宇宙常數」，或許便是基於由哲學而來的成見，相信宇宙可以**不隨**時間改變。僅僅利用這種宇宙常數，他就成功發現這類不隨時間改變而能描述宇宙的方程式解答，即帶有他名字的答案：愛因斯坦宇宙。一種更為精密的檢驗顯示，西特爾的新答案是**不依賴於時間**的。幾年後，俄國數學家弗里德曼（Alexander Friedman）發現其他隨時間變化的宇宙模型，如今已能解釋宇宙可觀測部分的擴張現象。

一九一八年五月，愛因斯坦得以移交他德國物理學會會長的職務：稍早，即四月二十六日，他還在為普朗克慶祝六十大壽。當時他精采的致詞顯示，促使他投入研究的，是逃離自身處境及無聊生活的心理。他對普朗克的期望，也透露自己在統一場論方面的追求：「祝他把量子論、電動力學和力學融貫成具有邏輯統一性的體系。」

五月中旬，愛因斯坦在科學院發表論文，探討廣義相對論中的質能守恆。他必須回應學界，如維也納理論學家薛丁格和鮑爾（Hans Bauer）的批評。他們質疑他所提出關於重力場能量**密度**的說法。月底，他把魏爾綜合了重力和電磁學的論文遞交院方，加上自己對魏爾見解的評論。儘管大為讚賞魏爾理論的數學美感，他還是不能接受，因為他的物理學推論部分牴觸了經驗。

在克服病痛的漫長過程中，愛因斯坦面臨新的處境：他不再是廣義相對論的唯一詮釋者。其他人研究、投入，發展新的構想，甚至敢於對理論中某些見解進行批評。就連教學方面，一些同仁也已熟悉相對論，如布雷斯勞的克內澤爾（Adolf Kneser）在一九一六到一七年間的冬季學期課程。愛因斯坦在一九一八年間的出版品，同樣有助保持在同僚之間的意見主導地位，及糾正詮釋上的謬誤。在德國物理學會研討會上的簡短發言，也顯示愛因斯坦進一步思索著重力場以外的物理學問題：他問道，是否能以實驗方式測定X射線的折射指數。但由於準備和協議離婚（經由燦格和貝索之類的第三人）、秋季的停戰及隨後的政局動盪，愛因斯坦在本年未能獲得別開生面的新成果。

一九一九年五月九日，德國談判代表團在凡爾賽被迫收下媾和條件書。三天後，沙伊德曼總理在柏林大學禮堂的國民會議上表示抗議：「有哪種給自己和大家戴上這類枷鎖的手，是不必腐爛的呢？就帝國政府的觀點而言，這種條約是不能接受的。」二十二日，市中東的普魯士故宮怡樂園（Lustgarten）的示威活動強烈抗議協約國的「暴力媾和」。六月四日，愛因斯坦寫信給馬克斯．博恩時表示：「依我看，政治情勢並不像您說的那麼險惡。條件是苛刻，卻不可能實現……法國人的作為不過是基於懼怕。德軍將領魯登道夫（Ludendorff）有拿破崙的企圖（譯註：即戰敗後仍想東山再起）……隨著德國的威脅性削弱，對手的一致態度也將煙消雲散」。這也是財政部長埃茨貝格爾（Erzberger）的態度，他認為該和約的簽訂將形成有利德國的態勢。早在一九一八年十一月，菲沙爾特（Johannes Fischart）便曾在《世界劇場》上戲稱魯登道夫為「拿破崙家族」。一九一九年六月二十八日，新政府在沙伊德曼內閣倒閣後，於國內抗議聲浪中簽署凡爾賽和約及協約國軍隊進佔萊茵地區的協定。

一九一九年元月到三月中旬期間，愛因斯坦到蘇黎世講學，同埃爾莎出遊，訪視妻兒，並與他們合奏音樂。四月底，他再到蘇黎世繼續講課，聽眾卻變少了：研究生剩三分之一，旁聽生則剩五分之一。他事先為院方（已改名為普魯士科學院）當月兩場會議（即十日和二十四日）提交兩篇論文：較有意思的交給前一場，另一篇給後一場。第一篇講因重力而聚集的帶電基本粒子之擴大模型。但方程式的可靠性不高，使得攸關實驗的粒子「半徑」無法計算。第二篇投注在天文學領域：設法解釋當時不甚明瞭的月球位置波動，而且僅僅憑藉牛頓重力作用理論來從事。可惜，愛因斯坦不太熟悉天文學者的測時方法。所以三個月後，德國北部但澤（Danzig）天文學者布魯恩（A. von Brunn）證實，愛因斯坦對該效應的「解釋」無效。愛因斯坦必須收回條件式說法：「只要地球上身為空間參考體的天文學者拿特殊時鐘當作時間尺度的話，我的觀察就會正確。」

他是新的太陽王嗎？

停戰後，德軍潛艇的威脅消失，海上交通重新開放，英國天文學者開始實行測量光偏移的遠行計畫。這次的日全蝕將在一九一九年五月二十九日出現，可在由巴西到非洲西海岸的赤道地帶加以觀測。於是一組前往巴西北部的索布拉爾（Sobral），另一組去幾內亞灣當時葡屬普林西比島（Principe）。就算島上的天氣條件未到最佳程度，兩個小組也都帶了高感度的感光板，用來觀測離變暗的太陽最近的星座，並拍攝同一星場不見太陽時的比對照片。愛丁頓團隊耗費了數月，才從辛苦測出的恆星位置得出明確的結果。愛因斯坦從荷蘭的埃倫費斯特和羅侖茲（Lorentz）得知英國同仁的這項計畫，並早在四月中旬於（市中西區烏蘭德街和加斯泰納街〔Gasteiner Strasse〕路口）露意瑟學校（Viktoria-Luisen-Schule，譯註：露意瑟為普魯士公主）禮堂為大眾講解相對論時，便有所提及。該校是戰前柏林四所「女子學校」中歷史最悠久者，從愛因斯坦住處便可輕鬆走到：邀請他的是「社會主義學生會」（Sozialistische Studentenverein）。講稿當月便刊登在《佛斯報》。五月初，該報再次預告這件事。日全蝕當天，更以「太陽讓真相大白」的題目，為大眾詳細報導這兩批英國隊伍及此行目的。

九月，愛因斯坦透過荷蘭好友得知當時的觀測值。雖然當中出現他所預測效應的數值，卻因為介於牛頓預測值和大上廣義相對論預測值兩倍的值之間，而未能有所定論。對當時生活在惡劣經濟條件下的歐洲人，這項沒什麼用處的趣味實驗，卻在報界演成愛因斯坦和牛頓之間的拉鋸戰。愛因斯坦不僅把這件令他大為興奮的事情告訴垂危的母親和一位蘇黎世物理學者，更告訴我們已知的文化人莫什科夫斯基。一如愛因斯坦所料，莫氏給《柏林日報》寫了篇〈太陽照亮真相〉的評論。他認為愛因斯坦理論已經完全獲得證實，譽之為「宇宙構造的真實描述」。愛因斯坦隨即表明「更正」，不過只在專業期刊《自然科學》（*Die Naturwissenschaften*）上。他指明該測量值所涵蓋的精確範圍，卻也主張廣義相對論所預言太陽附近的光偏折已獲得證實。所以說，給大眾的第一批消息，是愛因斯坦本人在缺乏第一手證據的情況下傳播開來的。他常表示，自己並不在意可能關乎他預言的實驗結果，這次的舉措則與此說法稍有出入。

如同報刊評論可以流傳至外地，十月，出席蘇黎世物理學座談會的魏爾和荷蘭學者德比（Peter Debye），也把寫上四行詩的明信片寄給愛因斯坦：

所有疑慮都不見，
總算得到新發現：
所謂光自然彎曲
給愛氏莫大聲譽！

十一月十二日，當（德東）羅斯托克（Rostock）大學醫學系決定頒給愛因斯坦名譽教授的榮銜時，可說是嗅覺敏銳。因為早在十一月六日倫敦的「皇家學會」和「皇家天文學會」（Royal Astronomical Society）發表該成果之前，柏林報紙的副刊讀者及德國學界同事已經得知愛因斯坦勝過牛頓的消息了。對懂得測定方面困難的人而言，倫敦所公布的光偏折數值，亦即索布拉爾照片的一點九八正負零點一二弧秒及普林西比島的一點六一正負零點三〇弧秒，均已相當接近預測值一點八弧秒。今日的測定結果顯示，愛因斯坦理論竟已精確到正確值的千分之一！由此卻也可見，一九一九年倫敦所公布的結果遠遠不及所宣稱的信服力。十一月六日後，英美報刊競相推崇愛因斯坦及其理論。大家仿效皇家學會會長湯姆孫（John Thomson）爵士的評價及其航海民族的措詞指出，愛因斯坦的成就「不單是發現一座孤島，更是擴及整片大陸的科學思維」。大家撰寫著「學界革命」，推崇愛因斯坦將和阿基米德與牛頓分庭抗禮：這或許是溢美之詞。受到稱讚者卻很懂得分寸：一九二一年，他在倫敦訪問時，便到西敏寺，在牛頓墳前獻上花環。（英詩人）波普（Alexander Pope）為牛頓做的墓誌銘，顯示詩人當時的推崇：

自然界法則總是隱而不彰；
神說「要有牛頓！」後，便有光亮。

愛因斯坦接受《倫敦時報》（*London Times*）邀稿，寫了篇短論文〈何謂相對論？〉，十一月底，該報以〈我的理論〉為題刊行。稍後，十二月十四日的《柏林畫報》則為愛因斯坦形象下了不太謙虛的副標：「世界史新巨人愛因斯坦，其發現意謂自然考察的全新轉折，可與哥白尼、開普勒和牛頓等量齊觀。」

這種「個人崇拜」在物理學界相當罕見，引發了反感和妒意。一位沒有反猶嫌疑的理論物理學者洪德（Friedrich Hund）表示，當時紛紛議論著「來者不善」和「背後隱藏猶太教派」，後者似乎不無可能，因為有兩大報社，即烏爾施泰因和莫斯，均由猶太人主持，而《柏林畫報》也在烏氏名下。部分柏林報社緊追愛因斯坦不捨。關於日蝕探測及其對廣義相對論的證實的報導和評論，在一九一九年十月和隔年二月之間的《佛斯報》特刊就達到六刷。一九一九年十一月到二一年夏，愛因斯坦在美國的聲望如日中天。一九二一年，該國通俗自然科學期刊《科學美國人》（*Scientific American*）指出，一生追求真理的人通常不會在生前得到承認，如教士兼遺傳學家門德爾（Gregor Mendel）便是在去世後許久才得到追認。愛因斯坦倒很不同：「德國物理學家之聲名鵲起，乃是科學史上的奇事。即便是推銷王巴爾農（Barnum）的宣傳活動也無法更迅速、更有效。」

其實，讓柏林人如此雅俗共賞的現象，並不太容易理解。理論中所謂「空間」和

「時間」概念，不是任何人都擁有的常識嗎？所謂世界觀的變革，不正呼應了在國家、社會和文化上令人震驚的變化嗎？這就是原因嗎？或者這是戰敗後**德國**學者的積極成就，亦即仍舊是**德國人**的勝利？或者日蝕的奇觀正如娛樂性的無聲電影，總會有「圓滿結局」？抑或如同右派報刊宣稱，愛因斯坦已被某些利益團體抬舉為樣板人物？還說盛況源於他的謙虛和善的態度？女婿凱澤（Rudolf Kayser）認為，愛因斯坦的名氣來自其卓越的人格、「科學著作和人文胸襟，無數人的期待和希望均寄託在這兩者」。

較之於愛因斯坦偉大發現的通俗摘要，他的容貌更令人印象深刻。醫師暨作家德布林（Alfred Doeblin）不怪罪報界，卻歸咎科學家本身：一九二三年，他在《柏林日報》上質問，是誰促使大家把愛因斯坦的「學說視為如此嚴肅且重要呢？是科學家的階級制度、地下社團、數學學者的結黨營私……」。結果，幾年下來，在大眾和某位詩人的心目中，愛因斯坦的理論不外乎一個受到誤解的詞語：「相對性」。一九二九年，戈爾在小說《索多瑪（Sodom）柏林》中藉主角歐德馬（Odemar）表示：「德國史家史賓格勒（Spengler）宣告歐洲的沒落，詩人宣示藝術的死亡。愛因斯坦的判決宣揚萬物的相對性，凡是真實的事物均是錯的。舊世界於是崩潰！」一九二七年時，在柏林撰寫報導和小說的作家德科布拉（Maurice Dekobra）的看法如下：

當時我們多年輕啊！愛因斯坦關於萬事，甚至愛情的相對性的見解尚未感染大家。在探討性學的研究所，亦即希施費爾德（Hirschfeld）博士搬弄可憐人異常之特殊研究的地方附近，棚子下我們喝著黃昏的酒，啤酒色澤比我們小女生的金髮更加明亮。

廣義相對論的應用依舊不普遍：在乎它的，似乎只有專業人員。

希施費爾德的研究所不僅有關於「異常」研究，更有每週三日「有關婚姻及性生活事項、生育問題和適婚條件」等的免費醫療諮詢，算是有些名實不副。威瑪共和時期的柏林，成立了許多產婦保護聯盟及國際性勞工救助組織的諮詢站。社交界名流泰珀─拉斯基在賽馬場附近的蒙西斯海姆（Moenchsheim）連署了一份請願書，請求德國立法機關廢除刑法第一百七十五條反墮胎條例：畫家李伯曼、醫學專家克拉夫特─埃賓（Krafft-Ebing）以及物理學者維恩（Wien）也在其中，卻不包括愛因斯坦。

在美國，愛因斯坦的名氣和聲望大為提升。該國也有過類似德國的騷動──一九一九年，四百萬名工人罷工。俄國革命和空間與時間之類日常概念的變革，兩者均不易體認。一九二〇年七月初，《科學美國人》宣布有獎競賽，即「愛因斯坦徵文比賽」：能在三千字之內簡單扼要說明愛因斯坦相對論的英文文章，可得五千美元獎金。獎金由巴黎富有的美籍單身漢希金斯（Eugene Higgins）贊助。這些應徵者名字被轉成代碼的文章，十一月時累積到三百篇：評審們推選出假名為「黃道十二宮」（Zodiaque）的英國投稿者博耳頓（Lyndon Bolton），他是在倫敦英國專利局的「資深審查員」。雜誌刊登了他的文章〈相對性〉及照片和經歷。期刊老練的「愛因斯坦編者」，還把這些文章編成選集，以《相對性和引力》一書發行上市。荷蘭台夫特（Delft）大學知名微分幾何學者斯豪藤（Jan Arnoldus Schouten）讀之一無所得，而一九一七年曾寫書論述愛因斯坦空間—時間觀的德國哲學家石里克（Moritz Schlick，又譯施利克）也有同感。

紐澤西州小兒科醫師暨公認的美國詩人威廉斯（William Carlos Williams），在愛因斯坦首度訪問美國後，完成一首十二節的讚美詩：〈水仙花的聖方濟愛因斯坦〉，副標題是「紀念愛因斯坦教授一九二一年四月首度訪問美國」。只要其中幾行大概就足以形成初步印象：

愛因斯坦
來得正是時候
帶來他心目中的四月
從海上
乘著傑佛遜的黑艇
把自由帶到
死去的自由女神像面前

以拯救水仙花
它們在水裡歌唱：
他提醒了我們
這位水仙花的救主！

詩的結尾是這樣的：

愛因斯坦
走出繁雜的數學
來到水仙中間——
春風拂過寒熱帶
花兒隨之搖擺！

一九二〇年元月初，愛因斯坦從瑞士把罹患癌症的母親接到柏林；二月時，她就過世了。「母親去世了，我們全精疲力竭，大夥兒感受到血緣關係意味著什麼。」當時威廉斯尚未寫下這首詩；這時讀之，或許能增添一層意蘊（譯註：聖方濟〔St. Franziskus〕是博愛一切受造物（包括花兒）的基督教聖者；水仙有其希臘神話典故，原本代表一位愛上自己水中身影的美少年〔Narziss〕，後來因類似緣故被變成水仙花：故詩中的「拯救」似指促成國人從自我中心的思維解放出來）。

「愛因斯坦熱」的結果

以專業或科普方式探討愛因斯坦相對論，緊追這條閃亮彗星尾巴不放的人們，絕大多數不是為名，就是為利。少數人殫精竭慮要反駁愛因斯坦的理論，卻多半缺少數學輔助工具的必要知識。極少數人想鞏固自己的優先解釋權，抱怨沒有人加以承認。有些哲學學者，尤其新康德派對此感到難以接受：愛因斯坦基於人對時鐘運轉狀態的依賴，而主張同時性概念之相對化。最後，「民粹」派對愛因斯坦的猶太血統相當感冒，認為非用文的或武的反猶型態來區隔德國和猶太物理學不可。「第三帝國」時期，海德堡實驗物理學者萊納德便是一例。一九四〇年時，他還拿一九一四年的反英國小冊充當排擠猶太人的文章來賣錢。不消說，上述幾種行為方式也有其混合型態。

書本和小冊

在光偏折測量值發表後，亦即自一九二〇年起，寫手們和出版商積極投入：一九二一年時，有關愛因斯坦的相對論、其在哲學上的結論及數學的輔助說明等書籍出版達到高峰。舉例而言，一九一七年出版的討論愛因斯坦場論的書，一九二一年便達到十二版，到了隔年的賣出總數已達六萬五千本。一九一九至一九二四年間，德語國家中論述愛因斯坦理論的專書和專文計有上百種，反對相對論的出版品則有七十種。比利時魯汶（Louvain）大學數學學者勒卡（Maurice Lecat），在同樣時段的書目中竟臚列了兩千項。自一九一一年起，夏洛滕堡帝國物理技術學院實驗物理學者，愛因斯坦的同僚格爾克（Ernst Gehrcke）便反對**狹義**相對論，他蒐集了「五千餘種報紙剪報和期刊文章」，以一本名為《相對論的群眾暗示》的小書稍加評論，刊行於一九二四年，由柏林以牙科出版品著稱的莫伊澤（Hermann Meusser）出版社發行。格爾克以光學儀器，尤其是精密干涉儀的研發而著名，也是所謂陽極射線的共同發現者。發行計畫中涵蓋許多反相對論者的西耳曼（Otto Hillmann）出版社，雖在柏林知名，社址卻在萊比錫。這些如今遭到遺忘且頁數通常不多的小冊，題目有《理性對抗相對性》、《愛因斯坦相對論的謬誤》、《相對論的缺乏根據》，甚至有直截了當的《反愛因斯坦》。

一九二〇到二五年間，大概沒有哪份跨區域的日報、週刊和月刊，當中沒有半個人對愛因斯坦相對論採取立場的。範圍之大，有天主教學生報《道路》（*Der Weg*），自然科學月刊如《祖國》（*Die Heimat*，德國南部斯圖加特）、《自然與文化》（*Natur und Kultur*，奧地利因斯布魯克／維也納／慕尼黑）和《綜覽》雜誌（*Die Umschau*，法蘭克福），及哲學期刊如《德國觀念論及基本科學哲學雜誌》（*Beitraege zur Philosophie des Deutschen Idealismus und Grundwissenschaft*）及觀念論哲學家《雷姆克學社》（*Johannes-Rehmke-Gesellschaft*）的哲學刊物。一九二〇年的例子是弗羅因德利希在《白誌》（*Weisse Blaetter*）上的文章，該刊物是由作家席克勒透過柏林保羅．卡西雷爾出版社發行的文學月刊。一篇講述涵蓋羅侖茲變換式的物理世界觀演進的評論文章，和作家埃爾瑟．拉絲珂—徐樂兒和瑞士作家皮爾弗（Max Pulver）的詩歌並列，實在不太尋常。

連莫什科斯基都有所涉入：一九二〇年春，愛因斯坦和他有多次座談。隔年，莫氏便將之市場化，成為《愛因斯坦——認識其思想世界》一書，裡頭全是對這位天才的讚揚。博恩和妻子海蒂（Hedi）在書市行情版讀到這本書的廣告。他們擔心輿論界會指責愛因斯坦為相對論大做宣傳，建議他停止這本書上市：「我**懇求**你，依我的話去做。否則就是：愛因斯坦，再見！於是，你的猶太**朋友**就能辦到反猶團體無能為力的事情。」愛因斯坦為此「以一封掛號信」告知莫氏「不要印行他的大作」。後來這本書還是上市時，他「最多只以關係破裂」來威脅莫氏。愛因斯坦不太在意地向博恩表示：「話說回來，我覺得某君比萊納德和維恩還可愛。因為後兩者只想搬弄是非，前者倒是只想賺錢（這較為理性且有益）。」

奇怪的是，愛因斯坦不覺得莫氏會帶給他麻煩：這本書有助哄抬他在「知識中產階級」之間的名氣。政治上採保守立場的慕尼黑同仁索末費爾德，認為這本書是繞著愛因斯坦耍智力的馬戲，不可盡信。博恩晚年給莫氏作品的評論則較為溫和：「科學性較低，經常出現誤解。除此而外，倒是包含不少頗能表現愛因斯坦作風的趣味描述和軼事……愛因斯坦把反猶主義和『公眾』的激憤視為不可避免的宿命而逆來順受。」在此，博恩大概是想到一九二〇年愛因斯坦寫給他的一句話：「一如童話中，好人所碰到的，全成了黃金，我所碰到的，卻變成報上的大驚小怪：suum cuique（原註：意謂人各有命）。」

莫什科斯基的書被譯成英文，德文原版在一九二一年就賣出三萬五千本。這部分由於宣傳得當，我們在《綜覽》雜誌上可以看到這類書評：一本趣味橫生的書問世了——一如祕書暨文壇後進愛克曼（Eckermann）和歌德的對話。此處的愛克曼指莫什科斯基，所謂歌德則是愛因斯坦」。莫氏似乎相當大言不慚，他在前一年同一家出版社賣到「五千至一萬」本的另一部愛因斯坦書中，對自然科學表達了如下不太允當的意見：「懂得正確閱讀自然之書的人，一定會逐漸體認到，物理和生理、自然知識和自然本身，皆是相輔相成的，各自分開便無太大用處。自古以來，拘於一隅的科學探究，解釋著侷促的現象世界中的各項關聯。筆者將以種種細節來證實這種侷促性，並確信在筆者闡述到最後時，各位對自然的愛好和對物理科學的崇拜終將崩解。」

愛因斯坦的對手果真利用博恩事先擔心的戰略加以抨擊：指明他本人不僅是這場「愛因斯坦熱」的始作俑者，更從中大力推動。如今連學者也大敲邊鼓，公眾對之已見怪不怪：這樣的作為若在過去的科學界是令人唾棄的。一九一九年，柏林施普林格（Julius Springer）出版社有名的黃皮書系列中博恩的《愛因斯坦相對論》初版的扉頁上，有張愛因斯坦令人印象深刻的簽名肖像。當時只有逝世的學者才能在這種嚴肅的專書中得到如許的個人推崇，先前勞厄或魏爾關於相對論的專著，全無這般禮遇。批評聲浪四起：再版時，博恩便拿掉肖像。實際上，愛因斯坦並不排除傳播其理論的各種活動，從而有時引起朋友的反感，並讓對手得以攻擊。例如，儘管業餘作者哈塞（Max Hasse）「坦承」「沒辦法證明歐幾里德幾何學的任一條定理」，愛因斯坦仍然支持他設法為相對論進行「通俗解說」。在**自費出版**時，他直接把小冊的印張寄給愛因斯坦。愛因斯坦誇獎哈塞，表示他的通俗說明，「確實以可喜的方式投合了非物理學者的精神」，僅僅修改了「若干小錯」。截至一九二〇年，哈塞這十五頁文字印行了五刷。

德國一九二二到二三年間的金融危機及直接相關的購買力喪失，也導致了關於愛因斯坦理論的新出版品驟減。採行穩定幣制後的小小復甦，並未持續。對照一下自一九二五年起有關海森堡和薛丁格的新**量子論**的書冊，這種對當今生活重要得多的物理學領域所引起的輿論注意和對手反駁，均遠不及相對論。原因可能在於，參與量子力學發展的是**好幾位**具有同等顯著地位的物理學家，當中卻**無人**達到愛因斯坦的影響力。而關鍵性的因素，或許是像「波函數」、「測量概率」和「測不準關係」之類更為抽象的概念，不比**空間**、**時間**和**相對性**那麼通俗易解。對於那些不會出現在日常經驗中的量子現象，一般人比較開不了什麼玩笑。

愛因斯坦影片和荷爾蒙回春

愛因斯坦大概會覺得自己像歌德所描寫的魔法學徒：即便他有意對抗公眾注意力的掃帚，仍然不得擺脫。例如，由柏林市東南區ＳＷ六一布呂赫街（**Bluecherstrasse**）十三號科隆納製片廠（**Colonna-Film**）發行的教學紀錄片《愛因斯坦影片》，四月初在柏林首映。根據柏林電影審查處一九二二年三月三十日的許可證：「准許本影片在德國對公眾播放，包括青少年。」這捲長達兩千零四十五公尺的影帶，並非一刀未剪，美語版首播時亦然。影片分成三個部分：一、觀點的相對性；二、運動的相對性；三、距離和時間的尺度取決於觀測者的運動狀態。「於是片子剪接了一九一九年日全蝕的畫面，這是愛因斯坦相對論知名的重要證據」，這是諾伊布格（**Albert Neuburger**）博士在三月二十七日《柏林午報》（***Berliner Zeitung am Mittag***）的報導。從德意志民族黨人的報界大老胡根貝格（**Alfred Hugenberg**）在《柏林地方廣告報》中不以為然的文章，可以想見這部片子的影響：「影片第一大段是搭配了一首動聽歌曲的畫面：『當你以為月亮落下時——它並非落下——而是看起來如此！』……於是正常運轉的時鐘……扮演了要角。我們看到，街上的時鐘所顯示的時刻，有別於某個搭地下鐵的人所看的錶的時刻。」

電影在問世前，經過了一番周折。蘇黎世的高中教師暨愛因斯坦相對論的推廣者萊梅爾（Rudolf Laemmel）在《綜覽》上抱怨，他「一九二〇年十一月呈交給柏林電影業和有關當局的電影腳本，得等到隔年九月才通過」，且「現在就連製片也經過相當的波折」。其實，公布在同一份《綜覽》上的，雖是電影的最後定名，卻是「經過比克（Otto Buek）博士、凡塔（Fanta）教授（布拉格）、萊梅爾博士（蘇黎世）和尼古拉教授的參與」才定案的。我們知道，比克和尼古拉是開戰時共同發表連署抗議，反對〈呼籲文化界〉主戰宣言的人。凡塔大概是布拉格拜耳桃．凡塔（Berta Fanta）女士的兒子，她主持了一個猶太知識份子社團，為人智學家史代納（Rudolf Steiner）的擁護者。這圈子還有作家布羅德（Max Brod）、數學家科瓦萊夫斯基（Gerhard Kowalewski）、哲學家貝格曼（Hugo Bergmann），及愛因斯坦在布拉格時期反對其相對論的思想家克勞斯（Oskar Kraus）。

愛因斯坦對此似乎並不特別感到興奮。一九二二年六月二日，他在《柏林日報》上以〈愛因斯坦教授和愛因斯坦影片〉為題表示異議：「一些朋友和許多信件的議論，使我注意到，觀眾們以為目前上演關於相對論的影片，多多少少有我的參與，讓我不得不在此明確否認。由於我認為，這項謬誤主要歸咎於《愛因斯坦影片》的標題，我懇請有關單位給這部片子另選一個合適客觀的名稱。」後來，在廣告中，片名便改做《愛因斯坦相對論的基礎》。愛因斯坦至少還認識製作這部電影腳本的大部分人。

以下事件可以顯示，即便出現「愛因斯坦熱」，以愛因斯坦為名稱而進行的事情卻很少。《新漢堡日報》（*Neue Hamburge Zeitung*）一位名字簡寫成ＡＭＩＳ的專欄作家表示：

就我目前對愛因斯坦的認知，不過是大部分人把他和施泰納赫（**Eugen Steinach**）的名字混淆，我自己也不例外。前一陣子，我才明白兩者的區別，因為我進電影院看了愛因斯坦影片。我原本想知道一點青春不老的事情，而當我知道愛因斯坦是相對論發現者時，還相當吃驚……

一九二二年左右，在施泰納赫的構想下，也出現了一部有關賀爾蒙回春的影片，叫《數十萬位客人》。施氏當時為相當知名的賀爾蒙學者，主張切除輸精管可使男人變得年輕，並恢復性能力。譬如弗洛依德（**Sigmund Freud**）就接受過施泰納赫手術（兩條輸精管全切除），希望有效控制自己的口腔癌。在德國西部巴德—瑙海姆（**Bad Nauheim**）的一家報社則把愛因斯坦當成施泰納赫。一九二〇年十月三日的《布萊梅消息》（***Bremer Nachrichten***）報導：「到處都有人談愛因斯坦和施泰納赫，卻似乎不太能明確分辨這兩人。像巴德—瑙海姆當地地方報在自然學者暨醫師大會時發布消息：『施泰納赫教授沒有到會，與會人士卻對其相對論進行了一場認真的學術研討。』」

更有意思的，是四十年後還出現這種雙胞案：一位藉著移植猩猩睪丸使人恢復性能力的法國生理學者沃羅諾夫（Voronoff），在《二〇年代》一書中取代了施泰納赫的位置：「當愛因斯坦相對論成為茶餘飯後的談資，有時還連同俄國醫師沃羅諾夫的猩猩腺體一道出現時，不錯，儘管相對論在流行的趣聞中是不受了解，卻已是個熟悉的概念，要是有人在街上遇見一位擁有滿頭獅鬃般白髮及溫和凝視眼神的瘦小學者時，都不會錯認他。」就連俄作家高爾基（Maxim Gorki）一九二二年〈論俄國農民〉的文章中，也在同一句話裡談到愛因斯坦和施泰納赫：「（俄國人民）不會那麼快就為愛因斯坦理論想破頭，也不會費功夫了解莎士比亞或達文西的意義，卻很可能為施泰納赫的實驗花錢。肯定很快懂得電氣化的意義、學養豐富的農學家的價值……以及一條公路的好處。」到了一九二四年，以「小怪物」（Rumpelstilzchen）為筆名撰寫右派反猶評論的知名作家阿道夫．施泰因（Adolf Stein），還覺得這種混淆值得一提：

> 我是個沒教養的粗人，因為我還會把喬其縐和雙縐搞錯。科長夫人只弄錯施泰納赫和愛因斯坦，就沒那麼嚴重了。去年她才分清楚，現在她卻說：『天哪，這可真是老掉牙的笑話！』且大家都同意她的話。在柏林社會中，人總得知道一點「時下的話題」。這十有八九是新的輕歌劇或新近擺設的流行櫥窗。埃及法老王圖坦卡門（Tutanchamun）、拳王或新發明，則佔十之一二。

講課和講演

隨著愛因斯坦聲名鵲起，他的「私人講學」也大為增加。不過，他並沒有非講課不可的職責，給學生開設的課程也不必考試，但學生得像上一般課程那樣付費。相對論具有的困難度，並不太吸引初學者，所以在一九一九／二〇年冬季學期課程中聽課的，都是頂尖的研究生、博士生和在職的物理學者。於是，本市不少民眾基於對學者的好奇來旁聽：

課前一個鐘頭便開始嘈雜起來，問的、找的、吵的都有。愛因斯坦終於出現時，受到熱烈的歡呼。現場有各門學科的人，但以看熱鬧的居多。他們想見識一場大戲，看看某人如何用一根魔杖點化世界。他的話清楚、客觀，句句擲地有聲……能夠親眼見到偉人，真是大快人心。

一九二〇年二月二十日，《柏林日報》這篇興奮的報導，粉飾了先前兩週的波折。愛因斯坦講課受到打擾：當時一定相當喧鬧，因為社民黨的《前進》報提到「一批反猶學生的鬧場」。隔天，同一家報紙上出現愛因斯坦的聲明，他發現「針對他而來的某種**敵**

意。這並非正規的**反猶言論**，卻有這樣的**言外之意**」。他表示「假使再出現像昨天的場面」，將暫停講課。「學生代表」正式向校長暨老派歷史學者邁耶（Eduard Meyer）抗議那批**沒有**付費的非法旁聽者。愛因斯坦未謹守這項使付費學生得到合理對待的規矩，並未被他們怪罪：他只注意大教室座位是否足夠。在經由能斯脫居間協調，愛因斯坦和校長與學生們商量後，他決定退還學生所付的酬勞，而以另一種形式，且必要時更換教室繼續上課。隨後的夏季學期，這門課便暫停了。

在蘇黎世，類似的狀況卻處置得當。一九一九年二月，愛因斯坦講課期間，教室門口有嚴格把關，過濾付費學生。校方的理由是因煤炭短缺，導致暖氣費用漲價。當愛因斯坦一位堂（表姊）妹被擋在門口時，他便拒絕走進教室，直到她被放行為止。後來，校長則以書面提醒他，門禁一事純粹基於校務考量。愛因斯坦表示他並沒有從這門課收取任何費用，卻不得要領。於是，他不滿這位校長，但這件事無關反猶主義。

一九二〇年十一月六日，德國西北部埃森（Essen）的巴赫（Rudolf Bach）在投給《德國礦業報》（*Deutsche Bergwerks-Zeitung*）附屬週刊《科技週報》（*Technische Blaetter*）的文章〈相對論與愛因斯坦〉中，總結對愛因斯坦相對論的激情：

> 要推廣羅侖茲—愛因斯坦相對論這種起初令一切有理智者均大感訝異的學說……強迫廣大階層認同為普通教育的必要部分，隨即激起憤慨的反應：「俄共

布爾什維克物理學」、「物理學的哲學家黑格爾階段」及「愛因斯坦騙術」之類的口號，便是那些不幸遭到襲擾的人，用以對付這新救世學說的武器。所以，目前看來大概是時候了：不帶激情地考察相對論的演變和基本學說。於是，具有數學—自然科學素養者——且只有這類人才能領會該學說——才有辦法說明，在愛因斯坦以前的成就、他本身的成果及有待努力的事項。

一九二一年二月十七日，英國學報《自然》（*Nature*）出了愛因斯坦相對論專刊，由一流的實驗及物理學者、天文學者、天文物理學者、數學家和一位哲學家在三十頁篇幅中，各以不同觀點加以講解和論述，以一篇譯成英文的愛因斯坦文章當開頭。科學界名士有愛丁頓、金斯（James H. Jeans）、羅侖茲和魏爾，以及相對論批評者，擁護拿以太作為絕對參考系的學者洛奇（Oliver Lodge）。

愛因斯坦也再度於柏林大學講演：同月二十三日，他在第三十三教室，即後來的電影廳演講〈幾何學與經驗〉。前一年五月，在萊頓大學的就職演說，也是同樣的題目。次日，他應某一數學—物理學研究社（Mathematisch-Physikalische Arbeitsgemeinschaft）之邀演說〈談現今關於光的性質問題的探討情形〉。這涉及一個他所鑽研的論題：假設光由電磁**波**組成，那麼該如何由馬克士威的電動力學來推導，並以目前的經驗加以解釋？或是光真的如同他早在一九〇五年所提出，是由光**微粒**，即光子組成的呢？這個問題如何能夠透過實驗加以證實呢？

可以想見，愛因斯坦在演講邀約太多時，會選取他覺得重要的。譬如，有三項來自法國的邀請：「人權協會」、「哲學學會」（Philosophische Gesellschaft）及透過好友與物理學家郎之萬（Paul Langevin）去到巴黎的法蘭西學院，這些均在一九二二年。前往「死敵」之國一事，演變成高層的政治事件，尤其適逢與德國有不共戴天之仇的民族主義者普安卡雷（Poincaré）當選法國總理時。朗之萬表示，這次邀請應該理解成恢復德法學者間關係的努力。愛因斯坦本人醞釀的觀點及其與當時德國外相拉特瑙的會商，促成了此事。他原本推辭了這三項邀請，後來則接受郎之萬的邀約，告知了科學院，而於三月二十八日動身。在避免公開露面的方式下，自邊境開始，由郎之萬和法國天文學者諾德曼（Charles Nordmann）陪同前往巴黎。

諾德曼先是從《晨報》（*Matin*）一篇文章中，得知愛因斯坦在大戰時反對皇帝主戰政策的立場，並了解到他被假道學扭曲事實，從柏林大學教授變成萊頓（大學）教授及柏林科學院的養老人士。於是，萊茵河兩岸（德、法）的右派報紙一陣謾罵，有的聲討目無祖國的傢伙，有的則斥責「其祖國卻是至高無上的德國」的猶太僑民。愛因斯坦在法蘭西學院演講四場，根據《費加洛報》（*Figaro*）的報導，用的是「文法正確」的法語，卻「不是非常流利，有時他得花工夫找出正確的詞語……」入場時，有嚴格管制，且排除報界人士：在一張報紙照片上，可以看到會場大門附近就有十名員警。除了學者，更有其他社會名流到場聆聽。愛因斯坦也在巴黎輿論界造成轟動，隨著不同政治傾向，而備受讚揚或批評（原註：一九二二年三月二十三日至四月十五日〔三週〕期間，巴黎四十一種日報與週刊便刊登了相關的三百篇文章）。

> 那是首場演講……萬頭鑽動的盛況只在二十世紀法國哲學家柏格森（Bergson）講學時有過。大家聽到同等的洞察：令人陶醉啊，親愛的，多美妙！我們要請他來我們的聚會。他真是透徹啊！

同年稍早，獲頒法國科學院文學獎的諾瓦耶（Anna Elisabeth de Noailles）伯爵夫人，特別設宴表揚愛因斯坦：他的座位在居禮夫人旁邊。她一九〇三年諾貝爾獎的共同得主安托婉．貝克雷耳（Antoine Becquerel）已不在人世，而由其公子，即巴黎自然博物館（Naturkundemuseum）的讓（Jean）教授邀請愛因斯坦參加茶會。參觀科學院未能成行，因為有二三十位院士表明，只要愛因斯坦一進來，他們就離開，以示抗議。他在法蘭西學院第三場講演中，反駁了專程來自日內瓦的反相對論者紀堯姆（Guillaume），從而在法國哲學學會面前展開一場關於其相對論的辯論。在巴黎也有文人特地提筆作詩，他是將舒伯特的輕歌劇〈三位姑娘之家〉（Dreimaedelhaus）改寫成法文版的歌劇作家德洛姆（Hugues Delorme）：他獻給愛因斯坦十三節四行詩，在其中，柏格森大感興奮而法國數學家、政治家潘勒韋（Paul Painlevé）則難過得掉下眼淚（原註：他還利用法文「restreinte」一詞的〔狹義和有限之〕雙重涵義，以「relativité restreinte」代表狹義相對論）。

返德前一天，愛因斯坦自行決定和諾德曼、好友及譯者索洛文（Maurice Solovine）訪視法國東北部蘭斯（Reims）等遭戰爭破壞的地方。他面對著那些軍人墳場和廢墟時表示，有必要把所有學生從德國帶來這裡，讓他們了解戰爭的殘酷。這種人道之舉，在法國特別令人感同身受。於是，德國駐巴黎大使便報導，愛因斯坦順利地公開露面：「德國精神和德國科學在此得到尊重與新的聲望。」

愛因斯坦樓塔

在一九一九年十一月六日公布日蝕時的觀測結果後，隨即想到讓愛因斯坦的名氣有助推動科學和自己學術生涯的人之一，便是弗羅因德利希。他在同月三十日的《佛斯報》上表示，愛因斯坦相對論中預測之證實：「只要拿來對照托勒密、哥白尼、開普勒和牛頓所代表的自然科學時期，便會把這次的理論證實推崇為自然史的轉捩點。」十一月時，弗氏便已和普魯士文化部次長，即後來的部長貝克爾（Carl Heinrich Becker）商討，在普魯士地方議會上推動呈交給預算委員會的議案，理由是：「地方政府……在審查時應與中央政府做好準備，促成德國與其他國家進一步合作，以擴大愛因斯坦奠基性的發現及深入研究。」委員會同意撥款十五萬馬克。愛因斯坦相當感謝文化部長黑尼施（Konrad Haenisch），即便於艱困時期，「在我國只有天文台和天文學者願意為這件事提供部分的儀器和勞力時」，還能襄贊廣義相對論領域的研究。於是，他便設法使弗氏獲得波茨坦天文物理觀測站的長期職位。

十二月，弗氏更發起**愛因斯坦募捐**活動，向巴斯夫（BASF），即巴伐利亞顏料公司、蔡斯、博世、西門子、通用電器及若干公司行號募款。活動的宗旨在於添購天文物理觀測站所需的觀測儀器，以便和其他國家一樣參與「廣義相對論的實驗奠基工作」，所需款項為五十萬馬克。至於資金運用的明細項目，並未載於說帖上。所需設備則為用來進行精密太陽光譜研究的天文望遠鏡。捐款相當踴躍，為此還設置了管理委員會。當中除了「終身職」主席愛因斯坦，還有弗氏、當時的波茨坦天文物理所所長、若干物理學者、普魯士文化部的一位代表，及顏料產業公會（IG Farben）理事長卡爾·博世，和德國工業聯合會與兩家大企業的知名代表施耐德（Schneider）博士。這筆資金交給〈市中〉獵戶街（Jaegerstrasse）門德爾松銀行信託。以「愛因斯坦基金會」（Einstein-Stiftung）為名的組織頗為龐雜，使得「愛因斯坦研究所」處於尷尬地位。這既非獨立的機構，也不是天文物理所的系所，自一九二一年起，因而導致該所所長埃利希·魯登道夫（Erich Ludendorff）和身為「愛因斯坦研究所」所長的弗氏之間長期不和。

多年來與建築家埃里希·門德爾松（Erich Mendelson）保持聯繫的弗羅因德利希，促成一份現代鋼筋混凝土樓塔的設計圖，貌似浮出海面的潛水艇。在周遭布蘭登堡磚造建築中顯得突出的這座樓塔，外部構造於一九二一年完工，天文望遠鏡的安裝卻要等到一九二四年底，所以研究工作是從隔年四月開始。愛因斯坦相對論，尤其太陽光譜線引力紅移的驗證，直至一九三三年均苦無成果：在天體物理學領域，倒是進行了不少有益的研究，譬如日冕的光譜分析，及與法蘭克福行星研究所合作，更精確測定水星軌道所受其他行星的干擾。愛因斯坦樓塔（Einstein Turm）發揮最大影響的領域，首在建築，接著是太陽物理學，重力物理學方面卻幾乎沒有。考慮到其提案、資金籌措及執行工作的話，稱之為「弗羅因德利希樓塔」似乎更為貼切。但少了愛因斯坦的大名，這個研究機構就無從設置。當初在波茨坦的「愛因斯坦研究所」，更可視為某種模範，即如何借助行情看漲的標的和大膽的承諾，來取得有益的長期研究資金（原註：請勿把該所跟以下兩機構混淆：今日在附近波茨坦市東的戈爾姆〔Golm〕普朗克學會「愛因斯坦引力物理學研究所」〔Albert-Einstein-Institut fuer Gravitationsphysik〕及位於前東德波茨坦—巴伯斯貝格〔Babelsberg〕的科學院理論物理學方面的「愛因斯坦實驗室」〔Einstein Laboratorium〕）。

自從為了賣掉愛因斯坦一份有價值的原稿而爭吵後，愛因斯坦和弗氏之間的關係便蒙上陰影：「我仍然斷絕了跟他之間的私人關係。」不過，愛因斯坦依然半推半就地參與該所的運作，幾乎定時參加常會，並支持弗氏，直到他獲得多少具有獨立性質的固定職位為止。物理學的後續發展顯示，在二〇年代的測量技術上，仍然絕不可能證實太陽光譜線的引力紅移，這件事要等到六〇年代才能達成。

旅外學人

愛因斯坦的新名氣帶給他許多國內外的邀約。這些邀請通常具有專業興趣，有些則不盡然：利用他當廣告代言人的構想，顯然也在醞釀。關乎學術面的，在戰時則以中立國家為主：一九二〇年五月底，愛因斯坦應邀到荷蘭，並到萊頓。他在萊頓大學禮堂講演〈現代物理學中的空間和時間〉。聽眾當中也有德國公使，他讚賞「愛因斯坦非常謙和的態度」，並在次晨邀請「愛因斯坦和幾位萊大人士」共進早餐。在朋友的運作下，愛因斯坦成為該國阿姆斯特丹科學院院士。

六月，則有挪威和丹麥的行程。奧斯陸（Oslo）大學學生會請他講演三場，並推選為榮譽會員；回程時，他到哥本哈根拜訪玻爾，為「天文學會」做了場講演。當地德國公使，後來希特勒的從犯諾伊拉特（Konstantin von Neurath）向柏林彙報，愛因斯坦清楚明白的演講博得了滿堂彩，他的理論在恢復國際學界關係上具有重大意義。順道訪問基爾後，愛因斯坦回柏林度過仲夏。他縮短了九月在巴德—瑙海姆自然學者會議的行程：用他的話來講，就是他必須在德國南部斯圖加特（Stuttgart）「為了一間民眾天文台布道」。愛因斯坦並非首位在戰後訪問斯堪地那維亞的理論物理學者。一九一九年秋，他的慕尼黑同儕索末費爾德曾扮演德國學界密使的角色，出席瑞典隆德（Lund）討論X射線光譜的會議及哥本哈根的一場演講，這講演是玻爾邀請的。

十月，愛因斯坦再度前往荷蘭萊頓：萊頓大學請他擔任客座教授。他的就職演說〈以太和相對論〉令若干物理學者——包括萊納德感到不解。愛因斯坦為老術語「以太」賦予新概念，亦即度規場概念，重力位能在其中得到解釋，而魏爾稱之為「規範場」（Fuehrungsfeld，一譯相位場）。他視之為「一種介質」，不具力學或運動學的特徵，卻共同決定了物理事件。一九二一年元月，愛因斯坦訪問布拉格，寄宿同仁菲利普·法蘭克（Philipp Frank）家。他為當地天文女神「烏拉尼婭」學社所做的演講，迎合聽眾的興趣，較具時事而非教育性質。愛因斯坦由於訪問新設立的捷克大學的教授，顯示其對剛成立的捷克斯拉夫國的興趣。他接著前往維也納，寄住在埃倫哈夫特（Felix Ehrenhaft）家，這位同儕曾經因為基本電荷的測量，而與之爭吵。事過二十多年，愛因斯坦把他描述成有能力的實驗者，具有「主觀的」直率，「卻缺乏任何自我批評」。他在音樂廳的講演，成了三千位充滿期待，卻力有不逮的聽眾的大型活動。

接著，愛因斯坦開始物理學目的之外的行程，擔任公益方面的領航角色。一九二一年二月，新祖國聯盟首先請他和謝斯勒爵士及專欄作家萊曼—魯斯比爾特（Lehmann-Russbueldt）前往阿姆斯特丹，訪問新成立的國際工會聯盟的領銜人物：不只為促成和平組織和工會之間的合作，更為了德法之間爭論不已的戰勝國賠款的問題，請求該國際組織引薦。謝斯勒敘述道：「一早就要到德國北部奔特海姆（Bentheim）的邊境管制單位。愛因斯坦似乎頭一次搭臥車，對一切均格外感興趣。」同行夥伴相當多元：有的是世家大老、藝術品收藏家、贊助人、作家、外交和政界人士，有的出身於一般環境而措詞較為粗直的人、具獨創性的物理學家和道德學家——皆為了共同的和平主義立場而結合在一起。根據謝斯勒的日記，對話期間，既不見愛因斯坦，也不見萊曼—魯斯比爾特。對談氣氛相當友善：只是荷蘭方面無法承諾太多。次日：「早上跟愛因斯坦到帝國博物館。看著（林布蘭〔Rembrandt〕的）名畫《夜巡》，起初有些失望，後來卻感動到難以形容……」

輿論界對這一趟行程少有紀錄，同年，愛因斯坦應猶太復國主義（Zionismus，一譯錫安主義）世界組織之邀的下一趟「慈善」之旅，則嚴重觸及了「包括同事和朋友的」敏感之處。德國當時錫安主義協會會長布盧門菲爾德（Kurt Blumenfeld）費了番工夫，才使原先不表同意的愛因斯坦，同意並協助這項工作，即在巴勒斯坦建立猶太民族國家，使猶太人擁有內部的安定、獨立和自由。當常駐倫敦的錫安世界協會會長魏茨曼（Chaim Weizman）請愛因斯坦跟他一道前往美國，為猶太建國基金進行宣傳和募捐活動時——尤其為了在耶路撒冷辦大學的資金時，他答應了。他知道自己得「下海誘騙」，卻還是因為身為猶太人的哈伯擔心此行將不利於猶太裔德國人，而未能下定決心。哈伯預料，愛因斯坦陪同**英籍**猶太人前去偽君子美國總統威爾遜的國度，勢將造成敵視，也擔心對自己造成不利：

如今德國國籍成為一種苦難。您真的想表明這種內心的疏離嗎？……您一定會破壞德國大學中，具有猶太信仰的教師和學生賴以生存的狹小地域。

哈伯知不知道，化學家魏茨曼就跟他一樣從事戰時研究（確切地講是改良炸藥）嗎？愛因斯坦隨即回覆，指出他推辭了國外許多聘約，並非因為忠於德國，而是因為忠於德國好友，「您便是其中最傑出、最有價值的一位。忠於德國這個政治造物，並不合乎我身為和平主義者的本性」。即便錫安世界協會幹部言行也不見得這麼有膽識，一則因為愛因斯坦的坦率，他從不諱談物理學領域外的見解；再者，他在準備美國大學之行時，為了演講酬勞的過度要求，而大為光火：對於募捐而言，這似乎不是有益的處理方式。

根據布盧門菲爾德的報導，聽眾並不需要擔心愛因斯坦的術語：當他講「我的同胞」時，指的是猶太人。還有另一個可能讓愛因斯坦同僚感到氣憤的問題：在國際杯葛德國物理學者期間，只有愛因斯坦得到在布魯塞爾舉辦的索爾未研討會的邀請，也答應出席。現在他卻去了美國。藉著這個辦法，他或許不只能夠推動錫安主義，更有助於促成美德科學家之間的良好關係。一九二一年三月二十七日，一行人還在汪洋大海上時，《佛斯報》便刊登了篇文章，講述愛因斯坦為耶路撒冷猶太大學募捐的任務，並以該觀點描述其美國之旅。顧及愛因斯坦的健康，妻子埃爾莎也一同前往，卻在船上和旅館分配到單人的客房。愛因斯坦需要她過濾一些不愉快的事項，並防範粉絲的糾纏。自從定情吻後的九年以來，她留下不少足跡，現在成為他的「老伴」——如他曾經抱怨的——形同家當般陪伴並照料他。

五月底，他從紐約寫信告訴貝索，那兩個月過得非常累人，卻也很值得：尤其是美國的猶太醫師們慷慨解囊。他覺得自己「確實做了些善事」，且「很堅強，無畏於猶太人及非猶太人為這件猶太事務所表示的各種異議」。愛因斯坦在紐約的「市立學院」（City College）主講了一場，當地的哥倫比亞（Columbia）大學講了三場，並在普林斯頓大學做了四場演說，且順道周遊該國，還特別受到許多猶太裔美國人的熱烈歡迎。

六月，愛因斯坦在回程時，於英國待了近一星期。在獲頒曼徹斯特（Manchester）大學名譽博士榮銜之後，他在倫敦大學國王學院（King's College）演說，會晤愛丁頓和數學家懷海德（A. N. Whitehead）及社交名士蕭伯納（George Bernhard Shaw）和霍爾登（Haldane of Cloan）子爵。後者本身寫了一本關於相對論的專書。他把愛因斯坦奉為上賓，在愛因斯坦開講前大加讚譽，說他在人類思想方面促成了比哥白尼、伽利略和牛頓更為巨大的革命。

六月三十日，愛因斯坦返回柏林後，德國紅十字會中央委員會及其理事長溫特費爾特（Winterfeldt）為他舉辦了一場隆重的活動，與會人士有總統埃伯特、維爾特（Josef

Wirth）內閣的許多閣員及柏林市長伯斯（Gustav Boess）。愛因斯坦講述自己的美英之行，尤其談到一般對德國人明顯的不友善態度。報刊上隨後出現了若干不太友好的報導。譬如《柏林日報》在描繪愛因斯坦的美國印象時，便有些扭曲：

人口上百萬的城市有不少——精神上卻相當匱乏！因此給這些人一點東西用來玩賞或空想的話，他們就很愉快……只要是流行時尚，他們都樂於從事，現在則湊巧捲起愛因斯坦風……有人跟他們講解了影響整個人生的大事，並講了一段只有憑著一小批高級學者的理解力才能加以領會的理論……理論令他們耳目一新，染上奇妙的色彩和誘人的魅力……於是人們大為興奮。

次日，愛因斯坦加以糾正，稱這種描述為「嚴重的曲解，顛倒了他的話中含意」。兩天後，即在與《佛斯報》商討之下，他表示：「一般人所顯示對相對論的極大興趣，誠然有一部分源自某種誤解，但美國及我們德國的讀者大眾均不適用這句話。」

愛因斯坦不改其志

一年後，大眾對愛因斯坦相對論的著迷，令蘇黎世教授博特（E. Bovet）感到有趣。

「這純粹是附庸風雅嗎?對待洋學者的禮貌?或者可以解釋成，人們意識到自己世界觀中的深刻變化?」博特寫信請教幾位知名的科學家，包括愛因斯坦、魏爾和郎之萬。一九二二年六月，愛因斯坦回信表示，相對論不過是「物理—因果世界觀」基礎之改良和更動，「並無根本觀點的改變」。這種措詞顯示愛因斯坦的保留態度，甚至在公眾對其成就感興趣時，也似乎不為所動。話說回來，從一般大眾難以理解的理論內容觀之，逐漸成為焦點的，卻不是他的相對論，而是**他本身**。儘管愛因斯坦本人廣受喜愛，卻依然謙虛為懷，待人接物不失友善，保持愉快自在。當然，他也享用自己的聲望，這聲望為他打開不少扇門，甚至跨越了階級，開啟了比利時國王與王后的宮門。為此他得在更衣室中試穿，穿著討厭的黑禮服，甚至燕尾服，卻不完全屈從這些規矩。謝斯勒伯爵指出:「儘管態度極為謙虛，黑禮服竟搭配繫鞋帶的靴子，愛因斯坦依舊望之儼然。」我們可以從兩種行為方式，考察愛因斯坦的世界聲望對他本人的影響，即他大方地接受餽贈及他與世界輿論的應對。兩種我們均將談及。只不過，他從來不能理解，身為第二位太陽「王」是怎麼回事。

8

對愛因斯坦及其理論的圍剿

Die Hatz auf Einstein und seine Theorien

威瑪共和初期，政治情勢相當不穩定。依照凡爾賽和約，軍隊必須縮減成十萬人，但營區裡的人員，卻仍然有四倍之多。既然面臨解職的命運，指揮官及部屬免不了採取政治手段。一九二〇年三月十三日清晨，海軍少校埃爾哈特（Ehrhardt）率領義勇軍—海軍旅約五千名，由附近駐地德柏里茲（Doeberitz）行軍至柏林市，佔領政府要地及重要樞紐。他們在途中大概唱著這樣的歌曲：

鋼盔鐵十字，
黑白紅腰帶，
埃爾哈特旅，
大時代雄才。
……
埃爾哈特旅，
出手多迅速，
倒楣呀倒楣，
你這勞工豬。

卡普政變（Kapp-Putsch）已經開始，在及時預警下，政府和總統得以撤守，逃到斯圖加特。自任為總理五天期間的卡普（Wolfgang Kapp），曾為祖國黨（Vaterlandspartei）黨員，停戰後成為德意志國家民族黨（Deutschnationale Volkspartei）中央委員會的東普魯士代表。一場由工會發起，並至少部分由社民黨、獨立社民黨及共產黨共同支持的總罷工，加上多數政府高層拒絕與卡普合作及帝國銀行緊縮銀根，使得這場軍事政變隨即流產。進退失據的海軍旅士兵，在布蘭登堡門前射殺了十二位示威勞工。武裝的工人隊伍和突然掌權的國軍發生械鬥：軍方在〔市東南〕克佩尼克成立臨時軍事法庭，處死一位勞工領袖和十名工人。

左翼勢力也設法在魯爾區、德國中東部圖林根（Thueringen）和德國東部的薩克森（Sachsen）暴力奪權，在慘烈的鬥爭後遭到壓制。當中類似辛德翰（Schinderhannes）的「梟雄」，即工程師赫爾茨（Max Hoelz），因種種暴力行為被判處終身監禁，後來在一九二八年得到特赦。愛因斯坦覺得這個人的生平回憶錄《由白十字到紅旗》很有可讀性。一九二〇年六月，弭平政變後的國會選舉，顯示右派和左派政治勢力持續激化：聯合政府的黨派，即社民黨、中央黨（Zentrum）和德國民主黨（Deutsche Demokratische Partei）已失去多數優勢。相對地，民族—保守傾向的德國人民黨（Deutsche Volkspartei）在國會的席次卻增加一倍。更為急進的左派，還令獨立社民黨議員數量成功增加近三倍。「斯巴達克派」、共產黨人和社民黨人之間的意見分裂，對威瑪共和的存續產生致命影響。急進左派絕不放棄以暴力手段建立蘇維埃共和國。至於他們「背叛」社民黨的指控有多強烈，可見之於布萊希特指責總統埃伯特的一首四行詩，不過這是在後來流放時期寫下的：

我是製鞍匠，幫地主老爺們
重新搞定騎具。所收的酬勞
輾轉來自窮人口袋的分文，
要不要也拿我這走狗問吊？

當我們看看格羅斯一九三三年三月的言論時，便對照出前一觀點的片面性：「令某些人士憤恨不平的是，為何數以百萬的共產黨人這時卻動彈不得……而任希特勒為所欲為。現在當瓷器店成為碎片堆時，第三國際也將再次為我們提出中肯的分析。這場德國工運確實有若干悲劇因素（譯註：所謂「背叛」似指社民黨為了「地主」犧牲了「窮人」；「瓷器店」似指經不起衝撞、考驗的共和體制）。」

一九二〇年時，由事件和報刊報導觀之，對愛因斯坦的激賞及對他的激憤，均達到高潮。不只有物理學者和自然科學家，甚至國家民族黨的民族保守陣營的政治積極份子，都想把愛因斯坦這顆「流星」據為己用。由於多數物理學者均固守天真的信念，以為學術和政治必須且能夠嚴格劃分，因而特別容易受到政治的操弄。在某位不知名人士的精心策畫下，柏林反愛因斯坦相對論運動於焉形成。社會上早就有各種不同的反猶主義，而柏林則比德國各地來得溫和。在反愛因斯坦運動中，這種反猶主義扮演某種角色。然而，假使全以這種觀點來解釋，卻過於片面。

柏林反愛因斯坦運動

愛因斯坦覺得，部分報刊對他的注意實在過多：他向貝索表示，自己「受到過度推崇的許多折磨」。現在這種情形無異於媒體在消費他。一九二〇年夏，柏林出現一個學會，名為「德國自然學者維持純學術工作協會」（Arbeitsgemeinschaft deutscher Naturforscher zur Erhaltung reiner Wissenschaft e.V），邀請大家參加八月二十四日「晚上八點於愛樂大音樂廳」的講演，由魏蘭（Paul Weyland）先生主講〈愛因斯坦相對論——一種科學的群眾暗示〉及由格爾克（E. Gehrcke）教授主講〈對愛因斯坦相對論的批評〉。九月二日，節目單上的演說是布拉格大學克勞斯（Oskar Kraus）教授的〈相對論與認識論〉及柏林大學格拉澤（L. C. Glaser）博士的〈反駁愛因斯坦廣義相對論的物理學見解〉。接著還有其他許多晚會活動。前面提過，格爾克是優秀的實驗物理學者、反相對論的死硬派，但魏蘭是何方神聖呢？

魏蘭自稱工程師。一九二一年時，他至少還是工作協會的主席：他公務和私宅的地址，均在柏林北邊的斯塔旺傑街（Stavanger Strasse）。身為國家民族黨的積極成員，他屬於民族——種族派系，主張排除猶太黨員。魏蘭設法把各種極右的反猶團體結成「德意志民族同盟」（Deutschvoelkischer Block）。他為柏林保守—民族主義報社《德意志報》（*Deutsche Zeitung*）招徠讀者，又是對抗共和政府，主張恢復君主制的「正派同盟」（Bundes der Aufrechten）盟員。由於魏蘭認為國家民族黨在「猶太問題」上太過寬容，便在反愛因斯坦運動的那一年創辦《德意志民族月刊》（*Deutschvoelkische Monatshefte*）。在刊名之下的鐵十字當中有句標語「in hoc vinces」（原註：即「憑著這個〔標誌〕得勝」），邊框的字樣是「恢復王朝！回歸德國風俗！追求德意志民族國家統一！找回德意志本色！」該雜誌的創刊號卻也是停刊號。魏蘭也在由「全德意志聯合會」為反猶宣傳而成立的「保防同盟」（Schutz-und Trutzbund）集會上講話。工作協會會名中的「維護純學術」即表示該會宗旨：「追求德國學術無猶太雜質……進而致力於對抗自身行列中的猶太精神。」這種宣告到一九二一年出才出現：愛樂廳的活動節目單讀來並無關痛癢，只有一些地方詞不達意，即「德意志民族（應該）要避免讓大受若干圈子讚揚的學者，憑著半生不熟的看法在學界造成騷動……而有所誤導」。

所以說，魏蘭相當老練地藉著柏林愛樂（Berliner Philharmonie）的活動，掩飾自己的仇猶態度。他當時表示，他的目的並非以特定的數學觀點批評愛因斯坦的相對論，而是「想探究一下廣義相對論何以能在特定時間內引起大眾的騷動」。愛因斯坦受到部分魏蘭稱之為「愛因斯坦報刊」的報刊不斷褒揚，他們還過度詮釋了日蝕觀測的結果。最後他認為，這種「愛因斯坦發想」形同「達達主義者的混亂思維」：「當一種運動伴隨這種科學達達主義而形成，且其目標在於啟發大眾關於愛因斯坦相對論的學理時，便不會令人感到驚訝了……」魏蘭的言論刊登在柏林的工作協會一九二〇年發行的第二期雜誌上，更在報刊上寫了一連串反愛因斯坦運動的評論。格爾克的演講刊登在第一期，題目卻是魏蘭自己預告過的：〈相對論——一種科學的群眾暗示〉。格爾克的講稿事先早已印好，據《自由日報》（*Die Freiheit*）的報導，跟鐵十字徽章一樣擺在音樂廳入口販賣。另有一篇附上許多測量值表格，關於比熱的長篇論文，作者是柏林NW 21區普里茨瓦克街（Pritzwalkerstrasse）八號的工程師，資深物理學者梅韋斯（Rudolf Mewes）。這篇專業文章主要探討加熱、冷卻、氣體壓縮、空調設備及內燃機等領域，而非物理學問題。威偉格出版社（Vieweg-Verlag）編輯部在諮詢過幾位評審後，決定不刊登這篇文章：理由是「比熱領域僅片面顯示作者的觀點」，「幾乎未曾論及近二十五年的多元發展」。據說，早在一八八九年三月，梅韋斯便在柏林物理學會的一項報告中發表過類似愛因斯坦的構想。他的見解不容質疑：「相對論的觀念……得自純德意志學者，亦即多普勒（Christian Doppler）、威廉・韋伯（Wilhelm Weber）及梅韋斯，而非起自猶太教授與共產黨人愛因斯坦博士。」

在魏蘭和格爾克的反愛因斯坦晚會上，愛因斯坦和一位繼女正舒服坐在包廂專心聽講，能斯脫也在場。儘管愛因斯坦在聆聽時「極為鎮定，有時甚至微笑」，經歷恐怕不甚愉快。會後，柏林自由中庸傾向的報社均刊登文章，反駁魏蘭等人的指控，計有〈對愛因斯坦的攻訐〉（《柏林日報》）、〈反愛因斯坦鬥爭〉（《佛斯報》）、〈對愛因斯坦的鬥爭〉（《前進報》），及較具反諷意味的〈一位愛因斯坦「專家」——反相對論鬥爭〉（《八點晚報》〔*8-Uhr-Abendblatt*〕）。兩天後，柏林的《每日綜覽》（*Taeglische Rundschau*）刊登了愛因斯坦同仁勞厄、能斯脫和盧本斯聯名發表的評論〈連其（原註：即愛因斯坦）學術人格都加以惡意攻訐〉，表示遺憾。他們強調，即便不談愛因斯坦的相對論，「他的其它研究仍確保他在我國學術史上的不朽地位」。此外，愛因斯坦「在尊重國外的精神財產、個人的謙卑及不事張揚方面，更是無與倫比」。於是，「小人物」魏蘭便達到目的：吸引了輿論的注意，接近了第二項目標，亦即為自己的幾個小團體吸收新的成員。

愛因斯坦覺得遭到鄙視，便寄了一份有著反諷標題〈我的答覆：談反相對論公司〉的較長說明給《柏林日報》。他指出，這個向政府立案的協會是個以營利為目的的社團。拿魏蘭來講，他既無恆產，也沒終身職位，所以他的活動方向完全正確。然而，當他首度論及反猶主義，而以之為背後的動機時，便讓對手有了打擊的機會：「我很熟悉這種情況，即兩位演講者不值得費筆墨答覆。因為我有很好的理由相信，這種作為乃出於有別於追求真理的動機（只要我不是懷有自由信念的猶太人，而是戴著或未戴十字動章的民族主義者，那麼……）。」愛因斯坦臚列了理論物理學及數學十位權威的名字來佐證他的理論，詳加反駁格爾克的異議，也順帶把萊納德當成對手，因為他指責他為反相對論陣營中「具國際意義的」物理學家：

我推崇萊納德為實驗物理學大師；然而，他在理論物理學上並無建樹，對廣義相對論的反對意見之淺薄，至今仍讓我認為不必為此詳加答覆。

在答覆末尾，向來自視為瑞士人的愛因斯坦，似乎也透露了些德國味，他表示：「當國外人士看到，該理論及其提出者連在德國本地都遭到這種誣衊的話，這會給他們……留下詭異的印象。」

反對活動期間，萊納德正撰寫一篇文章，魏蘭卻未徵得其同意，便在節目單上將他列為下批演說者之一。直到反愛因斯坦晚會，萊納德尚未就狹義相對論發表任何不當的批評，當時他的政治傾向已屬全德意志聯合會。生氣的萊納德設法透過索末費爾德轉達，向愛因斯坦要求一份**公開**道歉函。愛因斯坦便以信簡，透過同事，即德國南部弗賴堡（Freiburg）大學的希姆施泰特（F. Himstedt）和普朗克，把這份聲明轉交給《柏林日報》：「愛因斯坦先生對他在自己文章中的指責涉及了他所敬重的同儕萊納德先生，委託本報代他表達深深的歉意。」

魏蘭似乎覺得，愛因斯坦的報上答辯已差強人意，未再把握機會據理力爭，只以反猶主義當擋箭牌。然而，在《柏林報》（*Berliner Zeitung*）九月三日刊登了他署名「反愛因斯坦文人」為反愛因斯坦運動可能的演說者所寫的說帖時，隨即露出馬腳。他在信中用金錢引誘這些人：「**這件事將讓您獲得一萬到一萬五千馬克的酬勞**。」愛因斯坦藉著答辯文章來摸清魏蘭事件底細的用意，表明在他一九二〇年九月初致博恩的信中：「一個人總得在某個時候向愚蠢祭壇獻上自己的祭品……我用自己的評論徹底做過了一遍。」某位機智的朋友向愛因斯坦保證，所有針對他的事情均是宣傳：「而最新、最老練的花招便是魏蘭公司。」不言而喻，愛因斯坦及其猶太男女同仁在反猶主義方面非常敏感。麗莎．邁特能在寫信給哈恩時，就柏林愛樂「具有排猶背景的反愛因斯坦演說」表達了自己的感受，即德國人乏善可陳，「實在可以稱之為某種劣根性。莫非隨著身為裁判長的格爾克先生出現，宗教裁判所即將復活了嗎」？

非自然科學界也向愛因斯坦伸出援手，包括演員莫伊西（Alexander Moissi）、劇場總監賴恩哈特和小說家阿諾爾德．茨威格，他們為「全德圍攻」愛因斯坦感到憤慨，並向他擔保「在同情所有自由人的真正國際信念下」，「這些人為您的參與感到自豪，您是世界學術的領導者之一」。一九二〇年九月初，德國駐倫敦大使施塔莫（Friedrich Sthamer）緊急彙報，說英國報刊複述德國強烈抨擊愛因斯坦的消息，甚至取得一項訊息，即愛因斯坦有意離開德國，前往美國。「就當前的德國而言，愛因斯坦教授是一流的文化要素……這種真正有助我們文化宣傳的人，不該被排擠出德國。」一如愛因斯坦九日寫信告訴博恩，他所想的，其實是「在抨擊的第一時間」逃離現場。

七日時，除了上述的支援，普魯士課程部長黑尼施也在公開信中勸慰，為愛因斯坦所「代表的學說在輿論界成為……惡意攻訐的對象，這種誣蟻中傷，連您的學術人格都不放過」，「深感心疼與羞恥」。黑尼施希望，愛因斯坦可能離開的傳言不是真的，請他不要離開柏林，「柏林現在和將來均以您為榮，把您，最敬愛的教授先生，看成其學術的第一道光環」。愛因斯坦即時回信給黑尼施，表明「柏林是我經營最多人際和學術關係的地方」。他只有在「外部情況的迫使下」，才會接受國外的邀聘。這個情況發生在一九三三年。給黑尼施回信後，愛因斯坦寫信向博恩表示近期個人的具體計畫：「想做的是，買一艘帆船和柏林郊區湖邊的一間小別墅。」他和這個城市與周遭的湖泊和森林一定有過某種感情。要是他在插科打諢的韻詩之外，還能寫下一首〈柏林頌〉，那麼當中的氛圍肯定和戈爾（Yvan Goll）所描寫的都會形象大異其趣：

即便夜空中大熊星座的汗滴，
也不會比柏林這隻行星上的熊更為塵世。
如同我回顧古代，
陰間也浮現公車和野牛、

滿是電晶體的喇叭，和在肯平斯基烤焦了的大腦。（譯註：熊是柏林的市徽、吉祥物；肯平斯基〔Kempinski〕即豪華的阿德龍酒店）

令愛因斯坦感到愜意的地方，倒不是肯平斯基酒店，而是格魯內森林、萬湖或是在哈韋爾河（Havel）上駕帆船（譯註：哈韋爾河是由北向南流穿柏林西邊，擁有近二十個湖泊和包含施普雷河在內四條支流的大河）。

巴德—瑙海姆的講演戰

在公開答覆魏蘭和格爾克的反愛因斯坦晚會時，愛因斯坦邀請「任何敢於面對學術論壇的人」參加他所推動的，一九二〇年九月於德國南部巴德—瑙海姆舉辦的自然學者「相對論研討」大會。自大戰以來，這是第一場如期舉行的德國自然學者暨醫師大會。當中聚集了一些學會，譬如德國物理學、數學及技術物理學等學會。格爾克在一場原子及分子物理學研討會上，講演氫光譜線〔瑞士數學家〕巴耳末線系（Balmer-Serie）的結構。與會的魏蘭不得不保持沈默：他在學術方面缺少必要的專業知識及判斷能力。據魏爾指出，相對論研討會是在數學學會的提議下定案而分成兩天的。在第一天，魏爾本人講解他結合電場和重力場的統一場論，接著有理論物理學者米伊（Gustav Mie）、勞厄及波昂大學理論物理學者格雷布（Leonhard Grebe）的演講。格雷布嘗試把愛因斯坦所預測的光譜線紅移，藉著太陽分子光譜加以測定。他和巴赫姆（Albert Bachem）共同進行的氮光譜測定，卻未得到決定性的成果：不過，愛因斯坦認為，這已證實了他的理論，這是他在跟貝索通信時說的。

在這些講演及其簡短研討後，則是先前預告的「總辯論」，由此導出了兩篇**半官方**的報告，一篇是一九二〇年《物理學雜誌》（*Physikalische Zeitschrift*）中兩頁不太嚴整的總結，一篇是後來一九二二年魏爾在《德國數學家研究會年鑑》（*Jahresberichte der deutschen Mathematikervereinigung*）上的四頁評論。另外，在《前進報》和《柏林日報》當中的有關報導，也相當客觀，不具戲劇張力。格爾克在他《相對論的群眾暗示》一書中，引述了《科隆報》（*Koelnische Zeitung*）九月三十日的報導：「在愛因斯坦和知名海德堡物理學家萊納德之間公開的意見交換，令人印象深刻……萊納德和愛因斯坦之間，並未達成共識，隨後還有其他演說者贊成（如博恩教授）和反對（布達佩斯〔Budapest〕大學保拉吉〔Palagyi〕教授）相對論，導致其他演講順延。一如會議主席，即知名的柏林大學物理學家普朗克指出：『由於相對論研討目前尚未能結束，研討結束時間必須由九點延至下午一點。』」

這場學術研討爭辯了什麼呢？萊納德提出反對**廣義**相對論的三項理由：**第一**，就物理學的理解而言，以太是不可放棄的，而現在愛因斯坦又再提出這項放棄的主張；**第**

二，就剛體旋轉觀之，廣義相對論應該容許**超**光速；**第三**，相對論只適用於力與質量成正比的情況。若要適用於任何的力，就必須導入假設性的，亦即不是透過物質產生的重力場。前兩項異議顯示，萊納德對廣義相對論的了解尚未相當深入。**物質實體**的以太是不必要的，但這個詞若就閔可夫斯基無物質空間的度規意義而詮釋成**度規規範場**時，則又變得必要。歐幾里德幾何意義下的剛體，既不可能存在於狹義相對論，也不可能存在於廣義相對論裡，因為它們本身會產生瞬間的遠距作用。萊納德的第三項異議有實質內容，這是魏爾隨即表示的。因為愛因斯坦引力論裡的重力位能，並不能完全經由物質來決定，和愛因斯坦原本的預期大相逕庭：**邊界條件**也很重要，這就需要用微分方程式加以解決。在愛因斯坦場方程以數學界定的跨領域答案中，是**沒有物質**的，這顯然意味著，以度規關係為形式的空間能夠**獨立**於所有物質而存在：於是，在愛因斯坦引力論中，牛頓的空間觀壓倒了萊布尼茲的空間觀。

從前述柏林愛樂的事件來看，包括愛因斯坦等的當事人，肯定均極為激動。愛因斯坦寫信告訴博恩，他不會再像在瑙海姆時那樣被人激怒，萊納德則退出德國物理學學會，禁止該會會員進入他的辦公室，算是徹底決裂。至於社會大眾方面，投入言論自由和宗教寬容的人，遠多過學界為相對論而爭執的人。一九二一年，和他同姓的卡爾．愛因斯坦出版了具有挑釁意味的劇本《噩耗》，追究耶穌受難的社會背景及其始作俑者。「掌權的」社會階層認為這是種冒犯：神學和法學界人士提出告訴，成為威瑪共和時期第一樁瀆神的大訴訟。卡爾被判處一萬五千馬克的罰鍰。

當時像麗莎．邁特能等來自柏林的與會人士，還得自行攜帶那一週的**差旅麵包券**。這項事實顯示，即使戰爭結束了兩年，糧食供應狀況依然惡劣。許多物品仍舊需要配給或已經買不起。一九二〇年十二月，四口之家的每週最低生活收入是三百二十七馬克，一個砌牆工卻只賺得三百一十二點八馬克。而在柏林，一公斤豬肉賣價將近四十一馬克。同時，柏林中央養畜場還持續為協約國供應羊、馬、牛隻，抵償部分戰爭賠款。當市政單位販售每磅賣價六十八馬克的奶油，引起搶購熱潮時，還得出動警力維持秩序。一九二〇年四月，當玻爾離開中立的丹麥，前往柏林講演並拜訪愛因斯坦時，禮品中還有**奶油**。柏林人均感受到生活尚未恢復正常。例如，某診所候診室中有塊告示牌寫著：

敬告患者：

由於煤炭短缺，

請每位問診者各帶一塊煤磚，

以利候診室取暖。

醫學博士華葛納（Wagner）敬啓

愛因斯坦生命受危及？

若干敘述講到，一九二〇年八月柏林反愛因斯坦晚會將要結束時，一位學生朝著愛因斯坦大喊「大家應該勒死這個猶太人」。由於這種事發生在不同的地點和時間，便無法有明確的解釋。難道愛因斯坦的生命，會像一九二〇年的李卜克內西和盧森堡，及一九二二年的拉特瑙一樣受到威脅嗎？有條較為具體的單一線索，出現在尼古拉《羅曼．羅蘭的宣言及德國的回應》小冊的註解中：「並非所有人都像報界人士萊比烏斯（Lebius）先生那麼極端，前一陣子，他要求德國同胞把愛因斯坦——亦即那位目前令世人羨煞德國的獨特人物——直接射殺（這種教唆謀殺，竟然只讓嫌犯罰鍰了事）。」由於愛因斯坦在政治上參與的，是極少數和平主義者的活動，很少跟政治或經濟利益有瓜葛，加上本身天才的保護光環，所以直接的危害被視為不可能。

不過，這裡也有項類似玩火的行為：先是八月二十七日的《前進報》，接著是九月二日的《猶太人報》（*Israelit*），刊行一首嘲諷反愛因斯坦群眾的詩〈圍剿愛因斯坦〉，化名摩魯斯（Morus）的執筆者大概是烏爾施泰因出版社猶太裔經濟專欄作家萊溫松（Ludwig Lewinsohn）。後來還有註解者將本詩誤認成反猶詩歌。在此僅摘錄如下：

嘿嘿，赫赫，

這愛因斯坦是猶太人！

給我滾下講台，去搞皮革買賣！

……

第一位圍剿教授：日耳曼同胞，有人膽敢給我們

猶太人的理論。

操著猶太德語夸夸其談，

還讓時間在空間中消散。

這是在否認「大時代」，

對我族類，更無同感。

……

第二位圍剿教授：猶太共和國滾邊去！

我們提倡民族物理學。就算數學

也以民族利益為依據。

管他積分、微分，要緊的是民族自覺！

……

穿著三色國旗服的學生合唱：

擺脫廉價的
讀書癖！
不拘時間來
啤酒祭。
槍殺無產階級！
這是亞利安人的脾氣（譯註：亞利安人〔Arier〕即所謂純種德國人）。

即使愛因斯坦面臨危險，也絕不是起自魏蘭及其徒眾。一九二一年秋，魏蘭緊接著愛因斯坦前去美國，設法在斯堪地納維亞鼓動學者們反對他。到了愛因斯坦獲得諾貝爾獎，魏蘭對付他及其相對論的興致，便似乎大減。他開始投靠納粹，後來成為衝鋒隊參謀長（SA-Fuehrer，SA一譯褐衫隊），卻因詐欺和貪污引起國內外注意。一九三六年，他被褫奪公權，一九三九年再回到德國時，遭到逮捕；一九四〇到四五年間在慕尼黑達豪（Dachau）和法蘭克福薩克森豪森（Sachsenhausen）集中營苟且偷生。早自一九二一年二月，格爾克就和魏蘭保持距離，萊納德則形容他是「戰後革命大城市所產生的許多不可靠類型之一」。

「拉特瑙遭謀殺！大家做好準備！」社民黨機關《前進報》以特刊發布消息，一九二二年六月二十四日，中午搭著無車頂車子的外交部長在格林瓦德國王林蔭大道（Koenigsallee）和瓦洛特街（Wallotstrasse）交會處遭到衝鋒槍與手榴彈襲擊。這是民族主義的「領事」（Consul）及類似地下組織，即一九二一年八月刺殺天主教中央黨政治人士埃茨貝格爾（Matthias Erzberger）的人所為。七月四日，社民黨和共產黨共同在威廉皇帝紀念教堂前，進行一場大型抗議示威，有七十萬名參與者：馬里克出版社還在「資產階級鬧區」的「浪漫咖啡館」正前方懸掛兩大塊標語牌：「爭取勞工席次！」和「赤色共和萬歲！」

前一次埃氏遇害時，愛因斯坦並未有任何表示，看來這次他真的感到害怕了。七月七日，他寫信告訴普朗克，他得到一些預警，表示他屬於民粹組織所策畫的暗殺對象族群（譯註：埃茨貝格爾和拉特瑙均是猶太人）。他並沒有確實的證據，但還是想暫時避開大眾。愛因斯坦停掉在該年夏季學期每週二下午五到七點在一二二號大教室的課。這種危險性有多大，難以判斷。八月五日，《柏林日報》發布一項消息：「愛因斯坦取消自然學者會議：被暗殺組織列入名單。」八月十二日，《卡塞爾大眾報》（*Casseler Allgemeine Zeitung*）宣稱，根據「柏林相關單位」的消息，所謂暗殺組織把愛氏也列入的名單「在警方調查下未獲結果」。這項威脅卻在國際報刊上得到迴響。連柏林醫師暨和愛因斯坦共同執筆的作者漢斯．繆撒姆（Hans Muehsam）更加出名的弟弟埃里希（Erich），也得知此事。身為作家的埃里希，由於涉入慕尼黑蘇維埃政府一事遭到監禁。他在日記上寫著：「愛因斯坦儘管擁有應邀到世界各地講學的國際聲望，在自己的『祖國』卻朝不保夕。他是猶太人與和平主義者——因而在這光輝的共和國裡，性命遭到威脅。」一九二四年六月，愛因斯坦在謁見當時的總理威廉·馬克思（Wilhelm Marx）博士時，提議釋放埃里希。

一九二二年夏，愛因斯坦有了個離開柏林一週的機會，到基爾參觀「安許茨股份有限公司」（Anschuetz & Co. G. m. b. H）。七月一日，他由柏林發出通知，將於五日抵達基爾，且有妻子埃爾莎陪同。所以，三日時出版家哈登（Maximilian Harden）遭到反猶份子襲擊，便不可能是促使愛因斯坦前往基爾的因素。拉特瑙遇害後造成的不安，使他考慮在基爾買棟別墅而迴避柏林。此外，公司老闆安許茨（Hermann Anschuetz-Kaempfe）也為他準備了一間以花園階梯通往水邊的度假屋。要是愛因斯坦越不怕，埃爾莎擔心得就越多。十年後，她在給安東尼娜·瓦倫丁（Antonina Vallentin）的信中表示，拉特瑙遇害後，她說服愛因斯坦離開柏林，前往荷蘭。他到現在還不曉得「當時我請人在他搭火車前幾個鐘頭，就在車站看守，並讓兩位魁梧的小伙子護送他到荷蘭，在同一車廂隔間」。

共和國設法利用法令，後來則以〈保衛共和國條例〉加以防範。普魯士內政部長澤韋林（Carl Severing）解散了全德意志聯合會和「鋼盔」（Stahlhelm）團等民族主義團體，宣布將清理歷任帝國時期一味敵視共和的官僚。總理維爾特（Josef Wirth）博士在國會中點出當時的情勢：

為自己不幸的祖國，我們將以謙卑和耐心尋求自由的道路。因此，所有人均應加以聲討，以求最終瓦解德國這種槍殺和毒害的氛圍。就在惡魔給我族的傷口滴下毒液的地方，敵人出現了，他分明就站在——右邊。

萊比錫自然學者大會

報界及在德國物理學學會言論優先權的鬥爭，並未隨著「相對論者」在巴德—瑙海姆的優勢而告終。一九二一年九月夏，一場在德國東部耶拿（Jena）的德國物理學學會大會上，沒有一位相對論領域的一流學者發表見解。直到一九二二年，支持愛因斯坦的物理學者，才有機會再度強調其理論的重要性，且是在九月萊比錫「德國自然學者及醫師百週年紀念大會」會上。普朗克本來想請愛因斯坦講演〈物理學中的相對論原理〉，拉特瑙事件後，愛因斯坦推辭，而由勞厄代理。

對於大會策畫者給相對論安排的份量，令萊納德頗不以為然。他和包括格爾克在內的十八位反對愛因斯坦相對論的學者，在報上提出連署聲明，還印製傳單在會場入口分發。單子上反對「把相對論講述成當代科學研究的高峰」，而由「**連署的物理學家、數學家和哲學家提出明確的抗議**……當一種易被駁斥的理論，被以草率的叫賣方式進入業餘圈子時，就被認為有違德國學術的嚴整和尊嚴」。在大會舉行的同時，據說愛因斯坦影片的宣傳活動，在萊比錫街上的廣告欄「以偌大版面」進行著。這場不再由魏蘭之流的小人物，而由公認的專家發起，把戰場從物理學內部的議論空間，推進到輿論市場的對抗活動，儘管在報界得到一時的迴響，卻阻擋不了相對論在物理學界逐漸獲得認同。一九二一年宣布，隔年晚秋頒給愛因斯坦的諾貝爾物理學獎，更令假道學們啞口無言。後來誠然也有若干反相對論的大小文章，如一九三一年有著令人肅然起敬的題目《上百位作者反對愛因斯坦》，卻觀點狹隘的小書，都不過是雷聲大雨點小的事件。

一九二二年十月，為祝賀大作家豪普特曼六十大壽，在克羅伊茨貝格（Kreuzberg，一譯十字架山）市中心的科藤納街（Koethener Strasse）貝多芬廳（Beethovensaal）舉辦的慶祝會上，托瑪斯・曼（Thomas Mann）在〈談德國共和〉演說中，終於和自己的〈一位非政治人的觀察〉一文劃清界限而認同共和：「無論我們願意與否，這個國家——是我們的，交到我們每個人手裡：這成了我們得好好去做的事情，這正是共和國——而非別的什麼。」一九一八年十一月，當他兄長亨利希（Heinrich）面對「精神勞工委員會」講話時，便已有所超越：「我們希望，現在我們的共和國也能保有共和主義者，儘管這個體制目前仍是敗戰的意外餽贈。我們所謂的共和主義者，既不是資產階級，也非社會黨人……我們所指的共和主義者，是以理念高過利益，人權高過威權的人們。」

9

黃金年代

通貨膨脹後、經濟危機前的世界都會柏林

Weltstadt Berlin
Goldene Jahre zwischen Inflation und Wirtschaftskrise

普魯士政權垮台後，政治局面複雜且不穩定。儘管有民選的議會及其所支持的多數黨政府，軍界和官僚卻以舊「幹部」為主，他們排斥共和，或頂多表面上支持。有十幾個重要政黨，全不是為了共和而運作。一九二〇年，凡爾賽條約生效，萊茵州被分成幾個區域，佔領時間五到十五年不等。原本懷抱開疆拓土夢想的民眾，如今卻面臨大片領土割讓，背負鉅額戰爭債務，把和約理解成屈服與背叛，滿懷報復與仇恨的情緒。較之於威瑪共和初期的民生凋蔽，一九二四到二九年間，算是政治經濟**相對**穩定的時期，有所謂「黃金二〇年代」的美譽。

「晦暗沮喪期的痛苦之城哪！」

在邁入「黃金」年代之前，一九二三年瘋狂的通貨膨脹，讓廣大的中產階層陷入貧困（原註：本節標題引自表現主義詩人貝歇爾〔Johannes R. Becher〕關於柏林的詩）。美元對馬克兌換率的變化，反映在柏林電車的單程票價上：八月一日就到了一比一萬，九月一日到達一比十五萬，十一月十五日甚至到了一比三百億。這種幣值狂貶始於一九二一年到二二年間。當時聯軍施壓，要德國清償一千三百二十億金馬克的鉅額賠款。一九二三年元月，比利時與法國軍隊進佔魯爾區。德國人這場以罷工和消極對抗而進行的「魯爾鬥爭」，在具有紳士風範的漢堡—美國航線總經理庫諾（Willhelm Cuno）擔任總理時達到顛峰。政府設法確保勞工和公務員的給養和薪資支付，每日就須四千萬金馬克的費用。不足的錢，就靠加印鈔票。一九二〇年起，擔任威廉皇帝學會主任祕書的格盧姆（Friedrich Glum），用轉匯方式處理了薪資支付，「大學教授們卻必須到學校會計室領錢，他們是帶著行李箱和布袋去的。我還清楚記得，樞密顧問普朗克，即後來的學會會長，還跟我在大學門口相遇，他扛了一整袋一紮紮的鈔票。」十月，兌換率飆高到一比四百億，柏林官方最高牌價竟然到達二點五二兆，在國外交易所更超過四兆。國內價格隨之攀升，工資卻跟不上。通貨膨脹尖峰期間，價格必須每日調整。市南西區的施特格利茨御花園戲院（Schlossparktheater）櫃台的價目表是這樣的：

門票價格

為了同時顧及
調漲和觀眾利益，
目前的票價：
最低票價為兩顆蛋，
最高票價為一磅奶油
的每日價格。
戲院管理處敬啓

七月，週刊發行人格拉赫的評論表示：「大眾的生活水準降低，馬鈴薯和肉類也嚴重短缺。主婦們為了區區幾公克的人造奶油，得在店家前排數個鐘頭的隊。民怨逐漸沸騰，到處出現罷工，且有總罷工的威脅。共產黨人開始站穩腳跟。」柏林市設立賑濟站，每天有飢民大排長龍領餐。《柏林日報》聯同基督宗教組織救世軍（Heilsarmee）發起「大眾供餐」募款活動：「您為炊事的付出，神會回報的。」——「捐得越多，對飢民幫助越大。」局勢之艱困，尤其德國東部薩克森（Sachsen）、德國中東部圖林根（Thueringen）和巴伐利亞的暴動，促使政府於一九二三年九月宣布全面戒嚴。軍隊鎮暴的指揮權，現在掌握在澤克特（von Seeckt）將軍手上。十月十六日，《柏林日報》報導如下：

> 上午十一點鐘，男士、女士和青年在此結成不計其數的人群，試圖強行進入議事堂，達到降低食品價格，甚至提高失業津貼的目的。當局著實費了些功夫才封鎖廳堂大門……所有道路交通中斷，市東整條國王街（Koenigstrasse）、施潘道街（Spandauer Strasse）至莫爾克市場（Molkenmarkt），全擠著沸騰的群眾。為了避免十分可能的搶劫，城中所有公司行號（不消說，也包括商店）均暫停營業。由於警方無法用和平方式驅散激動的群眾，便使用了武器。

於是，十月間，國會通過「授權法案」，授予政府全權，以頒布法令規章的方式，採取各項經濟、財政和社會措施，必要時，甚至得以忽視人民基本權利。這種因應變局的條例，導致國社黨人一九三三年掌權。

一九二三年十一月中旬，由於斯特萊斯曼政府及其貨幣全權代表沙赫特（Hjalmar Schacht）博士採行「地產抵押馬克」，貨幣趨於穩定。這意味著斷然的幣制措施：一美元只兌換四點二地產抵押馬克。於是，通貨膨脹末期，政府在國會同意下進行了大規模的財產分配：儲蓄的人、靠投資（如認購戰時公債）所得利息的人及領退休金者的生活頓失著落。身為醫師的德布林抱怨：「由於為一位傷兵動手術，我從柏林市健保單位收到一筆**一百萬**的匯款。就十一月三日的匯率來講……是**千分之一芬尼**。換言之，這**千分之一芬尼**便是我為傷患動手術所得到的錢。」

對許多德國人而言，相較於**中產階級**政黨的政府所實行的負擔攤分，共產黨的蘇維埃統治及財產歸公，就沒那麼可怕了。事先或是在這幾年間借貸以購買地產或有價物的人都走運了。他們得以在收入膨脹成缺少價值的數百萬元之情況下，輕易清償債務：這些債務仍停留在「馬克兌換馬克」的票面價值上。投機者大發利市。柏林人把這些典型的投機與牟利者戲稱為「暴發戶」，政府本身也是這場通貨膨脹的得益者。在普遍是非不分的情況下，這種經濟苦難並未歸咎在皇朝時期的戰爭發動者，而是怪罪於威瑪共和時期的各屆政府。

一九二四年，以美國銀行家與政治家道威斯（Charles G. Dawes）命名的德國償付賠款較切實際的計畫，得到戰勝國及德國國會的同意。美國信貸所促成的結果之一，就是確保了貨幣的穩定：於是，柏林普照著「短暫的美元陽光」。而且，自一九二二年對俄關係的正常化以來，共和國的外交情形也漸趨穩定。由於德國在瑞士洛迦諾（Locarno）條約中承諾，放棄更動西線疆界的狀態，德法關係也開始改善。在一九二三年聯合政府的第四度更迭後，一九二四到三〇年間，減少到每年更替一次。

身為市中心「腓特烈樹林（Friedrichshain）醫院」住院醫師，後來的出版商貝爾曼（Gottfried Bermann Fischer）在惡性通貨膨脹末期，對此有不甚樂觀的看法：

> 一九二三年底的柏林，是個以蓬勃朝氣擺脫戰爭和通膨陰霾，令人振奮的電氣化都市，空氣中瀰漫著新時代的樂觀氛圍。人才不斷走上台前，也次第新陳代謝。肯定當下及對過去的失憶，便是柏林的特徵，人們捲入一陣狂歡中……身為年輕醫師的我，卻免不了見識到生活的陰暗面……救護車每個鐘頭都載來這種柏林夜晚的受害者，譬如頭破血流的好鬥酒鬼，自殺未遂的人：常常源自不幸的愛情而墮胎的年輕姑娘……二〇年代前期的混亂與熱鬧背後，是社會狀況的駭人景象。

儘管面臨經濟困境，柏林市的科技現代化，仍以令人喘不過氣的速度邁進。一九二一年，柏林至萬湖的阿弗斯（Avus）公路啟用，甚至可以當成賽車道。一年後，柏林設置了第一個電話通訊轉接站，但沒有「女轉接員」。截至一九二八年，這電話網已有五十萬支電話。一九二三年十月二十九日，就有這樣的進展：德國娛樂廣播節目的首度播放，乃是由市中心的波茨坦街佛克斯大樓（Vox-Haus）電台放送到「空中」的。其中有一首德國表現主義詩人克拉邦德（Klabund）的詩：

樹林裡
長出細長筆直的鐵柱
地平線上
豎立武斯特豪森（Wusterhausen）國王的無線電塔
這裡是武斯特豪森國王電台，波長一千三百
注意，注意
詩人克拉邦德現在要朗誦自己的作品。
憑著斷斷續續的破嗓音
因為他正躺在草地上——

右耳貼緊地面
傾聽大地的脈搏
及土撥鼠的動靜
他把詩句投入空中
如同未能點燃的煙火
不會燃燒
不會照耀
嘶嘶作響掉進濕草地。

自一九二四年起，每年都有「柏林大德國廣播電台展」。一九三〇年八月，愛因斯坦在第七屆廣播「暨留聲機展」中，還主持了開幕致詞。飛機和齊柏林載客飛船，還比電磁波更早佔據領空：一九二四年，柏林－（市中東南區）滕珀爾霍夫（Tempelhof）機場被列為歐洲最現代化的航空站。

一九二五到二九年：黃金二〇年代的文化

威瑪共和時期，經濟和文化方面出現急遽的變化，如生產和服務上廣泛的**合理化過**

程，或是威廉皇朝僵化的階級制度之瓦解。亨利希・曼歡呼道：「藩籬盡皆撤除。儘管革命有點疲軟，喘不過氣，藩籬卻拆除了，各階層彼此接近。即使在鬥爭最頻繁的場所柏林，在仔細觀察下，也顯示與過去截然有別，各階層開始彼此認識。這多新穎哪！」如同傳統的菁英文化，一種逐漸盛行的「勞工教養文化」，也匯聚成不取決於出身和學歷的消費性**大眾文化**，促成的因素包括一般負擔得起的平面媒體、比劇場更平易近人的電影、在家就可以聆賞的唱片和廣播，及隨著不同職業族群而大為增加的團體運動項目。由人人得以從事的角度觀之，這過程如果可以詮釋成文化之「民主化」，則背後的動力依舊是經濟力量。

新的咒語「**週末**」（和**下班時間**同義）大為流行。在〈以「放縱的」柏林為榜樣〉一文中，我們讀到：

> 週末樂於結伴出遊的人，可以在柏林找到無數的機會。邀請愛好大自然的柏林女性到哈韋爾湖（Havelsee）之類的水邊郊遊，總能屢試不爽。考慮到這種活動中的某些違法行為，這座大都會的首飾產業還推出只要三馬克的「週末結婚戒」（譯註：似乎是幫助未婚男女在旅館登記過夜）。

一九二五年，史上第一場「週末展」，於柏林的博覽會場展開。〔柏林作家〕基奧倫

（Kiaulehn）形容為某種圍繞無線電塔的高級溫室苗圃，納入柏林人的追求裡：「新的經濟繁榮期出現……人們重新發現柏林的湖泊和河川，到處都有大大小小的週末度假區。要是買不起，就用租的，如果連貸款買一小間度假屋都負擔不起的人，至少也要租一艘小船，或是湖邊一間客房。」愛因斯坦希望在綠水旁，最好是在湖邊買一小棟消暑屋，正屬於當時的柏林風氣。

由此可見，大眾文化也有一些並非所有人都負擔得起的東西：這裡就涉及「黃金二〇年代」及其社會問題。此外，在威瑪憲法中也明列社會福利國原則，即：

> 應該為每位德國人提供機會，藉著經濟活動謀取生活所需。萬一無法提供合適的工作機會，就該補貼必要的生活費用。

在這方面，**基本上**是了無新意：不過，後來中央和地方在個別的社會工作方面，均有很大的推廣和改善。例如，一九二七年七月頒布一項重大法令，把職業介紹和失業保險列為政府的職責。但「黃金二〇年代」一詞，一般還是指戲劇、電影、輕歌劇和美術——而不是左派政黨無論如何尚未達到的新的社會成就。

要生動展示這「黃金二〇年代」，莫過於透過那些對精神和藝術風氣極有貢獻的人士。但在這麼多參與者當中，該從何著手呢？根據一九二八年某位社會觀察家的說法，

則有兩位：緹拉．迪里厄和勒妮．辛特尼斯（Renée Sintenis）

置身在柏林極現代的藝術生活中心，其中又以《橫截面》（*Der Querschnitt*）雜誌及位於市中心呂佐堤道（Luetzowufer）的弗萊希特海姆（Flechtheim）藝術沙龍為最。一位是演員，外號「白色黑女人」，高大、壯碩，容貌奇醜，卻令人矚目；一位是雕塑家，身材頎長、性格羞怯，頭形酷似羅馬少年。兩位女士不但是卓越的藝術家，更是優秀的職場女性。若干銀行經理羨煞她們的收入。

這裡所謂的「極現代」，或許相當於今日的「時尚」（in），但就這位二〇年代柏林最著名的雕塑家所塑造的運動員和動物塑像，如市徽「柏林熊」而言，其風格大概談不上「現代」。以下對各個文化領域的素描，也將以若干著名人物為主。

一切都是戲！

一九二八年十月，謝斯勒伯爵在巴黎觀賞季洛杜（Jean Giraudoux）的《齊格飛》後，在日記中寫道：「導演和戲碼均……差勁，正如《德國人》一劇的戲服一樣老套。要是從倫敦或柏林來到巴黎的劇院，會有突然置身在完全不同的低層次環境中的感覺，換言之，像是來到了『鄉下』，還把三十年前的流行型態當成最新的時尚。」謝斯勒被柏林的劇場環境慣壞了。除了此處，還有哪裡每晚有這麼多上演的劇場，哪裡有這麼多知名的導演和素養深厚的劇評家呢？當中，柏林還有五十種日報和以專欄作家為主的評論家，提供觀眾關於首演的評論。對劇作家、演員、導演和劇場造景師而言，在柏林的好評，便是成功的保證。據說，季洛杜曾於一九三一年來到柏林的萊辛劇場，觀賞自己《安菲特里昂三十八》（*Amphitryon 38*）腳本的彩排，主角有伊莉莎白．貝格娜、恩斯特．多伊奇（Ernst Deutsch），及後來遭納粹殺害的漢斯．奧托（Hans Otto）。

矮個兒、鬈髮、藍眼睛的維也納「劇場魔術師」賴恩哈特，在「大戲館」（Grosses Schauspielhaus）執導，這是個由舒曼（Schumann）馬戲場改建，擁有三千個座位的大場地。他愛好各種富麗堂皇的舞台設計，找柯林特（Lovis Corinth）、斯萊福格特和奧爾立克等畫家設計舞台背景。他的競爭對手是柏林國家劇院的耶斯納（Leopold Jessner），擅長以表現主義手法、採現代機械和影像投映的方式來詮釋古典作品。愛因斯坦曾把博恩太太黑德薇熙（Hedwig Born）的《美國之子》腳本轉交耶斯納，但應該沒有獲得採用。一九二〇、二一年間，青年皮斯卡托（Piscator）創設「無產階級劇場」，俾能「點燃革命情緒，並維持不滅」。一九二四年起，他在人民劇場導演。他在國家劇院上演席勒的《群盜》，類似巴黎公社的情境，令緹拉．迪里厄大為讚賞。在她的贊助下，皮斯卡托租用「〔市中南〕諾倫多夫廣場的大型劇院」，而有一九二七年九月三日托勒（Ernst

Toller）的《唉唷，我們活著耶！》上演。布萊希特、格羅斯和畫家哈特菲爾德（John Heartfield）也有參與，但賣座的戲碼只有《好兵帥客》，戲中利用一條舞台上的導軌，讓飾演帥客的帕倫貝格（Max Pallenberg）像是在行軍似的。

其他劇場也有轟動的演出，如一九二五年耶誕節三天前，市中心造船工堤道的劇院首演楚克邁爾（Carl Zuckmayer）的《快樂的萬貝格》。同年年初，希爾珀特（Heinz Hilpert）導演楚克邁爾的《潘克拉茲（Pankraz）覺醒了，又名鄉下人》在「青年劇場」（Junge Buehne）的早場首演。楚克邁爾的回憶如下：

> 當時座無虛席，觀眾既有愛看熱鬧的人，也有文化菁英。柏林的學術和社會名流就坐在包廂內，就我記憶所及，有愛因斯坦、政界人士斯特萊斯曼、勒妮·辛特尼斯、畫家佩西斯泰因（Pechstein）、建築家珀爾齊希（Poelzig）、埃爾瑟·拉絲珂—徐樂兒，更別說布萊希特及其他同輩。柏林的劇院經理、導演、劇作家和劇評家全齊聚一堂，甚至還有來自縣城的人。

愛因斯坦看戲，可能主要基於家庭或社會因素，或是非常吸引他的題材。一九三〇年二月底，俄國詩人馬雅科夫斯基（Vladimir Majakowski）的情人莉莉·布里克（Lili Brik）遊歷柏林時去看戲，在日記中寫道：「看了《德萊弗斯》（Dreifuss）。演員很出色！愛因斯坦坐第一排。」一九三二年十一月十五日，為了祝賀豪普特曼七十大壽，愛因斯坦所喜愛的演員伊莉莎白．貝格娜在國家劇院上演的《迦布里耶．先令（Gabriel Schilling）的逃跑》中和維爾納．克勞斯（Werner Krauss）演對手戲，飾演漢娜．伊里亞斯（Hanna Elias）的角色。政府請愛因斯坦來看戲。他還是坐在第一排，另外還有亨利希．曼、謝斯勒伯爵、銀行家西蒙（Hugo Simon）、劇作家富爾達（Ludwig Fulda）及澤克特將軍。在前皇家包廂中，也有法國和英國大使等人。謝斯勒伯爵評論道：「腳本過時了，我們不再關心這種問題。西蒙趁第一幕休息時間向愛因斯坦鞠躬致敬，詢問他的觀感時，愛因斯坦答道：『唉，這不重要！』真可說是一語道盡。」

布萊希特熬了滿久，才在和庫爾特．魏爾（Kurt Weill）合作音樂劇時，首度有了突破：一九二八年八月三十一日，《三毛錢歌劇》在造船工堤道的劇院首演，空前成功。就連嚴苛的克爾也不予惡評，甚至覺得這齣「歌舞劇」頗有趣。根據愛因斯坦的避暑屋設計師瓦克斯曼（Konrad Wachsmann）的說法，愛因斯坦並不欣賞這齣歌劇。他之所以前去觀賞，僅是因為繼女瑪歌的勸誘。他反感的原因，或許因為他不熟悉魏爾的音樂。

音樂生活

柏林的音樂生活，並不亞於戲劇活動。在三家接受補助的歌劇院外，短期內甚至出現**第四家**。自一九二五年起，夏洛滕堡的德國歌劇院由音樂家馬勒（Mahler）的弟子瓦爾特（Bruno Walter）和斯蒂德里（Fritz Stiedry）主持，再來是國家歌劇院由作曲家席林斯（Max von Schlinngs）擔任經裡，布勒希（Leo Blech）擔任指揮，自一九二三年起，則是克萊伯（Erich Kleiber）。連福特萬格勒（Wilhelm Furtwaengler）也在這裡指揮過，他跟瓦爾特一樣，是土生土長的柏林人。一九一九年，位於動物公園門口國會大樓正對面的「克羅爾（Kroll）節慶廳」，成為自由人民劇場的劇院，後來成為國家歌劇院擁有兩千兩百個座位的第二表演場——「克羅爾歌劇院」（Kroll-Oper）。一九二七到三一年間，這裡成為獨立機構，由克倫佩雷爾（Otto Klemperer）主持。劇場設計方面，主要由包浩斯學院的施來默（Oskar Schlemmer）和莫霍伊—納吉（Lázló Moholy-Nagy）負責。要是把喜歌劇院也算在內，這裡就有四個達到世界水準的表演場地。

愛因斯坦似乎較常上克羅爾歌劇院。在這間歌劇院導演過威爾第（Verdi）《法斯塔夫》（*Falstaff*）的納塔利亞．薩絲（Natalia Saz），做了相關報導。在中場休息時，愛因斯坦、埃爾莎、瑪歌和馬里安諾夫曾經面見她，譽之為「首位女性歌劇導演」。不過，以疏離化手法表現華格納（Richard Wagner）《飛行的荷蘭人》，則引燃右派報刊的怒火：

> 天生沒有鬍鬚的荷蘭人，看來就像是布爾什維克煽動份子，仙塔（Senta）像是古怪、不切實際的共黨婦女，一頭亂髮、披著羊毛的艾瑞克（Erik）彷彿皮條

客。大家必須感受過這一切，才能對這種無產階級化的「原荷蘭人」的本性，有個約略的意象。這是拿藝術愚弄人民的伎倆……我們在此必須表明：在蒂爾加滕國家歌劇院的這場戲，有損柏林作為藝術之都的聲譽。

愛因斯坦參加同一家劇院的史特拉汶斯基（Strawinsky）晚會，這位作曲家更在他為鋼琴、管弦樂團及低音提琴所寫的**協奏曲**中彈奏鋼琴，克倫佩雷爾指揮：幾乎柏林所有的權威都在豎耳傾聽、如痴如醉。到場的有鋼琴家埃德溫．菲舍爾（Edwin Fischer）、〔音樂家〕施納貝爾（Arthur Schnabel）、愛因斯坦、克爾……法國大使……、兩位指揮家賽爾（Georg Szell）和茨威格……更可以看到一大群年輕的音樂人和圈內人，當中有弗萊希特海姆、青年斯特萊斯曼、樞密顧問多伊奇夫人……所謂「青年斯特萊斯曼」，是德國外相的長子沃爾夫岡（Wolfgang Stresemann）。他學法律和音樂，二〇年代成為指揮。沃爾夫岡記敘了〔英國神童〕梅紐音（Yehudi Menuhin）的音樂會：

> 一九二九年四月十二日上午，電話聲響起。路易絲．沃爾夫（Louise Wolff，原註：她是柏林最知名的音樂女經理人）來電告訴我說：「今天晚上您一定要來愛樂，奇蹟出現了，十二歲的小提琴手演奏三首協奏曲，我還有包廂的位子。」
>
> 當時演奏的是貝多芬和布拉姆斯的曲子。音樂會尾聲時，便是喝采、感謝和思

潮澎湃的時刻。愛因斯坦穿過演奏台，闖進休息室，抱住這位少年，表示：

「我現在知道，天上確實有位神。」

克羅爾歌劇院也被用作非關音樂的場所。據《紐約時報》（*New York Times*）指出，一九三〇年六月「第二屆世界大國研討會」中，愛因斯坦曾於座無虛席的情況下，在此主講〈物理學中空間、場和以太問題〉。一九三一年七月，演出季結束時，身為贊助者的國會關閉了這家劇院，理由是經費不足，也可能是克倫佩雷爾有心打造現代化的演出設施。

謝斯勒的日記還記載，一九二六年元月，愛因斯坦也聆賞了理查・史特勞斯（Richard Strauss）的音樂：「史特勞斯執導的《約瑟》（Joseph）首演，幾乎是空前成功。場內冠蓋雲集：有總理、銀行家西蒙夫婦、澤克特、多位部長，社會、藝術、文學各界名流及愛因斯坦等等……迪里厄大獲好評。」可見緹拉・迪里厄也擅長唱歌！早在一九二一年，她就反串過該劇中的波提法（Potiphar）。這次演出的則是作曲家《約瑟傳說》的芭蕾啞劇。

除了歌劇，柏林人還得以聆賞交響曲、室內樂、合唱曲、歌謠及世界各地一流音樂家的獨奏會。一九二二年，福特萬格勒接替過世的尼基施（Artur Nikisch）擔任柏林愛樂的指揮，為知名的莫札特詮釋者瓦爾特（Bruno Walter）舉辦音樂會，以饗聽眾。柏林藝術學院作曲學教授布索尼（Ferruccio Busoni）也是莫札特迷，在他一九二二年離開職位時，還接連舉辦了莫札特十二首鋼琴協奏曲的演奏會。

除了上述的音樂形式，更有輕歌劇和音樂劇。黃金時期的柏林取代了維也納，成為首演一流輕歌劇的城市，如成為三大作曲家的法爾（Leo Fall）的《龐巴杜夫人》（一九二二）、萊哈爾（Franz Lehár）的《帕格尼尼》（一九二五）和《微笑之國》（一九二九）及奧斯卡·史特勞斯（Oscar Straus）的《克莉奧佩特拉（Kleopatra）的珍珠》（一九二四）。芙莉祺·瑪薩里（Fritzi Massary）是輕歌劇界的當家花旦，陶貝爾（Richard Tauber）是和他演對手戲的當紅小生，以〈我愛吻女人……〉一曲知名。萊哈爾還為他創作了《弗里德莉克（Friederike）》小歌劇，腳本即根據歌德和這位法國東部的賽森海姆（Sesenheim）牧師之女的戀愛故事，在一九二六年十月六日於柏林首演時，愛因斯坦也有到場，其他名流還有普魯士王子、亨利希·曼和報界龍頭胡根貝格。

電影

在二〇年代末，默片發展成有聲電影。宇宙（Universum; Ufa）製片公司成立於一九一七年，是個以德意志銀行為主，德國朝廷為輔的財團所主持的戰爭宣傳機構。在旗下連鎖電影院的支持下，該片廠逐漸成為獨立的製片及租借電影公司，更併購了競爭對手。他們在柏林的電影院，計有在威爾默斯多夫的維特斯巴赫（Wittelsbach）真光播映館，這是柏林第一批電影院之一。另有動物園的宇宙製片廳、陶恩欽殿及一九三一年埃里希·門德爾松（Erich Mendelsohn）的宇宙電影院。由此可見，在二〇年代大都會的建築中，電影院提供了新的表現方式。其中世界知名的影片像是朗（Fritz Lang）的《大都會》，腳本根據她太太緹雅·馮·哈爾博（Thea von Harbou）的書。假使愛因斯坦看了這部情節不盡合理且混亂，主題是「頭和手之間要有心當中介」的片子，恐怕不會太欣賞。不過，一九二九年十月十五日，朗夫婦《月球上的女人》一片在宇宙製片廳殺青時，愛因斯坦倒是前來觀賞。吸引他的或許是片中火箭升空、登陸月球的畫面，這是在火箭專家奧伯特（Hermann Oberth）指導下，以最新技術製作的。

一九二七年，具有右派政治傾向的胡根貝格，買下宇宙電影公司。以最少預算拍攝的影片《星期日的人們》（維爾德〔Billy Wilder〕的分鏡腳本，西奧德馬克〔Robert Siodmak〕擔任導演），起初**不許**在胡根貝格的電影院放映，一九二九年時卻大獲成功。影片描述柏林一位租房客禮拜天的作息，同時讓許多街上行人入鏡。《星期日的人們》應該不是政治影片。保加利亞導演杜鐸（Slatan Dudow）則製作了一部具有「無產階級傾向」的紀錄片《柏林工人的生活方式》。杜鐸在威瑪共和時期以「左派」經典名片《大肚坑，或世界是誰的》走紅，腳本是布萊希特，配樂是艾斯勒（Hanns Eisler）寫的。該片原先遭到柏林影片審查處以「離經叛道」和「瀆神」為由禁演，後來在群起聲討下才解禁。當中最具意識型態的場景在片尾，地鐵中幾個人在熱烈討論焚毀巴西咖啡豆以哄抬價格時，提出了這樣的問題：誰將改變世界？正是那些不滿現狀的人！

據愛因斯坦從事電影工作的女婿馬里安諾夫的說法，除非埃爾莎、女兒或好友的勸說，不然他很少上電影院。據說他給過好評的片子有：艾森施泰因（Sergej Eisenstein）的《裝甲巡洋艦普騰金（Potemkin）》（又譯《波將金戰艦》）和《驚動世界的十日》及俄國片《生命之路》。對柏林影片審查單位來說，愛因斯坦影片的革命性內容曾是不堪聞問的，因此在公開播映之前，經過了一番周折。

對文學的見解

在柏林這大都會中，有許多文字工作者，不管是土生土長或外地來的，靠著撰寫報導、小品或者編書、翻譯來勉強度日，都希望有朝一日自己的文章、評論、小說或劇本能大獲成功。一九二九年，有位醫師便以柏林的題材實現了夢想：這就是德布林的《柏林亞歷山大廣場》。愛因斯坦讀過這部小說，卻未特別欣賞當中複雜的結構和批評的態度。德布林起初倒是表示了某種敬意，如他在一九二二年六月寫信給豪普特曼時所說：

大家對這實在沒有頭緒——就像我對愛因斯坦的理論一樣。這種事得循序漸進，急不得的。

十六個月後，德布林仍無法理解愛因斯坦相對論的「通俗版」陳述，便在《柏林日報》的一篇文章中生氣地表示：「他〔德布林〕不想讓自己認識世界的天生權利遭到玩弄」，也不願認同這位數學家的極度傲慢，他「站在世界和自然前面表示，只有他擁有洞察萬物的眼光。」

愛因斯坦特別能夠了解政治立場相近的亨利希．曼。後者在一九二一年一篇令人振奮的評論〈柏林〉，把這座城市描述成「非凡的人文工作室」，「以前所未見的規模，把德國的下一世代吸引過來，加以薰陶後，又送回國家各個角落」。他曾到哈伯蘭街拜訪愛因斯坦，後來也到卡普特的避暑屋找他。愛因斯坦對布萊希特的評價似乎是負面的，這可能是受女婿，即作家凱澤的影響。當時凱澤非常排斥布萊希特。布萊希特強調以實際政治鬥爭爭取勞工權益，勝於文學觀點的精密分析，在他們心目中或許是反資產階級過了頭的。

一九二九年底，愛因斯坦回覆《貓頭鷹》（*Uhu*）編輯部的詢問（烏爾施泰因出版社自稱旗下這份刊物為「德國一流雜誌」），開列一張「最近特別值得拿到手上一讀」的書單。首先是弗里德爾（**Egon Friedell**）的《近代文化史》，接著就是前述梟雄赫爾茨的自傳，再來是蕭伯納的《給現代婦女關於資本主義和社會主義指南》、「作家特拉文

（Bernhard Traven）的書」及作家安娜・西格斯（Anna Seghers）和史懷哲（Albert Schweitzer）的各一本書。當時的愛因斯坦對於弗里德爾的書，大概只了解到巴洛克和洛可可的章節。在後面的篇章中，弗里德爾將他定位成「取得無與倫比的發現」，把他的相對論看成「新世紀最偉大的精神事件」。當弗里德爾敘述，根據該理論，「可能有好幾種時間」時，他就不算是相當了解。至於弗里德爾在談完愛因斯坦理論後，便講到「赫爾比格（Hanns Hoerbiger）與相對論同時形成的某位工程師艱深的『威爾泰斯（Welteis）學說』」，並將之列為時代「真理」，均能「形成連貫的行星系統」時，雖然可能討好了愛因斯坦，卻頗令人質疑。同樣對太陽物理學感興趣的達達藝術家暨照相師豪斯曼（Raoul Hausmann）還認為，赫爾比格的理論優於「以科學革命無恥地裝模作樣的愛因斯坦」，並於一九三一年在容（Franz Jung）的《反對者》（*Der Gegners*）月刊上發表一篇論文：〈科學的密集火力——您靠什麼使太陽發熱呢，愛因斯坦先生？〉這問題提得不錯，卻超過被問者的解答能力。說到太陽能來自氫原子轉成氦原子的核融合過程，這要等到一九三七、三八年間貝特（Hans Bethe）和魏茨澤克（Carl Friedrich von Weizsaecker）的研究才得以明白。

有趣的是，愛因斯坦所列舉的，沒有一本是當時一九二五至三〇年的「暢銷書」，包括了赫塞（Hermann Hesse）的《荒野之狼》、雷馬克（Erich Maria Remarque）的《西線無戰事》、前述德布林的長篇小說及名列前茅的托瑪斯・曼的《魔山》。一如愛因斯坦不喜好布萊希特，他也不欣賞托瑪斯・曼。據說，他形容過曼，說他是令人印象深刻的教書先生，總要有人要接受他的指教：「我一直很好奇、很期待他跟我講解相對論。」托瑪斯・曼對愛因斯坦的議論，似乎也相當保留。他在短篇小說《跟唐吉訶德出海》中是這麼描述的：

> 多幼稚的想法啊！然而，一旦拿來和心理世界觀相對照，這種宇宙世界觀不也稍嫌天真嗎？這時，我想到愛因斯坦那孩童般渾圓清澈的眼睛。我不禁要認為，較之於對銀河的推測，對人生的體察和認知則具有更成熟穩健的特徵——我懷著最深的敬意這麼相信。

至於文學領域的新趨勢，愛因斯坦就得依賴女婿凱澤了。然而，凱澤對「新客觀（Neue Sachlichkeit）」派並不特別看好。該流派在文學方面也值得注意，如克斯特納（Erich Kaestner）的《法比安》（Fabian，一九三一）、科伊恩（Irmgard Keun）的《人造絲姑娘》（一九三二），和法拉達（Hans Fallada）的《該怎麼辦，小人物？》（一九三二）。看起來，愛因斯坦跟這些年輕世代的作家，並沒什麼交往。

愛因斯坦大概聽過穆西爾（Robert Musil）《缺乏性格的人》，因為凱澤曾引述羅沃爾特出版社廣告（「德國知識界的耶誕大禮」）中的書評：「具有最高文化的語言形式……詞藻繽紛非凡……思想豐富。高度、純粹的藝術作品。」具有數學和科學素養的穆西爾，早在一九一八年便注意到愛因斯坦，他寫道：「從算盤到無窮級數，由古希臘思想家泰利斯（Thales）到愛因斯坦教授，理性已有所進步。」建築師瓦克斯曼還記得愛因斯坦讀物中的幾個名字，如格拉夫（Oskar Maria Graf），也就是他的《日曆故事》和《巴伐利亞十日談》、克勒曼的《隧道》及〔俄國作家〕愛倫堡（Ilja Ehrenburg）。克勒曼的書在當時科技類讀者群間，還是「暢銷書」呢。

說愛因斯坦讀過庫爾特．沃爾夫（Kurt Wolff）所出版的卡夫卡（Franz Kafka），實在很成問題。是有這樣的報導，即卡夫卡曾在施特格利茨待過半年，於一九二三、二四冬季，曾到哈伯蘭街拜訪他。先前在布拉格，這兩人是有可能偶爾會面，卻不太可能討論文學。

那麼學術呢？

戰後柏林的饑饉、窮困、通貨膨脹和政治動亂，也影響了學術生活。一九二三年十月的國會質詢中，有這樣的記載：

> 嚴重的經濟危機也令德國學術陷入極艱困的處境……德國的世界學術地位及

其廣泛科學研究領域的主導權即將喪失，而轉移到具有強勢貨幣的外國……尤其我國大專院校學術後輩的發展和維護，更是受到威脅。

再者，德國學術自外於國際的組織和會議，加上許多德國學者也自願這麼做，更使情形惡化。不過，大學既有的研究所、科學院及七間柏林的威廉皇帝研究所，仍然在運作。柏林大學定期的物理學研討會及普魯士科學院的週四常會，依舊舉行著。要是愛因斯坦不再像戰時參與得那麼頻繁，八成是因為國外演講的關係。

隨著二〇年代初德國科學「急難協會」的建立和多方補助，威廉皇帝學會本身也大為擴充，儘管皇帝已經遜位，名稱仍然保留。自一九一九年起，柏林這裡便設置了多間研究所，例如：大腦研究、纖維化學、金屬研究、硅酸鹽研究、「人類學、人類遺傳研究和優生學」及由瓦爾堡擔任所長的細胞生理學等等。學會更在柏林宮設置了「國外暨國際私法研究所」。正如普朗克從一九一六年，能斯脫從一九一九年成為學會**評議常委**，一九二二年十二月從遠東回來的愛因斯坦，也成為其中成員。他後來在一九二五年藉著一次機緣卸任，而由勞厄接替。在一九二七年的票選中，哈恩在所長選舉上拿到四十四票，學術委員上拿到二十一票，愛因斯坦只有一票。如今比照政治制度的民主化，評議會成員也有社民黨人和工會幹部。

研究工作也像經濟發展那樣，恢復了節奏和政治意涵。在這個黃金二〇年代，學術是否也綻放光芒呢？有的，但範圍不大。在理論物理學領域，柏林已經不像其他城市那麼出色。一次大戰期間，唯獨在柏林才有知名的愛因斯坦廣義相對論，在威瑪共和時期，也產生同具革命性的量子力學，然而，哥廷根、哥本哈根、慕尼黑、蘇黎世和劍橋均能分享這種聲望。一九二五年，實驗物理學家暨柏林的科技大學教授赫茲（Gustav Hertz）因為一項對量子物理學具有奠基性的實驗（弗蘭克—赫茲實驗）而獲得諾貝爾獎，但這畢竟植根於該領域的種種發展。愛因斯坦認識大大小小說德語的物理學者，到其中若干大學講演，更藉著自己所上的經費，支援其中某些研究計畫，或是與之進行學術通信。一如自己涉入柏林學術機構的程度，一九二五、二六年量子力學的重大突破，他也是間接參與的。哈恩和麗莎．邁特能在市區西南邊之達冷化學所的放射化學和核物理學別開生面的研究，極具未來性。二〇年代時，其他物理學領域也有很大進展，如半導體的研發。在柏林西門子及哈爾斯克公司實驗室研究的肖特基，便在這方面有所成就。

國際對德國學者的杯葛，經過八年終告結束。於是在一九二七年九月，柏林首度舉辦大型的國際科學研討會，這是遺傳科學國際研討會的第五屆。

消遣娛樂和夜生活

日間消遣

柏林的觀光客和休閒族群，在去過觀光景點、湖泊和展場後，白天還做何消遣呢？逛街、購物、飲食，甚至去到歐洲最現代的遊樂園，即選帝侯大道底、哈倫湖畔的「月神園」（Luna-Park）吧。一次戰前，柏林有三大百貨公司，即提茲、韋特海姆和卡迪威（KaDeWe）。一九二九年，位於新克爾恩市東南區赫爾曼廣場（Hermann-platz），擁有兩棟現代化摩天大樓的卡爾施塔特（Karstadt）也躋身其中。擁有直通地鐵的入口及歐洲最大的咖啡廳「頂樓花園」（Dachgarten-Café）的這家百貨公司，是個不折不扣的消費勝地。講究品味與荷包充實的人，可以到位於菩提樹下大街的「哈貝爾」（Habel）和「希勒」（Hiller），或是市南區路德街上同等價位的「傾聽者」（Horcher）和「施利希特」。一九一九年至三二年間，後者的老闆馬克思・施利希特（Max Schlichter）原本把店開在市中南區昂斯巴赫街（Ansbacher Strasse），弟弟魯道夫（Rudolf）在柏林畫社會諷刺畫。他和好友格羅斯的素描，既是酒館牆上的裝飾品，又是商品。中價位的餐館，有「阿星格」（Aschinger）之類的**連鎖**飯店，在柏林擁有二十幾家館子和十五家糕餅屋；或是阿德龍酒店較高級的餐廳，提供半量半價的餐點。原先的「皮卡帝里咖啡廳」，現在是「祖國館」（Haus Vaterland），位於波茨坦廣場和今日的斯特萊斯曼街入口，一九二八年起，成為阿德龍的分店，容納十餘間主題餐廳，如晚間可容納三千位客人的著名的「萊茵露台」（Rheinterrassen）。不過，像格羅斯之類的在地人，則偏好小酒館：

> 我們喜愛街角的小酒館，一般稱為立式酒吧。旁邊站著門房、馬車夫或裝煤工，他們喝小杯淡啤酒，吃鯡魚捲，之後再來一杯「別具風味的古柯鹼」。這是種加了塊泡過蘭姆酒的糖塊的馬鈴薯燒酒。

晚間的消遣性藝術

二〇年代的柏林施展魔力，吸引男男女女的夜貓子和做白日夢的人。這裡的夜生活也可媲美巴黎和倫敦。在市中東區有「本市酒吧街」之稱的獵戶街上，聚集了五花八門的遊樂場所，從舞廳到農民酒吧和地下室酒館，一應俱全。除了酒家「白耗子」（Weisse Maus），還有「維也納─柏林」和「馬克希姆」（Maxim）之類的酒館。柏林似乎也曾是古柯鹼的世界都會。在許多陰暗的走廊低聲呼喊，並傳頌成歌舞劇中的副歌是這樣的：「雪茄啊雪茄……古柯鹼，這就是柏林啊。」劇作家楚克邁爾指出：「『古柯鹼』……在柏林藝術界某些邊緣團體裡十分流行，他們把這種惡習當成趣味或才華。」一九二八年，極具天分，愛好一夜情的知名舞者阿妮塔．貝爾貝（Anita Berber），二十九歲時便因嗜吸古柯鹼和嗎啡而死於肺結核；迪克斯（Otto Dix）一九二五年為她畫的肖像留存至今。她也在龍蛇雜處的「白耗子」獻舞，只披一縷輕紗。在此不想被認出的人，可以戴上黑色或白色眼罩。

在二〇年代，本市也是同性戀的樂園，男士仍然大受刑法第一百七十五條的限制，動不動就要遭到拘役或罰鍰，女性則過得比較愜意。類似沃爾姆斯街（Wormse Strasse）具排他性的「寶山（Montbijou）社」之類的女同性戀社團很多，而「黃金城」（Eldorado）或「維羅納舞池」（Verona-Diele）的女同性戀酒吧，多位於威廉皇帝紀念教堂的「浪漫咖啡館」附近。交友廣闊的諷刺歌舞表演人與女同性戀者克萊兒．瓦爾多夫（Claire Waldoff）唱道：

讓男人滾出國會
再讓他們滾出議會
更讓男人滾出先生院
我們來弄個女士院！（譯註：「先生院」德文為Herrenhaus，即「上院」之意，而 Herr 本意為「先生」）

歌舞劇院的氣氛則比娛樂酒館更令人舒暢，一張「黑人歌舞劇」的劇照顯示，在動物園旁的宇宙製片廠內，右邊是伍丁（Sam Woodin）的「爵士樂隊」，左後方則是張大海報。他們即將開始演出！貌似易受激動的文人與諷刺歌舞作家梅林，將這一幕形諸文字（譯註：諷刺歌舞 Kabarett，一譯卡巴萊）：

爵士樂團，爵士樂團，
遠渡大洋來到
弗里斯科（Frisco）和西端，
吹得亂七八糟，奏得亂七八糟！
嘴上無毛，著燕尾服，
搖晃得像袋鼠，
野馬和水牛
跳著這個節奏：

在歐洲各國舞廳，

他們為舞蹈伴奏。
退位的元首，
退位的元首
唱歌時鼻音真濃重！

青年克勞斯．曼倒不把爵士樂理解成舞蹈樂，而是從中看出這種娛樂和整體惡劣情勢之間的關係：

數百萬營養不良、精神敗壞、恣意享樂、耽溺情慾的男男女女，在爵士熱中左搖右擺。這種舞蹈成為癮癖、執念，乃至迷信。股票隨時震盪，部長經常更換，國會漫無章法，殘廢的士兵和發國難財的、電影明星和賣笑的娼妓、得到補償的遜位君主和全無補貼的退休教師——全成了迴光反照的可怕元素。詩人陷入半昏迷，以預見未來。新歌舞劇的「小姐」們挑逗地大搖其臀。大家跳著狐步舞、欣密舞（Shimmy，又譯希米舞）、探戈、舊式華爾滋和時髦的舞蹈病。人們舞著飢餓和歇斯底里，害怕及貪慾，恐慌與驚駭。

美國黑人歌手與舞蹈家約瑟芬．貝克（Josephine Baker）融合了舞蹈、爵士樂和裸露。

一九二六年，根據歌舞劇作者內爾松的一首〈黑人歌舞劇〉，她在柏林的巡迴演出令部會的官僚們樂不可支，引起輿論對立。德意志民族的道德守護者，從約瑟芬光潔的皮膚看出國家的道德敗壞：

來自法國的年輕女黑人，在柏林的舞台上一絲不掛，還被讚美成偉大的藝術家。黑人管弦樂團在頂級的飯店演奏，學會黑人舞蹈則被當成特殊的成就。白人和黑人通婚，還被看成極現代的行為。這種藝術的整體宣傳方向是格外一致的：目的就在敗壞德國人的藝術意識。

喜歡男子的謝斯勒伯爵對她倒是有幾分想像：

於是我前往市中心巴黎廣場福爾默勒（Karl Vollmoeller）那兒去看他的班底，發現混在六位裸露少女當中的賴恩哈特和胡爾德辛斯基（Huldschinsky），其中也有裸露到粉色恥毛的貝克小姐及扮演抽菸的年輕人的小盧忒（Ruth）（菲舍爾的外甥女）。貝克的舞蹈頗為怪誕，極具個人風格，類似埃及或希臘的雜技演員，卻更加得心應手。這會兒一定是古代以色列的所羅門王（Salomo）或圖坦卡門法老的舞孃在表演……迷人之至，卻甚少色情。

不過，裸舞並不是由約瑟芬．貝克最先帶到柏林的。早在一九二一年，來自德國北部賴特（Rheydt）的采齊莉．施密特（Caecilie Schmidt），即化名為采莉．德．賴特（Celly de Rheydt）的芭蕾舞團，是德國第一個裸舞舞群。起初她在她情人的民間俱樂部裡，然後才在選帝侯大道和雉雞街（Fasanenstrasse）交口的內爾松劇場表演；她們很快就走紅了。兩年後，便有幾個劇團加以仿效，如內爾松劇場的大歌舞團、阿波羅劇場或位於腓特烈門町海軍上將殿的「哈勒」（Haller）劇團，把跳大腿舞的「提勒女郎」（Tiller-Girls）及一大群稍事遮掩的女孩的「生動畫面」搬上舞台。這更吸引了一批批，尤其鄰國的男性觀光客，趁著惡性通貨膨脹的時機，來到柏林廉價地享受在荷蘭或丹麥本地所不許的裸露程度。

在柏林這種情色氛圍下，素有花花公子惡名的圖霍爾斯基，給小歌劇女歌者、歌舞演員、戲劇演員特露德．黑斯特貝格（Trude Hesterberg）寫了首情歌：

就連韋德金德的露露
也不及妳的嫵媚。
因為妳越是香肩輕露，
大家越講著「她還穿著！」飾演伊菲格妮的妳只戴了

手錶啊手錶，
我見識到那白皙的項頸，
妳的臀簡直渾然天成！
解下，佩托內拉，解下吧！
妳可是不要一成不變，
這樣才能紅透半邊天。
整個場子喝采聲之大：
解下吧，佩托內拉，解下！（譯註：韋德金德〔Wedekind〕為性前衛劇作家，露露〔Lulu〕是韋氏腳本經另一劇作家改編的作品中的性感女主角；伊菲格妮〔Iphigenie〕在希臘悲劇中是一個關鍵人物。她的父親，邁錫尼國王阿伽門農將她作為犧牲獻給阿耳忒彌斯女神，使希臘艦隊得以順風啓程圍攻特洛伊）

提到特露德的歌舞劇之後，便可來談談與之關係密切的柏林諷刺劇。她擁有自己的小型表演舞台，亦即在西端劇院地下室的「野性劇場」（Wilde Buehne），在這演出過二十餘部諷刺劇，部分純屬嬉笑怒罵，部分則具有文學—政治的煽動性。屬於後者的有：一九一九年，由賴恩哈特在大戲館地下樓創辦的「聲音與煙霧」（Schall und Rauch）諷刺劇組、瓦萊蒂（Rosa Valetti）的「自大狂」及康德大街的「丑角卡巴萊」（Kabarett der Komiker）劇坊。偏重餘興節目的卡巴萊，則有內爾松的「藝術家之戲」（Kuenstlerspiele）及其在選帝侯大道的「內爾松劇團」（Nelson-Theater）。

愛因斯坦是否對**政治**諷刺劇感興趣，則不得而知。他倒是觀賞過俄國流亡者諷刺劇組「青鳥」（Der blaue Vogel）的演出，他們住在市中南區的溫特菲爾特廣場（Winter-feldtplatz）郭爾茨街（Goltzstrasse）。烏爾施泰因出版社總編克雷爾（Max Krell）提過這件事，當時他跟愛因斯坦彼此並不認識：

> 我只在幾年前選帝侯大道的劇院裡看過他。俄國歌舞劇組有巡迴演出，這位一頭灰色亂髮的先生在包廂裡看得很高興。引人注目的程度，令節目主持人尤施尼（J. D. Jushnij）從台上丟給他一顆大球（原註：尤施尼為青鳥的團長和節目主持人）。一時之間，兩位成年男子便快活地在前排觀眾頭上玩著這顆球。

舞會、沙龍和宴會

柏林舞會旺季的高潮之一，就是在阿德龍酒店舉辦的外國報社聯合會的大型舞會。更重要的，還有柏林報刊協會每年一月最後的禮拜天，在動物園飯店節慶廳的舞會。這種「共和國的勳章節」乃是獨特的社會大事，由媒體人士邀集各界名流齊聚一堂。

身著禮服的「二〇年代名士」在此聚會，從總理、閣員到使節團……科學院各所所長、大學校長，乃至卓越的出版家、工業家、銀行家和指揮家。此處聚集了電影和戲劇的名流光環……在此可以見識愛因斯坦和普朗克的談話，伊莉莎白·貝格娜和賴恩哈特或德國拳王施梅林（Max Schmeling）在法國舞蹈家、歌唱家珍妮·米絲廷蓋特（Jeanne Bourgois Mistinguett）旁共進龍蝦沙拉，青年劇作家楚克邁爾和飛行家烏德特（Ernst Udet）一同用餐，後者正是前者十多年後流亡期間所寫的劇本《魔鬼將軍》的範本，或是看見英國大使達伯農（D'Abernon）勳爵與斯特萊斯曼夫人共舞。

為現場六千多位來賓伴舞的，是六個最知名的樂隊。如果愛因斯坦帶埃爾莎赴會的話，屆時她會跟誰交談呢？愛因斯坦會跳舞嗎？他倒是似乎不曾跳過。假使不是在報界的舞會，總會拍下一張他在跳舞的照片吧？有比較無關乎跳舞的：大家玩著「看與被看」的遊戲，彼此交談，照著節目的流程參與電影基金會所安排的多種**義賣**。

國會大廈旁富麗堂皇的宮室，擁有國民議會議長與其官員的府邸及接待外賓的「尊貴廳」（Grosser Saal）。一九二〇至三二年間，這裡住著社民黨的國會議員，自一九二四年起則住著國民議會議長勒貝（Paul Loebe）。每逢週日，他會輪流邀請柏林各勞工團體聚餐。政治、經濟、學術和藝術界常被邀到這種「議院晚宴」的貴賓，包括一九二三至三二年俄國駐柏林大使克雷斯廷斯基（Nicolai Krestinski）及羅馬教皇使節帕切利（Eugenio Pacelli），即後來的教宗碧岳十二世（Pius XII，又譯庇護十二世），亦即「兩位能言善道、令人愜意的陪客」。另外，像是愛因斯坦、演員科特納（Fritz Kortner）和伊莉莎白·貝格娜、歌劇家齊普拉（Jan Kiepura）和阿爾帕爾（Gitta Alpar），及出版家與劇評家克爾都在應邀之列。

當時的交際應酬，主要是私人宅邸的邀宴，而在「沙龍」傳統中，則出現若干新風貌，這種場合有時還會聚集上百位賓客。不過，在此卻劃分出各種不同的社交圈，如金融、政治、藝術、報社、貴族，及共和主義者和少許的君主主義者。支持共和的人聚集在樞密顧問與極具影響力的通用電器（ＡＥＧ）總裁費利克斯·多伊奇（Felix Deutsch）及其熱中政治的妻子莉莉在煙霧街（Rauchstrasse）和德雷克街（Drakestrasse）交口的別墅。總統埃伯特和勒貝在此交換意見。蘇聯的要人也藉此和拉特瑙、維爾特及德國經濟龍頭會商。謝斯勒伯爵敘述道：

> 晚上在多伊奇家的盛大家宴：埃伯特伉儷、霍頓（Alanson B.Houghton）、克雷斯廷斯基伉儷、熱韋爾斯（Gevers）、勒貝伉儷和政商名士沙赫特伉儷等人……埃伯特夫人……給人幾分高貴的印象，彷彿是易北河以東的女伯爵，體

格稍微壯碩，膚色略微偏紅，卻不失優雅。更具特色的是，在這樣的上流社會中，她只穿著一件剪裁樸素、無任何花飾的衣服，像一般勞工婦女那樣，頸項掛著一個小小的金十字架（原註：霍頓是美國駐柏林大使；熱韋爾斯男爵是荷蘭公使）。

愛因斯坦夫婦似乎沒有進入這個圈子，儘管他們被邀請到類似的豪宅，如住在格林瓦德／施瑪根多爾夫（Schmargendorf）的克倫貝格街（Kronberger Strasse）的安德烈埃夫婦（Fritz und Edith Andreae）家裡。先生是「哈戴（Hardy）銀行舉足輕重的股東」，太太則是拉特瑙唯一的妹妹。安德烈埃府中常有音樂演出，冬季時更有學術講演。金融巨頭的聚會場所，則有德勒斯登銀行總裁、柏林—萬湖高爾夫及鄉村俱樂部會長古特曼（Herbert M Gutmann）在波茨坦的別墅「赫爾伯特府」（Herbertshof）。擔任俱樂部副會長一段時間的卡岑內倫伯根，在高爾夫球場旁有一間平房。藝術家喜歡到像柏林貿易公司的股東葉德爾斯（Otto Jeidels）博士之類的贊助者家裡，或是找銀行家西蒙（Hugo Simon），他是獨立社民黨員，「人民委員會」政府時期曾任普魯士財政部長。一九三〇年夏，西蒙設下「大型早宴」接待法國畫家與雕塑家馬約爾（Aristide Maillol）時，愛因斯坦也跟李伯曼和雕塑家勒妮．辛特尼斯一樣在受邀之列。馬約爾顯然事先不曾聽說過愛因斯坦，便問謝斯勒伯爵：「嗯，一顆漂亮的頭，他是詩人嗎？」後來出現一張合照，即愛因斯坦和印度一九一三年諾貝爾文學獎得主泰戈爾（Rabindranath Tagore）的合照，馬約爾對此還表示：「詩人泰戈爾有一顆思想家的頭，而思想家愛因斯坦有一顆詩人的頭。」按照社會禮俗，愛因斯坦夫婦得回請。一九二二年三月，謝斯勒伯爵也成為晚宴的賓客：

晚上在愛因斯坦家吃飯……有點手筆太大的家宴，顯示這對親切，甚至有些純真的夫婦的幾分熱誠。多金的科佩爾、門德爾松夫婦、理事長瓦爾堡和穿著跟以往一樣寒酸的和平人士德恩堡（Bernhard Dernburg）等。某種善良和純樸，為這種典型聚會增色，透過近乎家長制和童話般的元素而更添風采。

10

柏林時期的愛因斯坦

Der Mensch Einstein in seinen Berliner Jahren

由外部觀之

一九二〇年九月，愛因斯坦四十二歲時，寫給八歲的外甥女一段反諷的自我描述：「所以我告訴妳，我長什麼樣子：臉很蒼白，頭髮長長的，還有一點小肚子。另外，就是走路的樣子有點笨拙，有時嘴上叼一根雪茄，口袋或手上帶著一隻鋼筆。不過，他可沒有〇型腿或肉疣，所以還滿好看，也不像一般醜醜的男人手上長毛……」長頭髮後來被埃爾莎理掉。信中沒有講到他自己的深色頭髮，也沒提到深色鬍子，這是他留了一輩子，且跟頭髮一樣逐漸發白的。也沒講到明顯的下巴、酒窩和**眼睛**，儘管有不少人喜歡他的眼睛，如詩人克萊兒．戈爾（Claire Goll）：「愛因斯坦有雙神奇的，卻又愛夢想且嘲諷的眼睛。」或是像藝術史家魏斯巴赫（Weisbach）所描述：「當這位大人物舉止從容、拘謹、滿頭濃密的黑髮，站在我面前時，輪廓柔和的臉上那雙沈思和善的眼睛隨即吸引了我。」這兩種描述均符合一次大戰期間三、四十歲的愛因斯坦形象。至於詩人狄摩（Ossip Dymow）所描寫的愛因斯坦容貌，應該是出自晚得許多的時期：

> 首先令我驚奇的，是他那異常巨大，甚至有些誇張的額頭及其明顯的亮度。再來就是那雙褐色眼睛，專注、慧黠、善良，認真得像兒童。眼睛比額頭和白髮

年輕得許多。嘴角透著幾分淡淡的哀愁，正像某些早熟的孩子。

克勞斯．曼的描述也是上了年紀的愛因斯坦：「愛因斯坦有著漂亮的銀髮、飽滿的額頭和高深莫測的眼神。怎麼樣的眼睛哪！他不需要講什麼話——所講的通常並不重要。他的名氣此時似乎有些多餘，星辰般的眼光足以佐證他的偉大。」

在二〇年代，小個頭的愛因斯坦即使沒有「小腹」，尤其在穿西裝背心或毛背心時，仍然引人注目。異於一般說法，他在外頭的穿著倒是不會隨便或邋遢。他根據校方、院方和社交不同場合，穿戴硬領、領結或領帶和西裝，並視情況穿晚禮服。夏天時，他穿著淺色衣服，不戴草帽；冬季時，是深色披風和散步手杖。要是埃爾莎沒有打點而出現若干疏失，誰會怪罪這位心不在焉的學者呢？因為愛因斯坦會忘記櫃子裡才燙過的長褲，而穿起皺巴巴的那件。他也不是唯一缺少時尚感的學者，某些像襪子或室內拖鞋之類的東西，他認為是多餘的。他在沙灘上穿女用涼鞋時，倒是讓人拍了照：今日都還販售著這樣的明信片。愛因斯坦沒規沒矩的場合只有在家裡：他曾不穿內衣，只披夾克在吃飯，或是走出浴室時，浴衣沒有完全遮住重要部位。女傭剛好在現場，因而面紅耳赤，他卻為此取笑她。從種種畫像看來，除了前述的雪茄，愛因斯坦還抽著各種形狀的菸斗。即便醫師們警告過他，他依舊不願戒菸。

由唱片和廣播錄音聽來，愛因斯坦聲音悅耳，較高的音調和較重的鼻音，則是若干德國南部施瓦本人的共同特色，卻無施瓦本地方口音。愛因斯坦的模樣頗具吸引力，尤其對女性。伊爾姆佳德．科伊恩（Irmgard Keun）在她的長篇小說《人造絲姑娘》中讓放肆的朵瑞絲（Doris）說個不停：

……相當出名，卻比不上愛因斯坦，在超多報紙上都可以看到他的照片，讓人沒法子做太多想像。我常想，要是我看到他有著快活的眼睛和雞毛撢子般頭髮的照片，要是我在咖啡館看到他正穿著狐皮大衣、一身時髦的行頭，他或許還會告訴我他在拍電影，有了非比尋常的交往後，我就會冷冷回他一句：氧化氫就是水（譯註：似乎意謂習性就是習性，改不了的）……

愛因斯坦一定擁有不尋常的專注能力，讓他能夠進行數小時的思索和計算，甚至忘記飲食和睡眠。不過，他喜歡吃，也吃得多，還曾指出自己的飲食就和工作一樣，沒有節制。愛因斯坦在母語方面，也有特殊的表達天分，這是他在寫作和演說時偏好的表述工具。儘管有時也會講講法語、英語或義大利語，卻從不曾把這些外語學到流利。

性情中人

愛因斯坦被描寫成生性快活的人，笑得跟好友埃倫費斯特一樣多。普勒許這麼描述他的特質：「笑聲是諸神賜給他的最美的天賦之一。碰到好笑或奇怪的事情，他能夠打從心底發笑。奇特的是，就算別人都哭了，他還是笑著。我聽過他大笑講著令他痛徹心扉的事情。」要是真的傷心，愛因斯坦也會哭泣：為了孩子離開身邊、為了好友過世，及普朗克失去一個兒子與兩個女兒。他也有生氣和特別大聲的時候，例如跟埃爾莎鬧得不可開交時。據他的長子所說，父親的脾氣「跟水龍頭一樣」是可以開關的。不過，愛因斯坦並不能夠完全避免「粗暴的對待」。所以，當漢斯不受教時，愛因斯坦會打他。據說，跟米列娃也有過拳腳相向的時候。所以，他不是很溫柔敦厚的人。卓別林（Charlie Chaplin）這麼描述他：「他看上去擁有典型德國南方人的和藹可親。儘管舉止溫和、安詳，我卻感覺到他的內心隱藏著極激烈的性情，源源不絕提供他罕見的智性能量。」他認為愛因斯坦也跟所有科學家、哲學家一樣，是「昇華的浪漫主義者」，能夠使自己的熱情導向不同的管道。

愛因斯坦是個**富同情心**的人，不會隨便懷疑別人說的話。他可能在成名之後，才養成這種懷疑心，因為有些人想趁機利用他。在柏林時期之初發生過一件事，他決意以書面方式幫親戚的女傭，對付她所謂她孩子沒良心的父親，「為了她的權益來幫助她」跟他理論。他簽下具有權威性的職銜，即皇家普魯士科學院院士。真相很快就大白，這位母親是個精神變態，整件事都是捏造的。埃爾莎只得為這種難堪事情善後，照她的話講，愛因斯坦「在此白白浪費了他的博愛情操」。

愛因斯坦的主要性格，展現在他的**獨立自主**需求：擺脫難堪痛苦的感受，擺脫物質事項、別人的看法、**外部**加諸的社會**義務**，如指導研究生、服兵役、對某黨派的從屬、同某一女性的排他性關係，及種種非他所願的思想。雖不能說愛因斯坦是自私的人，他內心卻總與他人「保持距離」。羅馬尼亞藝術史家暨國際聯盟委員會執行祕書（愛因斯坦擔任過委員）奧普雷斯庫（George Oprescu）形容得相當中肯：「柏格森深具理性，愛因斯坦則擁有直覺和熱情，愛好形形色色的自由、坦率和活力，有時出之以童真的措詞，對藝術敏感……」發明相當抽象的相對論的人，還算不上「深具理性」，聽來有幾分奇怪。他在理論物理學中用的固然是概念和數學運算，卻不會拿來在日常生活中表述。對愛因斯坦而言，「直覺」同時在這兩個領域扮演要角。當洛克斐勒（**John D. Rockefeller**）表示「我相信直覺」，而愛因斯坦卻回覆「我相信組織」時，後者儘管只是指研究推廣工作，但直覺卻適用於解釋他的許多作為。

他有兩項最受稱道的特色：**簡樸**的生活方式和**謙虛為懷**。愛因斯坦穿著樸素，口袋裡似乎不曾有錢。除了菸癮，也沒有什麼「惡習」。他不愛出鋒頭，更不像另一位天才物理學家與諾貝爾獎得主泡利（Wolfgang Pauli）那麼趾高氣昂。他在布拉格大學的就職演說，令數學家科瓦萊夫斯基（Gerhard Kowalewski）印象深刻：「愛因斯坦言行舉止極為樸實，擄獲了大家的心。他從高處看人生之事，一般人以為重大的事情，在他均無關宏旨。」愛因斯坦之所以如此「受歡迎」，或許不是因為他是大物理學家，而是（由尋常處看）因為他是熱愛生活、對外界散發可親魅力的人。有的天才被描述成好強、高傲、令人退避三舍，據說牛頓就不是個特別親切的老光棍。拉絲珂─徐樂兒的優美詩作和她的日常舉止間，就存在著重大分歧；愛因斯坦則不是這樣。不過，他性情較黑暗的層面，顯露在對待妻子和孩子的方式上。

至於愛因斯坦口袋裡從來沒錢，原因不只在於埃爾莎的節儉，更在於他的需求真的很少。他習慣在家吃飯，很少上咖啡館，更沒有常去的館子。當他去見有錢的女朋友時，均由她們買單。此外，看戲、聽音樂會，拿的常常是免費券或貴賓券：愛因斯坦來到現場，這在當時就是個聳動的新聞題材。就連書籍，尤其新書都會送給他，據說，他的書房幾乎全是這種贈書。他是否正如一般傳聞，對自己那麼小氣呢？這裡有兩個例子：「若不是為了正式的邀約，他最喜歡坐第四等車廂，這種車廂現在已經停用。他愛穿得像稍稍過得去的工匠或是小公務員。處在這些平民之中，他覺得最自在。」另一個例子，他的遠親姪子保羅．科赫（Paul Koch）講述，有次愛因斯坦投宿，可能在比利時的安特衛普皇宮附近的舊旅館時，保羅去看他：「我走進這家相當樸素，甚至有些簡陋的旅館，詢問櫃台：『愛因斯坦教授住這裡嗎？』時，接待主任起疑地看著我，隨即點了頭。『是的，我們這裡有位自稱愛因斯坦的人，可是我認為，這並不是那位有名的愛因斯坦，我們的愛因斯坦看起來很窮。』阿爾伯特叔叔真的住在最便宜的房間……」愛因斯坦顯然很少注意自己的外表。

早年愛因斯坦身為研究人員時，並不是這麼謙虛。發表第一篇論文後、拿到博士學位前，他向幾位知名的科學家，如萊比錫大學的奧斯瓦爾德（Wilhelm Ostwald）、哥廷根大學的里克（Eduard Riecke）應徵助教職，頗理所當然地認為自己將有所成就，篤定表明自己的優越條件。一九〇八年，在伯恩剛剛拿到大學講課資格的愛因斯坦，寫信給漢諾威大學的著名教授施塔克（Johannes Stark）：「您在涉及慣性質量和能量之間的關係方面，不承認我的優先權，令我感到有些訝異。」如前所述，他與知名數學家希爾伯特的不和，同樣也是為了類似的緣故。愛因斯坦在設法貫通電磁學和引力方面的自信，讓他在一九二九年，即五十大壽前，還寫信告訴貝索：

不過，我不斷日思夜想所得的最佳結果，如今已經完成了……名稱是「統一場論」。這名字看來很老套，而親愛的同儕，乃至你，我親愛的朋友，起初恐怕會鄙夷地向我大伸舌頭。因為在這些方程式裡頭，並未出現普朗克常數（h）之類的東西，然而，人一旦達到統計學成見的功率極限，就會後悔而再度回到時空的見解，於是，這些方程式就會成為出發點。

愛因斯坦在此提到量子論特徵，即在計量方面一般只容許做**概率陳述**，即所謂「統計學成見」。七十五年後的今天，二〇〇四年，卻仍然尚未達到量子論的功率極限。這方面不斷在推陳出新，而應用方面，如半導體領域，在許多日常器材當中也不可或缺。目前還沒有人「後悔」地回到當時愛因斯坦的統一場論，即遠平行論。愛因斯坦極為篤定地相信自己，而排斥他所不願接受的看法，他**不曾**對外顯示對自己及其作為的**自我懷疑**。

一九三二年，埃爾莎在寫給呂謝爾夫人的信中，指出先生跟人相處時的**害羞**：「阿爾伯特是害羞的人。不錯，這很難理解，但確實是如此。有些人常常指責他驕傲，每當向這些人解釋，他其實很謙虛、羞怯，沒有『通常的』自負時，他們還為這種說法感到可笑。」所謂愛因斯坦「羞怯」，可能是指他不會跟人攀交情。所以他在應聘至柏林前不久，寫信表示他本身並不認識其中哪位權威人士，因為「如果不是必要，我總是不好意思跟人結識」。等他一九一九年名聞全球之後，就的確不再需要去結識誰了：很多人都爭著來認識**他**。埃爾莎所說的，大概是指愛因斯坦本身所感受、所自稱的「典型隱居者」：他**內心**跟別人的疏遠。關於他為人高傲的指責，在此就解釋得通了。另一方面，這項責備也可能跟這種事有關，即愛因斯坦總能入境隨俗，隨遇而安（譯註：似指他不會推辭各種讚美推崇他的場合）。「害羞」也可以從「害怕」方面加以解釋。據博恩指出，人在柏林，太太卻不在身邊的愛因斯坦，其實生怕闖空門的人「用各種想得到的辦法堵住他的房門」。於是，博恩夫婦在他三十九歲生日時，送了一塊做成掛鎖和鑰匙狀的蛋糕及一首打油詩。

愛因斯坦不喜歡認識人，可能因為他覺得，或許基於自己的坦率和善良，很難對人做出**理性的**判斷。在此，他相當仰賴自己的直覺：認定為朋友的人，即使有違愛因斯坦的道德或政治原則，仍會是朋友。譬如保守傾向的朋友或同儕哈伯、普朗克、索末費爾德，或是醫師漢斯．繆撒姆。繆撒姆認為，不考慮世界各民族「在生物學上的不同價值」，而給予同等權利，乃是「違背天性的罪過」。相反地，凡是受到愛因斯坦排斥的人，就不會再有第二次機會。

道德權威

一九二六年，為了羅曼．羅蘭六十大壽，愛因斯坦引用了一百二十年前席勒的想法：「在為數眾多的下層階級這裡，我們看到粗野、無法無天的衝動。在市民秩序解消之後，這些擺脫了羈絆的衝動，更以無法控制的暴烈追求獸性的滿足。」愛因斯坦以一次大戰為背景，點出如下的情勢：

粗野的大眾以陰沈的激情從事工作，他們及他們所體現的國家完全臣服在這些激情下。他們抱持妄念，彼此咆哮，使對方落入不幸。他們幹下惡事時，沒有內心衝突。少數不願參與群眾這種粗野感受的人，儘管能不受影響、懷抱熱情、堅持博愛的理想，卻背負著沈重得許多的命運：當他們不肯昧著良心犯下同樣的惡行，而怯懦地隱瞞他們的所見所感，便將遭到社會的排擠和痲瘋病患般的對待。

愛因斯坦熟悉這種「個體」與不同「群眾」，或是「國家」這樣的具體群集與機構間的衝突，至少自一次大戰時和平主義圈內的探討以來。當時就已使用「群眾暗示」和「群眾心理」等概念，這可說是時興的議題。一九一九年時，勒邦（Le Bon）的《群眾心理學》一書，已經出到第三版。書中指出群眾的激情及他們缺乏能力進行邏輯思考和清楚的判斷。有別於愛因斯坦，勒邦認為「群眾」在很大程度上能夠做出道德行為和奉獻犧牲。這個主題以各種形式出現在愛因斯坦的表述中，如在一九三三年四月給托瑪斯・曼的信裡，他確信「群體的命運首先受其道德水準決定」。道德水準則由一批展現廣義的文化成就的**菁英**所確定。愛因斯坦的見解是，他在群體和個人的交互關係裡頭，把重心擺在**個體**上，雖然「個別人的本質和意義」與其說是來自他「身為個別造物，不如說是身為較大人群的成員」的存在。根據愛因斯坦的看法，人的社會特質完全由其判斷來決定的假設，並不正確。「不難看出，我們取之於社會的所有物質、精神和道德的財富，乃是得自無數世代中具有創造力的個人的……唯有單獨的個體，才有辦法思考，進而為社會開創新的價值。」這項見解大異於二〇、三〇年代社會主義運動中經常出現的口號：「個體無所謂，集體是一切。」但這句話卻近乎愛因斯坦的上司與普魯士文化部長貝克爾的主張：

所以，我們的選拔辦法必須是民主制的，目標卻必須像任何真正的教育一樣，依然是貴族式的。這種貴族式個體和民主型群眾之間的張力，必須加以「維持」，並藉著為群體服務，而予以鬆弛。

在研究愛因斯坦的觀點下，扼要敘述這種個體和社會之間的對立，便「形成簡化概略的世界觀」。從表面上看來，個體和社會的這種平衡關係，有時會停留在語焉不詳的老套：「所以說，健全的社會既有賴於內部的聯結，也取決於個體的獨立性。」不過，愛因斯坦在國民與國家之間具體的利益衝突，即服兵役的問題上，向來採取明確的立場。在威瑪共和時期，他考量到個體，而**贊成拒服兵役**；國社黨人取得權力後，則基於國家考量，確切地講，是為了一個與納粹政府抗爭的德國，而**贊成兵役的必要性**。基於對個體的支持，愛因斯坦贊成將國家的功能縮減成只為個體提供保護和有用空間，並不考慮一般人在情緒上對國家制度的認同。因此，他的立場是以具有國際思維的世界「公民」為準的。愛因斯坦有別於他的同僚，自己的「群體認同」是針對跨國的學者群，而不對普魯士科學院、柏林大學或德國物理學會。然而，愛因斯坦並非全無矛盾的人：顯然，他對瑞士有同感，對威廉皇朝和威瑪共和的政治德國則有不少反感。愛因斯坦的國際主義自然而然和他的和平主義掛勾：戰爭破壞了跨國的學者群，更抹煞了國家等等該為個體扮演的角色。在這個脈絡下，便可以了解愛因斯坦之所以參加國際聯盟，進入其下轄組織「知識份子合作委員會」（Komitee fuer intellektuelle Zusammenarbeit）工作的原因。

至於道德價值，並非直接由學者的研究產生，這對愛因斯坦而言，似乎不成問題。如同他後來給好友兼譯者的索洛文的信中表示，科學的唯一目標，便是確定事物**之所是**；而與決定事物的**應然**無關：「科學所能夠提供的，只有具邏輯脈絡的道德語句及實現道德目的之方法，但目的之確立本身，卻不在其權限範圍內。」那麼愛因斯坦的價值表從何而來呢？可能來自他在家族和學校環境中的社會化，其中包括《聖經》、新人文主義及對「美、真」乃至「善與正義」的追求。他摒棄所謂的「超人」道德，他的倫理觀不是「責任」，也大有別於處罰或獎賞。愛因斯坦不認為科學家對自己的研究成果負有直接的責任，科學僅僅提供輔助工具，其**應用**必須受**道德**價值的規範。對權力與利益的追求，在愛因斯坦的價值體系中，並無任何地位。歸屬於「至善者」，或許就是最能帶給他喜樂的最終追求，而至善則發自個別的人：「不論藝術作品或重大的科學成就，偉大與高尚均出自單獨的人格。」愛因斯坦在施特魯克（Hermann Struck）為其所製的一幅銅版蝕刻肖像下，寫下這句話，並在一九二〇年左右寄給柏林的漢斯・繆撒姆：「在客觀衡量下，人們藉著熱切追求真理所能獲得的，實在渺乎小矣，這場追求卻能讓我們掙脫自我的鐐銬，成為至善者的同伴。」

愛因斯坦的宗教情操

> 個體感受到人的期望和目標之微不足道，展現在自然界及思維世界崇高和奇妙的秩序中。個體把個人的生存視為某種牢籠，且樂於把存有之整體看成某種統一與意義非凡的事物。曠觀宇宙的宗教情操，很早就發軔自初期歷史發展階段，如《舊約》若干古以色列王大衛（David）《詩篇》及幾位先知的講論。佛教中這種宇宙性宗教情操的成分，更是濃上許多，這尤其是叔本華的精妙文章所教示過的。

並非每個人都能從愛因斯坦這種抽象的宗教信念，汲取某種積極的要素。對多數人而言，宗教有助於探索**個人**生命的意義，並領會世間**苦難**和**罪**的道理。於是人便不得不思及神（Gott，譯註：為同時顧及基督宗教和猶太教，在此只採「神」這個譯法），祂跟人息息相關，擁有「介入」的大能。在愛因斯坦的〈信仰告白〉一文中，則有違這項信條：「我信斯賓諾莎的神，祂臨現在萬物法則的和諧之中，而不相信一位與聞人的機運和行動之神。」他在另一處也表示：「我無法想像任何具有人格的神，直接影響單一受造物的行動，或是逕自加以審判……我的宗教信仰存在於對無遠弗屆的精神（Geist，一譯靈）之謙卑的讚嘆，這精神展現在少數能使我們認識到自己與面對實在時理性之軟弱和易於跌倒之事。道德是無上重要的事體，卻不是為神，而是為我們。」所謂由「萬物之和諧」觀之，「苦難」不過是個人所遭遇或承受之事，並不重要：這種思想並不能慰藉任何人。英國數學家、哲學家與和平主義者羅素認為，即便暴行其來有自，而從屬於較大的整體，仍是某種惡。儘管如此，愛因斯坦對別人的物質困境並不冷漠以對。他的熱心助人，非著眼於宗教，而是發自世間的人文情操。女婿凱澤指出，有求於他的人，卻抱持不同的觀感：「他好比能行神蹟的猶太教拉比，大家彷彿在尋求他的拯救和醫治。」

愛因斯坦相信，如同存在著不受人影響的「真理」，世上也有**不依賴**於人而存在，卻無法加以證明的「實在」（Wirklichkeit，一譯真實或實相）。這是他跟泰戈爾之間的歧見。泰戈爾認為，真理雖然超乎個人，卻不超越人世，否則，真理和美對人而言，便不過是缺乏內涵的概念。愛因斯坦因此認為，自己比泰戈爾更**傾向宗教**。愛因斯坦認為這個道理也顯示在物理學中，亦即存有著獨立於任何人為計量過程的實在。像是薛丁格、海森堡和狄拉克的量子論，主張所預言的測定結果，一般只具有某種**或然率**，便是愛因斯坦畢生無法同意的。這個立場更讓他與當時多數知名科學家之間壁壘分明。他以「無遠弗屆的精神」為依託，並表示「神是不擲骰子的」。他的相對論採納了牛頓力學典型的定命論，更借助於叔本華而推廣到人世範圍：「我不相信意志自由」；及「我們的行為似乎帶有這種恆常生動的意識，即在思考、感受和行動時的人，不是自由的，而是如同運行中的天體，受制於因果關係。」他有時顯得缺少救人苦難的同情，例如放棄生病的么兒，是否正出於這個緣故呢？在一九三二年的〈信仰告白〉中，他也表明，這項體認讓他免於「把自己和世人認定成能判斷和行動的個人」而妄下斷語。這種態度可以拿來說明，愛因斯坦不因自己的學術成就而顯露驕氣，及對外界褒獎之無動於衷。

對於宣揚具人格的神的啟示宗教，愛因斯坦並無敵意：「還有另一問題，即是否應該對抗關於人格神的信仰。弗洛依德在最近的文章中表示了這項觀點。我本人絕不會投入這種工作。因為在我看來，與其缺乏任何超乎經驗的人生觀，不如抱持這樣的信仰……」由此可知，自從移居義大利和瑞士以來，愛因斯坦就不覺得自己皈依任何宗教，甚至不依屬猶太社群的信仰型態。他也進猶太會堂或基督教堂，卻只視之為一種活動地點或美感空間。宗教的規矩和習俗，他是無所謂的，只有在覺得有必要讓大家一團和氣時，他才會稍加遵守。

他的猶太認同

儘管愛因斯坦並非到了柏林才遭遇社會和政治型態的反猶主義，卻表示，直到在柏林與之對抗時，才發現自己的猶太認同。在一九二九年十月給黑爾帕赫（Willy Hellpach）教授的信中，他寫道：

我十五年前來到德國時，才發現自己是猶太人，這項發現與其說是透過猶太人，不如說是透過非猶太人促成的……我看到非猶太多數者的學校、小報和許許多多文化因素，是如何消磨掉我同胞，甚至其中最優秀者的自信心……並感受到這種事不應該繼續下去。

或許在一次大戰期間，若干同僚已令他察覺人家對他的猶太血統懷有敵意，尤其他在對戰爭的表態上，還跟他們對立。再加上他整個戰爭期間，跟非猶太人的妻子周旋，也就難怪愛因斯坦的猶太認同及其對猶太復國主義的立場，早在威瑪共和初年便已然成熟。

一九二五年的柏林，只有十七萬兩千名猶太居民，是不超過全市人口百分之五的少數族群。至於本地的俄國居民人口，由於俄國革命期間的流亡潮，一九二二年則有二十萬名俄國人。猶太少數族群在貿易和金融界頗具影響力，如德意志銀行和德勒斯登銀行總裁，及韋特海姆和提茨百貨公司的老闆都是猶太人。例如「柏林商人及企業家公會」（Verein der Berliner Kaufleute und Industriellen）或是醫師和律師公會之類的組織，均有猶太會員在內。一八九八年時，「柏林商人及企業家公會」會員中，猶太人佔百分之五十三點三，理事會中佔百分之六十一點九。到了一九二九年，猶太成員佔了百分之五十四，在理事會中則佔了八成。像是烏爾施泰因和莫斯之類的大報社，為猶太人所有，戲劇評論則幾乎全出自猶太人的手筆。他們對美術、戲劇和學術的貢獻不容小看。這方面知名的劇場總監或導演，就有布拉姆（Otto Brahm）、賴恩哈特和耶斯納，演員則有格拉納赫（Alexander Granach）、恩斯特·多伊奇（Ernst Deutsch）和伊莉莎白·貝格娜。科學家當中就有哈伯、化學家維爾施泰特（Richard Willstaetter）、弗蘭克和赫茲。

由於在威廉時代猶太人擔任公職的管道極為有限，一九一〇年時，猶太人在高等法院只佔百分之五，一般法院佔百分之六點九。這相當於所佔人口比例，卻不敷其需求。學法律的人大多在產業界或律師業謀求生計：一九〇六年，柏林猶太律師的比例佔了百分之五十二點八。在一九〇九至一〇年間的普魯士，大學裡猶太裔正教授只佔平均值以下的百分之二點六；而副教授十一點六和十四點五的百分比，高過對應的人口比例。猶太人改宗受洗的數目，也顯示類似的比例。在此應該注意，在信奉新教的普魯士及國內各地，天主教徒也很難取得大學教職和較高的國家官職。就體制面來看，威瑪共和時期猶太公民的融合情形，看得出明顯的進步。不過，大學講師提奧多爾．萊辛（Theodor Lessing）在書中倒是把一九三〇年的情況描寫得太樂觀了：「當時在精神生活的各類領域，都看得到出類拔萃的猶太人。如今這種精神已在柏林的大學綻放光芒，可由三個猶太人名來表徵：愛因斯坦、柏格森和哲學家胡塞爾。」柏林一地確實較為寬容，但猶太人的一般地位，並未因為愛因斯坦而有所改善，猶太公民依然遭到歧視的待遇。

但是，愛因斯坦還是宣揚了公義和人性尊嚴的道理。在柏林的猶太人民裡，存在著兩者的重大社會差異，即文化上力求融合的中產及大資產階層，及主要來自波蘭和俄國，一概被稱為「東邊猶太人」的移民，儘管不是所有人都缺乏良好的職業條件，卻都不願同化且處於赤貧。這些移民只能住在較差的環境，如市東北的玫瑰谷（Rosenthaler）或穀倉社區。至於愛因斯坦本身是否待過穀倉社區，則無關宏旨。不過，東部猶太人的處境，想必激發過他的社會正義感。早於一九二三年十一月初，約略是希特勒在慕尼黑人民啤酒廳（Muenchener Buergerbraeukeller）謀叛的期間之前很久，一批受「民粹」派唆使的流氓和皮條客，到穀倉社區打家劫舍，「他們砸破窗玻璃，見人就打，硬把大家從會堂拉出來，強迫男女全脫光衣服，用藤條及種種方式欺負他們。沒錯，虐待人、玩弄人，這些衣冠禽獸。」其實，早在一九一九年十二月三十日，愛因斯坦便在《柏林日報》一篇文章中，強烈反對當局計畫針對東部猶太人採取「最強硬的措施，亦即全關進集中營或悉數驅逐出境」。「會導致莫大災禍的驅逐東部猶太人，將提供世人關於『德國人劣根性』的新證據，並給人們口實，致使以人權為名義的重建德國工作更加困難。」

一九二〇年四月五日，在愛因斯坦回覆反對猶太復國主義的「猶太信仰德國公民中央協會」（Zentralverein deutscher Staatsbuerger Juedischen Glaubens）的信中，拒絕參加為了在學術界對抗反猶主義而舉行的集會，表明他對猶太自我意識的看法：

只有當我們敢於把自己看成一個民族，只有在我們重視自己時，才能贏得別人的尊重，亦即發乎內心的尊重。只要猶太人和非猶太人彼此接觸，心理現象意義上的反猶主義便會存在——但這又何妨呢？或許正因如此，我們才得以成為一個種族，至少我是這麼認為的。當我看到「猶太信仰的德國公民」一詞時，便不禁發出苦笑……在這個名稱裡，隱藏著純真心靈的兩項招認，亦即：一、我不願跟我窮苦的東部猶太弟兄有任何瓜葛。二、我不願被當成自己民族的孩子，只願被視為宗教社群的一份子。這話正當嗎？我既不是德國公民，內心更沒有什麼可以被人稱為「猶太信仰」的東西。然而，即使我不把猶太民族看成被耶和華揀選的民族，我依然慶幸自己從屬於它。

愛因斯坦在此用了「民族」、「國家」，甚至「種族」等概念來界定猶太社群。隨後，他卻透過較少爭議的「族」（Stamm），即如「德意志族」的概念來取代種族概念。按照他地理和語言的出身，照理應該自覺從屬於**施瓦本**族。一九二二年日本之行期間，他在香港訪問來自阿拉伯國家相當小群的猶太僑民時表示：「如今我相當確信，一千五百年來猶太種族維持得相當純淨，因為來自幼發拉底河—底格里斯河（Euphrat-Tigris）國家的猶太人跟我們極為相近。這種共同歸屬的感受也非常濃烈。」「種族」概念的使用，在當時非比尋常。自十九世紀末以來，種族議題在學術及偽學術性討論中，扮演了值得注意的角色。一九三〇年時，巴芬克（Bernhard Bavink）倒是在他廣受閱讀、關於自然科學的成果及問題的書第四版中指出：「大家以最含糊的方式，把民族概念和種族概念」相混淆，「因而導致各種判斷的莫大混亂……」。德布林甚至曾經把這種應用在人類的種族學說，稱為「畜牧場的邪門歪道」。

一九三〇年時，愛因斯坦寫信給《血液中的遺產》一書作者萊溫松（Ludwig Lewinsohn），信中對猶太人的特徵描述頗為理想化：

> 在我看來，我們猶太人是某種道德貴族——即便已受到外界影響而部分有所衰落。我們必須追求不帶民族主義狂傲的團結和自信，更要維持我們政治上的世界公民身份。但我們不能孤立自己，正因為我們大多數屬於廣義的精神勞工階層，且依賴於多種經濟交互作用，迫使我們以一種大家賴以共同生存的型態

進行某種適應。

不久之後，在一九三二年，愛因斯坦認為，猶太身份幾乎全然是一種「在生活當中及面對生活的道德觀」。「依我之見，猶太人人生觀的本質應是：對所有受造物的生命之肯定。只有在效力於美化，並提升所有生物的生命時，個體的生命才有意義。生命是崇高的，亦即所有評價均取決於這項最高價值。」就像在界定他自己的宗教情操時那樣，這裡給人的印象也是由於愛因斯坦對簡單和和諧的追求，會讓有待界定之事的特性變得模糊。

綜上所述，在愛因斯坦看來，他與猶太社群的親緣關係具有高度價值。不過，要是他在認真設法界說自己的猶太識別的同時，不作上一首打油詩的話，就不像他自己了。作家托爾貝格（Friedrich Torberg）就送了他一首：

若我端詳猶太人，
多少覺得不甘心。
當別人討我喜歡，
做猶太人才情願。

身為科學家的自畫像

愛因斯坦在普朗克六十大壽致詞時，談到促使他從事科學的兩項動機：

首先，我同意叔本華的見解，即從事藝術和科學的最強動機之一，便是逃避日常生活令人痛苦的嚴酷和無所慰藉的單調，擺脫自身需求不斷輪替之枷鎖。這使得多愁善感者跨出個人的存在，進入客觀察看和理解的世界……這項消極的動機，卻也帶著積極的動機。人設法以多少合適的方式，塑造簡化概略的世界圖像，從而跳脫體驗的世界，亦即試著取代這圖像到某程度……他把感覺生活的重心擺在這圖像及其塑造上，尋求平靜和堅定，這些均是在漩渦般個人體驗極為狹隘的範圍裡所找不著的。

前一項理由可以勉強詮釋成，藉著從事自然研究設法使本能昇華，後一項則關乎追求凌駕個人的與絕對的真理。所謂「多愁善感者」則有自我褒獎的意味，即能把意識從受到原始模糊的激情左右的群眾中拉拔出來。愛因斯坦認為，這樣投注學術或藝術，才會得到有價值的成果，即性格的「高尚化」：「對於從事研究，甚至只進行學習的人，這種活動皆將產生高尚化的作用。」而且這種高尚化，隨後會影響生活各領域，如社會和政治。這就完全符合席勒的美感教育思想：

政治事務的種種改良，均應從高尚的性格出發——不過，在野蠻的國家體制影響下，性格如何才能變得高尚呢？於是必須找尋一種國家所無法提供的工具，藉此鑿開一些水井，即歷經種種政治腐化，仍能維持純淨的泉源……這件工具就是美的藝術……更為積極、更受到人類習俗採納的，則是藝術如同學問一樣，是無罪的，兩者完全不受人類的恣意妄為所限制。

對不曾從事研究的人而言，大概很難體會愛因斯坦把**感覺生活**的重心擺在像抽象的事物及令世界的複雜現象化約成簡單圖像上的看法。然而，發現事物的關聯和內在的「和諧」，帶給研究者的無比快慰，會讓這樣的探究欲罷不能——從而產生某種依賴，連愛因斯坦也變得「依賴」。最明顯的，就是他白費三十年苦工，探究電磁場和引力場的「統一場論」，試圖解釋像「電子」和「質子」等基本粒子的存在和特性。愛因斯坦本該摒棄這種詮釋的。他不認為這是陶醉感，而是「宗教感，因為體驗到深層關聯的明確邏輯經驗而觸發的……」。他逐漸拿這種「深刻的宗教感受」和「真正的學問追求」相提並論，以斯賓諾莎的見解看待兩者的關聯，即「神將萬事萬物整合至符合自然的規則性」。

我們從愛因斯坦一九三〇年十一月為「德國人權聯盟」所做講演黑膠唱片中聽到：「去感受可體驗事物的背後我們精神難以企及的存在，只有間接透過微弱的反光，才能一睹其中的壯美和莊嚴，這便是宗教情操。從這個意義上講，我是具有宗教傾向的。」不過，在政治傾向較急進的格羅斯和文藝人士赫茨費爾德（Wieland Herzfelde）看來，愛因斯坦專研學問和藝術的動機與自己身為學者的生活，卻是**脫離現實**的：「對多數人而言，藝術也是種逃避方式。脫離這種『賤民般』世界，仰望星空，進入沒有黨派、沒有內鬥的純真樂園。」這兩人更斷然唾棄「對畫家和詩人的個人崇拜」。因而，再度涉及到愛因斯坦，一般對他「過分的個人崇拜」，一直被看成「不當與敗壞人心」。

學者

一九一八年夏，長期養病的愛因斯坦寫信給燦格，表示自己精神癱瘓、力氣盡失，「但名氣還在僵化的軀殼上發光」。他依舊繼續為科學院工作，「其性質重在繼續維持，而非發揮功能」。從各方面來看，這種悲觀論調過於誇大，甚至是愛因斯坦和許多其他人使用的技巧，誇大自己的缺點，令這個機構聲名掃地。二〇年代的愛因斯坦，不僅在物理研究上取得重大成果，更透過在非自然科學問題上的種種表態，達到某種曝光程度，「功能」更勝科學院。

一次大戰結束前，愛因斯坦物理課題的多面特徵，之後依然保持下去。一九二〇年，他的論文《在部分解離的氣體中的聲音擴散》，相當別出心裁。這項成果或許源自同瓦爾堡或物理—化學家能斯脫的討論。在帝國物理技術學院中，也有探究該問題的部門。愛因斯坦也鑽研一九一一年萊頓大學翁涅斯（Kammerlingh Onnes）教授所發現的超導電性，並寫了篇紀念文章，表揚這位荷蘭同儕。他花了一段時間從理論上澄清地磁現象而未果，該現象之複雜，直到我們這個時代，透過最大的計算機才能加以掌握。愛因斯坦在柏林起初主攻引力理論，接著是統一場論，但對普朗克、玻爾和索默費爾德等物理學家所窮究的量子論之謎，也不曾忽略。二〇年代初，兩項重大的實驗結果出現，即前述的施特恩—格拉赫效應及康普頓（Compton）效應。後者證實了X射線影響電子時的頻率變化，且可用愛因斯坦假定的光粒子（即**光子**）詮釋成電子的彈性碰撞。於是，首度出現了這樣的概念：藉由實驗來佐證光的粒子性質。一九二四年五月，愛因斯坦寫信告訴貝索：

> 我幾乎是不間斷地探索量子問題，並確信自己的推測正確……我的新論題是融貫量子和馬克士威的場。在學界近幾年的實驗結果裡，其實只有施特恩和格拉赫的實驗及康普頓的實驗（具有頻率變化的X射線散射）有重要性。前者證

明量子狀態的單獨存在，後者則證實光量子脈衝之存在。

在這期間，他設想了一個又一個實驗，以便判斷究竟要以粒子或是以波的型態來描述一般的光或電磁振動過程。一九二二年，蓋格爾和波特（Bothe）在帝國物理技術學院進行了陽極射線放射光的實驗，卻未證實愛因斯坦所預期的波圖像（原註：陽極射線是放電管中的電子射線，從中藉著與剩餘氣體分子的撞擊產生光）。一九二六年，愛因斯坦回到這項實驗，建議一種修正裝置，於是，柏林物理學家魯普（Emil Rupp）測得愛因斯坦所預測的結果，學界同事卻未一致認同。慕尼黑物理學家格拉赫和呂卡特（Eduard Rueckardt）重複了魯普實驗，結果卻顯示，用魯普的儀器根本得不到所宣稱的結果。後來則發現，魯普在其他實驗中假造了數據，於是不得不離開物理學研究機構。由海森堡—狄拉克—博恩量子力學及玻爾互補性原理，可見愛因斯坦的問題設定不會有明確的答案：光會隨著所測量的不同數值，展現為波**或**粒子現象。這個觀點與愛因斯坦的看法並不相容，即「實在」雖不依賴於人而存在，卻似乎能夠給出明確的答案。「粒子」和「波」在物理學中被應用成**模型觀**，以描述測量所得的經驗。通往可能存在的「實在」層面，即所謂事物的「本質」之門徑，在物理學是沒有的。

儘管愛因斯坦在波與粒子現象問題上沒有重大斬獲，他一九二五及二六年三篇關於量子物理的論文，卻是重大的進展。利用**統計學**方法，可以把這項進展應用到熱力學領域：在這方面，愛因斯坦早已堪稱大師。然而，最初的研究構想，卻是來自截至當時還不知名的印度數學物理學者博澤（S. N. Bose，又譯玻色）。他從一種光子氣體理念，重新導出普朗克的輻射定理，把自己遭到英國學刊退稿的論文轉寄愛因斯坦。博澤自己並不知道，他在推導中把古典波爾茨曼（Boltzmann）統計學換成新的統計學，愛因斯坦卻有所了解。在不知情的狀況下，博澤放棄了粒子在統計學上的獨立性及其可辨識性兩者。施塔赫爾（John Stachel）指出：「天使不敢踩踏的地方，博澤全踏遍了。」今天這種新的統計學分布，便稱為「博澤—愛因斯坦統計學」。

愛因斯坦安排博澤的論文發表在《物理學雜誌》（*Zeitschrift fuer Physik*），並把後者關於缺乏靜質量的光子方法推廣到具有**靜質量**的粒子，亦即由原子組成的量子氣體。後來出現的有趣效應，便是所謂原子氣體的「博澤—愛因斯坦凝結」，直到六〇年代，才有實驗證實了愛因斯坦的預言。這便涉及達到量子氣體的基本狀態，即**所有**粒子在一定的超低溫下，基本上均能夠達成的狀態。這種凝結狀態顯示了類似高於過渡溫度的氣體另一種熱力學特性。二〇年代時，尚不可能談到「階段過渡」。這些柏林時期的論文，大概就是愛因斯坦在量子論方面最後**具有建設性**的重大貢獻。另外，為了他一個姪子的博士論文，愛因斯坦還研究了流體力學的一項問題。

自二〇年代初開始，他以無比熱情和毅力所從事的研究，便是統一場論，這擴展了他大獲成功的引力論。大家可從物理學史得知，該理論把先前分離的若干領域融貫成可理解的形式和共同的架構，是項別開生面的重大進展，統合的領域包括電和磁、光學及電磁學、熱力學與統計力學，及慣性跟重力。二十世紀後半的成果，則是結合放射性衰變的電磁及弱交互作用，甚至整合強大的核能及基本粒子的標準模型。重力所涵蓋的問題，仍未徹底解決。一次大戰末，唯獨重力和電磁力尚被視為物質基本的交互作用。博恩則設法單憑電磁的交互作用及量子物理來解釋晶體構造。

愛因斯坦統一場論的目標，是把引力和電磁學融鑄成單一的理論。空─時**間隔**裡的六種重力位能被轉換到他的引力論中。問題在於，電場和磁場的這六種量度，或至少**電磁**向量位能中的四種量度，位於哪裡及如何安排。由於缺乏實驗證據，目前學界還在四下摸索新的理論。不過，用來摸索的工具還算不錯：譬如微分幾何學和局部微分方程組之類的數學工具，就相當發達。不過，還是需要若干物理學的條件，如缺了重力場的馬克士威電動力學及缺了電磁場的愛因斯坦引力論，便不得不成為「統一場論」的模稜兩可案例。

早在一九一七年，德國西部之埃森的巴赫（Rudolf Bach）教授便提出建議。他概述度規場的定義，以致能在當中容納電磁場的量度。在空─時間隔中，依舊只有引力位能得到深入研究，另外，電磁場對在兩個方向間的**角度**上也出現額外影響。愛因斯坦在與巴赫的通信中承認，他也是依循這條路線。這項研究已經使他「白費許多功夫。您在探索時，或許會比較幸運」。兩個月後，他不理巴赫的提議：「……而我對憑藉這個方法，找出統一（引力—電磁學）之奧祕，不抱希望。」後來在一九一八年，數學家魏爾導入了他那結合重力和電磁場的「埃希對稱理論」（Eichtheorie），以**幾何方式**詮釋存在於馬克士威電動力學中向量位能的自由度。他的構想基於一種較為複雜的幾何學，即作為愛因斯坦引力論基礎的**黎曼**（Riemann）幾何學。儘管愛因斯坦稱許魏爾的理論為「一流天才的手筆」，卻隨即發現箇中破綻：在這新理論中，空—時間隔不再具有可計量的意義，而且是說距離和時間的計量，會受制於計量工具的**來歷**。恆星光譜線中的化學元素，大概無法再做明確的分類。因此，在他看來：「可惜該理論的基本假說是無法接受的，但其深刻和大膽，卻令任何讀者為之嘆服。」

一九一九年，德國東部柯尼斯堡（Koenigsberg）的數學家卡盧察（Theodor Kaluza）打開了通往統一場論的第三條門徑，即給空—時增添另一空間維度，亦即由一種**五維**構造物的幾何學出發。五次元的物理學涵義，仍有問題。度規場，也就是規範間距和時間間隔的量度，在五維中展現了極大的自由度，足以含納電磁場量度。假使一種額外出現在該理論中的自由度遭到壓制，那麼類同於愛因斯坦引力場方程的**五維**方程式，便可明確區分成電動力學的馬克士威方程及愛因斯坦重力方程。遲疑了兩年多，愛因斯坦接受了卡盧察的理論：

我反覆思量，自己兩年前阻止您發表關於結合引力和電的構想。不過，現在看來您的路線確實比魏爾的更有見地。如果您願意，我便把論文提交科學院。

一九二三年，和俄國助理格羅梅（Jakob Grommer）合作後，愛因斯坦便離開了五維理論，直到一九二七年才重回這兩篇提交給普魯士科學院的論文。他藉此想取得的進展，卻已經被別人發表了。

早在薛丁格的波力學和海森堡的量子力學問世前，愛因斯坦便對他的統一場論寄予厚望。他想藉此銜接在古典的場論（電動力學、引力理論）和量子物理學（原子、晶體和電子理論）間的鴻溝。尤其，當時知名的物質元素，亦即氫核（質子）和電子的特性，據說便是得自他的理論。他預測這些位於統一場的（點狀）粒子，數值將達到無限大。物質在此被視為場。因此，愛因斯坦對他所謂的「遠平行理論」，即一九二九年曾在國際報界造成轟動的理論，投注了莫大期望。然而，該理論和愛因斯坦與邁爾（Walther Mayer）所提出關於卡盧察的構想的新版本一樣，並不適當。一九三〇年，他不得不承認：

希望卻未能實現。我以為要是成功確立這條規則，將形成合適的量子及物質理論。情況卻非如此。在物質和量子的問題上，這種建構似乎是失敗的。

愛因斯坦深信，一定有比海森堡－狄拉克－博恩的量子力學更好的理論，儘管他知道自己在量子物理學領域已經有所不足。在比利時籌備第五屆索爾未研討會期間，他推辭了羅命茲關於發表報告的邀約，理由如下：「我的能力不足以用確實符合事態的方式發表這樣的報告。理由在於，我無法像為此目的所需那樣頻繁地參與量子理論的現今發展。」不過，愛因斯坦總能設法在會中提出新見解，以精心構作的思想實驗，反駁由玻爾、海森堡、狄拉克等人所代表的量子論統計學詮釋。玻爾能夠駁倒所有針對他的異議。自從狄拉克藉著以他命名的方程式來描述電子，以及最晚自陽電子（即帶正電的電子反粒子）被發現以來，愛因斯坦（一九三二年八月）以一種統一場理論結合到測量性物理學的計畫，已告失敗。

誠然，愛因斯坦了解，在解釋許多當時不得其解的現象方面，量子力學確實是一重大進展。一九三一年，他推薦薛丁格和海森堡為諾貝爾獎候選人，但基於具有洞察力的認識論，卻不願承認該理論為物理學的最終標準。

小提琴及家庭音樂

如果說愛因斯坦的思想生活以「思考」、「反戰」和「國際合作」為主，那麼在他的感覺生活中，音樂便佔有主要的份量。對他而言，音樂和自然研究關係密切：兩者

「均源自嚮往之情」，在改善人的低下本能和行為上，可以互補。在愛因斯坦看來，莫札特樂曲的美展現出宇宙的和諧。在這種見解中，我們遇見叔本華的思想遺產：叔本華認為，音樂乃世界內在結構的寫照。

愛因斯坦會拉小提琴，也能彈鋼琴，前者則是他的最愛。他從六歲開始學拉小提琴。在一般的愛因斯坦圖像中，小提琴便是他的標誌——連童書中都有：

> 這是愛因斯坦。愛因斯坦有十雙拖鞋和一把小提琴。他穿綠拖鞋，握著小提琴，面對廚房打開的窗户。他在那裡拉琴，想事情……

他常拉的小提琴曲，有巴哈（J. S Bach）的曲子，如成為沙龍曲子的B大調第三號管弦樂組曲《Air》（譯註：Air為如歌的器樂曲），或是d小調第二號組曲《夏康舞曲》，甚至雙小提琴協奏曲，及莫札特奏鳴曲、泰勒曼（Telemann）和「若干古義大利人和英國人」，即韋瓦爾第、科雷利（Corelli）、韓德爾和普塞爾（Purcell）的曲子。一個人時，他便即興彈奏鋼琴，有時則在普勒許的莊園演奏管風琴——放下小提琴的視譜練習來稍事休息。他常從「巴哈清晰的結構」得到啟示。這種音樂品味也顯示了他與托瑪斯．曼的不同，後者認為貝多芬的人文氣息比大師巴哈更為濃厚。如狂風般、具交響性的老貝多芬，在愛因斯坦聽來太具張力，比較難以接受他的室內樂。在瑞士阿爾高（Aargau）高中的音樂考試中，貝多芬奏鳴曲的慢板曾讓他受到稱許。在普朗克家裡，他就和普朗克合奏，擔任貝多芬鋼琴三重奏的第三鋼琴手。

二次大戰以前，「文化圈子」裡有不少人在家以合奏取樂，熟練樂器有助於和樂的氣氛。數學學者和理論物理學者大都喜愛這類合奏。普朗克、瓦爾堡和海森堡均是不錯的鋼琴家。弗蘭克愛拉小提琴，哈恩喜歡歌唱助興。愛因斯坦的琴藝為何可在這麼多同儕中凸顯出來，就有些耐人尋味。不過，和世界知名的與今天幾被遺忘的同好看譜二重奏、三重奏和四重奏，他卻很拿手。例如，哈伯蘭街家裡同優秀的鋼琴家暨醫師里夏爾．沃爾夫（Richard Wolff），他是一九一二年至二一年的柏林市長韋穆特（Adolf Wermuth）的女婿；或是在大提琴家家裡，於「貝瓦爾德四重奏」中擔任提琴手、官派建築師、普魯士國立圖書館監造者的貝瓦爾德（Alexander Baerwald）。一九三一年，愛因斯坦給妻子的信中，還描述了他和比利時王后伊莉莎白（Elisabeth）的三重奏和四重奏。

即使愛因斯坦始終跟一般「家庭樂手」一樣是業餘愛好者，演奏時卻是自得其樂，信心十足。行家對他的看法相當一致：鋼琴家約瑟夫．施瓦茨（Joseph Schwarz）及其公子，即後來在美國成為知名音樂學者的天才小提琴家鮑里斯．施瓦茨（Boris Schwarz），及俄國鋼琴家賽爾金（Rudolf Serkin）等和他合奏過的**行家**，認為他幾乎演奏不出什麼顫音。某位和他合奏過的學界同事，甚至覺得他的「弓法就像伐木工」呢！不過，他的音準和節奏感似乎都不錯，難怪他的女婿凱澤會誇讚他的音樂才華。據說，小提琴家克賴斯勒（Fritz Kreisler）在合奏後對他說（可能有弦外之音）：「我跟你說，阿爾伯特，要不是你發明了這個可惡的相對論，你還會是我的一大對手呢！」西班牙報紙刊登了一幅二〇年代愛因斯坦公開演出的諷刺畫，描繪得相當傳神：愛因斯坦拉琴時，一批老學者若有所思地聽著；而演講時的聽眾，則是穿著入時的年輕貴婦和紳士。愛因斯坦的琴藝平平，也可拿以下事實來證明，即在柏林定期舉辦家庭音樂會的大型音樂廳活動中，不曾提及他。愛因斯坦自知音樂才能未達專業水準，便寫了以下的四行詩：

半瓶醋也有權利，
只不過像在殺雞；
為避免惹人惱怒，
便只得關起窗户。

一旦生起氣來，可就不管這麼多了。布麗吉特・貝耳曼・菲舍爾（Brigitte Bermann Fischer）表示，他們曾合奏過巴哈的雙小提琴協奏曲，她彈鋼琴，他和小提琴家埃娃・伯恩斯坦—豪普特曼（Eva Bernstein-Hauptmann）（豪普特曼的媳婦）一起拉小提琴。據說為了對方的音量蓋過他的，他還跟她吼道：「不要這麼大聲！」愛因斯坦作傳者澤利希（Carl Seelig）指出，愛因斯坦認為演奏時並不需要默數拍子，於是發生了一件糗事。有一次，他和作曲家艾斯勒（Hanns Eisler）（他所作的曲，歌者恩斯特．布施〔Ernst Busch〕演唱的〈橡皮圖章之歌〉，成為左派政治鬥爭的經典名曲）在朋友家吃飽飯後一同演奏。愛因斯坦吃力地數著節拍。結果，艾斯勒老實不客氣地說：「教授先生，您一定會數到三吧！」這個故事很可能是捏造的，艾斯勒對音樂人施納貝爾（Artur Schnabel）也有類似的版本。愛因斯坦的自知之明，顯示在他和施瓦茨父子合奏巴哈奏鳴曲三重奏後所拍照片上玩笑式的題詞：

父子檔合奏

——很難出紕漏！

據說，在第二次搭船到美國時，愛因斯坦曾和船上管弦樂隊一同舉辦音樂會。還聽說，他在柏林菩提樹下大街的俄國大使館裡，和俄國畫家列昂尼德．帕斯特納克（Leonid Pasternak）的太太合奏鋼琴。另外，有照片為證，是他一九三〇年元月二十九日參加由柏林猶太社群理事會在市中東區的歐朗寧堡街（Oranienbburger Strasse）新會堂舉辦的慈善音樂會演出。共同演出者有宮廷歌唱家亞德羅克（Hermann Jadlowker）、小提琴教授萊萬多夫斯基（Alfred Lewandowski），及有所擴編的新會堂合唱團。愛因斯坦和萊氏一同演奏韓德爾B大調第二號奏鳴曲及巴哈C小調雙小提琴（為管風琴伴奏而改編的）協奏曲慢板。接著是演奏八首猶太祭典的曲子，他則戴著一頂蓋住耳朵的黑色猶太帽子，並未參與。所得款項則歸猶太社群慈善及青年單位。

或許受制於有限的小提琴演奏技巧及相當保守的音樂品味，愛因斯坦的演出曲目不多。當中儘管有舒曼（Schumann）、孟德爾頌（Mendelssohn），及布拉姆斯（Brahms）的幾首歌曲，他卻認為這些浪漫派缺乏「崇高的形式」、「深度」，乃至「較深刻的說服力」。更甭提德布西（Debussy）（「細膩，但結構鬆散」）或拉威爾（Ravel），或當時的柏林音樂家義大利的布索尼（Busoni）、辛德米特（Hindemith）、荀伯格（Schoenberg）和施雷克（Schreker）的作品了。建築師瓦克斯曼指出，愛因斯坦無法進入荀伯格的音樂中，卻認為荀伯格明白自己為何必須創作這種樂曲。自一九二五年起，荀伯格擔任夏洛滕堡音樂大學作曲學教授。而辛德米特曲中的強烈節奏，似乎使愛因斯坦頗為反感。令人好奇的是，身為物理學家的他，對新的電子樂器觀感如何，辛德米特一九三一年還為此寫了首協奏曲。愛因斯坦五十歲生日時，德紹（Paul Dessau）為他譜了一首小提琴曲，他後來是否拉過這首曲子呢？愛因斯坦最反感的，便是華格納的「音樂人格」，他無法忍受他的作品。

帆船手

威瑪共和時期，柏林人最為熱中的運動項目有拳擊、自由車（六日賽事）和賽馬，及後來在市西區的阿弗斯公路上的賽車。弗萊希特海姆（Alfred Flechtheim）在他的《橫截面》雜誌曾經報導過一場拳賽，現場冠蓋雲集，德國拳手敗給西班牙對手。弗氏感到惋惜：否則德國就「多了一位了不起的男子漢」：「因為我們在德國只擁有幾位具國際聲望的大人物，除了藝術史家博德、愛因斯坦和理查・史特勞斯，應該再出一位新人。」**實際情況**卻有不同。有錢階層更愛好的，卻是賽車、高爾夫和網球。

當時流行的另一種運動，則是駕帆船。連帆船運動也有細微差別：「位於萬湖的『萬湖帆船館』俱樂部盡是……股市大亨和工業鉅子。基本上，他們偏好坐在暖爐旁，因為待在甲板上會暈船……就社交圈來講，他們跟出現在柏林東南上施普雷河（Oberspree）的帆船手們涇渭分明，如柏林的阿霍伊（Ahoi）帆船社和穆格湖（Mueggelsee）帆船社。」這些社團籌組了「柏林帆船週」，前半段時間在市西，後半段時間在市東進行。一九三〇年，作家埃德施米德（Kasimir Edschmid）取笑了這種時尚：「人類歷史可以沒有希臘劇作家埃斯庫羅斯（Aeschylus）和但丁，卻不能沒有帆船賽。」不過，大家還是可以玩玩小帆船。這便是愛因斯坦興趣所在。一九二二年夏，他邀兒子們來哈韋爾河在市區西北邊之施潘道的皮歇爾斯堡（Pichelsberg）港灣共度帆船假期，在水上玩了幾天。晚間，他們住在伯克斯菲爾德（Boxfelde）小型園藝區一塊租地上的小屋，但因愛因斯坦絕非什麼專業園丁，只得很快放棄這塊田園詩般的地皮。帆船活動之所以吸引他，或許因為不需要太奢侈的科技，只要求若干操作技巧，及對風和浪的了解。至於陸上的運動，愛因斯坦似乎只會騎單車，卻不曾學開車。

愛因斯坦沒有加入任何帆船社團。他起初定期跟卡岑施泰因博士駕駛他的遊艇，五十大壽後，則駕著自己的「海豚號」（Tuemmler）。船艙中有兩個睡鋪、一張四人桌、一口升降式爐子、餐具櫃及其他配備。這艘船也照愛因斯坦的意思，加裝了一間小盥洗室。在卡氏的「豪華帆船」上，似乎還沒有因應無風狀況的備用馬達，所以一九二七年夏（或秋），愛因斯坦因為划槳而過於勞累。於是，出現了一篇論愛因斯坦五十大壽的文章：「他嗜好的運動是划船。當他在水上時，覺得最為愜意。在他密集研究後來出名的場論期間，划船也是近來讓他大病一場的原因之一。」

心臟問題及場論

在划船過勞後的一九二八年三月底，愛因斯坦扛著沈重的背包，跋涉過雪地，來到歐司朗燈泡公司總經理邁因哈特（Hermann Meinhardt）位於瑞士作爾茲（Zuoz）山頂上的木屋──這似乎又太吃力了。他先前在附近達沃斯（Davos）國際大學週第一天主講〈物理學基本概念及其發展〉，隨後應邀住在邁因哈特這裡調養。由於萊比錫國家法院傳喚他為一場專利權訴訟作證，愛因斯坦中斷了在作爾茲的休養。由於旅途勞累，他的病情發作，醫師們強烈要求臥床靜養。四月初，他便待在蘇黎世一家醫院裡，燦格過來照料，處理轉院柏林事宜。那裡的朋友內科醫師普勒許接下後續的診治。靜躺十週下來，他的心臟仍未完全復原：「於是普勒許從心包分泌物的積聚，診斷出心包發炎。」所以愛因斯坦只得忍耐在這繼續靜躺，吃無鹽飲食，並在病情有所好轉時，到波羅的海的夏爾波以茲（Scharbeutz）從七月調養至九月底。復原時間頗長。一九二九年元月，他告訴貝索，身體「逐漸恢復」，卻曾「差點死翹翹」。臥床的愛因斯坦鎮日沈思，繼續研究他的統一場論。他在柏林自豪地寫信給燦格，說自己已經「在廣義相對性領域生了顆令人驚喜的蛋」。他在夏爾波以茲則捎信向埃倫費斯特表明，他「越來越不相信物理事件的統計學性質」，並有意「以不依賴現今辦法的方式」，善加利用「自身剩下的些許心力」。

這意味著，他將迴避二〇年代後期理論物理學真正有所進步的領域，即**量子力學**的研究，而鑽研推廣廣義相對論時的特定命題。當然，在病床上的愛因斯坦很難去查詢專業資料，但他本來可以請助理代辦，所以不知道自己的命題早已有數學家嘉當（Cartan）和埃森哈特（Eisenhart）在探討。至於物理學方面，儘管一九二九年期間，尤其英國和美國報界經常報導他所建議的研究方針，卻無明顯的進展。魏爾和物理學家泡利均表示批評，甚至職場上仍未站穩腳跟的匈牙利助理蘭措什（Lanczos）也表明：

對長期追求不朽的人的創作進行批評，對我們而言，不僅不恰當，也非能力所及。所以，在此僅僅指出這樣的印象，即新的場論似乎不比先前的理論那麼具有說服力，具有內在的完滿性和左右人心的必然性。

話說回來，愛因斯坦以樂觀心態看待他的新構想，確實有助痊癒過程。該構想也令大西洋兩岸少數理論物理學者和數學學者探討他的思想，發表相關的新論文。對這項孕育不到兩年、形同燙手山芋的構思，他們能夠冒出什麼想法呢？愛因斯坦這種見解上的遽變，並不一定有助他們的學術生涯。他並不在意這個，如同他後來由絕對拒服兵役，轉到贊同國家在希特勒影響外適度加強軍備，且不理會帶給拒絕服役者的後果。一九二九年三月，愛因斯坦五十歲生日前後，已經有所恢復，卻小心避開了預期的熱鬧。

11

周遭和外圍

子女、藝術家和同事

Nähe und Ferne
Kinder, Künstler und Kollegen

埃爾莎、兒子和繼女

愛因斯坦的第二任妻子埃爾莎，這時早已是他的伴侶和照護者。她很快就勝任家庭主婦、愛因斯坦的祕書及為他排除干擾的保護者等幾種角色。埃爾莎的生活圍繞著自己的先生和前次婚姻中的兩個女兒。女婿凱澤的愛因斯坦傳，便「滿懷敬愛」題獻給她。另一位女婿馬里安諾夫的愛因斯坦傳，則被愛因斯坦公開指正，馬氏這麼描繪：

> 在她而言，是妻子與母親。她是主動脈，所有家事如同血液一般從中流過。她是門房、會計，是他所經之路的忠實護衛。她的內心有一股任何人事都無法澆熄的至情，她具備所有人性中的黃金。她引導著必朽的人，從而使不朽之事長存……要是沒有她的籌畫和關切，（他的）學術生涯就會遇到多次中斷。她就站在他和可能無情吞噬他的世界之間。

在種種褒獎之外，馬里安諾夫也有所批評。埃爾莎的母性本能不太尋常，介入自己孩子生活的所有層面。即使這種行為導致和他人的衝突，她也不在乎。馬里安諾夫在此指的大概是自己和瑪歌之間的關係。為了理解埃爾莎，我們不妨想想，她的第三個孩子，一個男嬰，出生不久後就夭折了。馬里安諾夫的形容暗合於德國駐紐約總領事一九三一年的彙報。這位愛因斯坦夫人被譽為「以非常的得體和不倦的熱誠」，在不愛面對公眾、「對現實生活過於輕忽的教授」和基於不同因素想結交他的人之間，建立了關係。

她不像米列娃那樣了解愛因斯坦的物理思想，在精神方面也沒有太大需求。埃爾莎愛好優美的文學和戲劇，能夠清楚講述和引述。夫妻兩人擁有相似的嬌小身材、容貌和頭髮，大概因為是近親的關係。

第一段婚姻還給第二段帶來不安。儘管愛因斯坦把諾貝爾獎金用在前妻和兒子身上，利用在蘇黎世買下的三棟房子的收入來贍養他們，米列娃的財務仍然狀況不斷。因為房子的收益少於地產所需繳付的利息，不得不賣掉其中兩棟；治療愛德華的花費也很大。米列娃差點宣告破產，事情經過一番周折。起初，愛因斯坦不願支付先前講定費用以外的款項，後來則聽從瑞士好友的規勸。為了降低費用，愛因斯坦早在一九一九年便要米列娃和小孩搬到德國南部的卡爾斯魯厄—杜拉赫（Karlsruhe-Durlach），即遠房姪子與高中校長奧古斯特・馬克思（August Marx）家裡。一年後，他要他們遷到德國中西部的達姆施塔特（Darmstadt）：由於貨幣貶值，他們「在達姆施塔特會比在蘇黎世生活得好」。她沒有答應，他則覺得莫名其妙。

蘇黎世的兩個兒子

大家知道，家長太出名，孩子就很難找到自己的身份認同，如托瑪斯．曼的長男克勞斯和長女埃麗卡（Erika），愛因斯坦兒子的情形應該也差不多。長子漢斯相當早熟、自信，足以按照父親的意願，在半大不小時就開始思考職業和結婚之類的人生大事。身為婚後第一個孩子，他或許比弟弟得到父親更多的注意。另一方面，他在這場婚變中也經歷較多。父母離異時，漢斯已經十歲，父親再婚時，將近十五歲。一九一八年元月，愛因斯坦寫給大概很怕他的十四歲長子的信中顯示，他有時實在很粗心。在開頭的親切問候和誇獎後，他講起在阿羅薩療養院的愛德華，抱怨：「耗用極多的錢，耗光我所有積蓄。等哪個好日子我死了，就留不下什麼東西給你們。」造成這種情況的，是他的蘇黎世朋友，「他們對不起這段交情」。他希望「你日漸長大，我可以跟你商量所有事情，不必再假借外人」。他在兩年前跟燦格講的卻是：「要是沒有你、齊歇爾（Zuercher）和貝索的幫助，我會在這種可悲的處境下失去理智。」

漢斯發現自己的興趣在工程界，便違逆父親，在蘇黎世工程科技大學研讀，於一九三六年拿到工程博士學位。愛因斯坦起初不聞不問，他自己本該成為技術人員的：「可是依我看，把創造力發揮在事物上，讓勞力生活更加細膩的念頭，達成聚斂資本的無聊目標，令人難以忍受。」看來，愛因斯坦一開始並未意識到，如今他持續從事的就是物理學的科技應用：在柏林擔任專利權鑑定人及飛機機翼、迴轉羅盤、助聽器或冰箱的設計者。後來他才了解到，不能夠要求自己的子女「繼承家長的信念」。後來，漢斯研究流體力學領域，專攻河床沈積和人為污水的排放。

引發父子間另一激烈爭執的，則是漢斯的結婚計畫。他的對象是大他九歲的芙里達·克內希特（Frida Knecht）。一九二七年五月，愛因斯坦大表反對：芙里達「年紀太大，體型太小」。如果漢斯非娶不可，就應該答應不跟她生育小孩。愛因斯坦可能忘記，自己就跟父母爭執過同樣的事情，或是已有不同的判斷。芙里達就跟米列娃一樣不是猶太人。愛因斯坦後悔跟米列娃結婚了嗎？貝索一九二八年初猜想，自己在愛因斯坦的婚姻裡扮演了負面的角色：「或許部分由於我對猶太身份和猶太家庭的捍衛，才這麼關切你的家庭生活，把米列娃從柏林帶回蘇黎世。」自從芙里達一九三〇年生下長孫伯恩哈德（Bernhard Caesar）之後，愛因斯坦息怒了。他成為他的愛孫，祖父亡故後，還得到他的小提琴。

次子愛德華其實是在缺少父親的情況下長大的。四歲時，他便跟著母親，由柏林來到蘇黎世——父親很少來探視或和孩子們一起度假，起初定期的通信，不過是小小的補償。愛德華具有語言和音樂天分，是個過目不忘的優秀學生與傑出的鋼琴家。他寄給父親的信，洋溢著熱情與聰慧。剛開始感到驚喜的愛因斯坦，後來卻覺得他的警句（如

「最壞的命運，便是沒有命運，也不去過別人的命運」）有抄襲之嫌，而傷害了兒子。愛德華高中畢業考後，到柏林探望父親；一九二九年，開始在蘇黎世學醫，有心成為精神科醫師。

一九三〇年夏，跟學姊分手後的愛德華精神頗不穩定，怪罪父親離開了他，「在他的人生投下陰影」。他揚言自殺，卻在和父親合奏時，忘卻自己對他愛恨交織的感情。米列娃細心照料他，但一九三二年底左右，愛德華出現暴力傾向，只得把他送進精神病院，當時他才二十二歲。在確診為精神分裂後，他在此接受治療，接著是短期或長期住院，因而學業中斷。隨後，他不得不經常由看護陪同，只要病情許可，母親就帶他回家。一九三二年九月，貝索試圖規勸愛因斯坦：「這又是愛因斯坦的一種形象，包括對他的女兒在內。我是說，他應該有個兒子，大家卻不曾見過兒子的蹤影，不是嗎？」接著他央求愛因斯坦：「利用一次長期出差的機會，帶著兩位公子同行。」十月，愛因斯坦回信表示，他邀請了愛德華隔年一起去普林斯頓。這趟美國之行，對他兒子來講，「與其說是休息，不如說是有危險的負擔。只可惜一切跡象顯示，這種沈重的家庭遺傳負荷，在他身上影響深遠。」他在愛德華還小時，早已預見這點。埃爾莎寫信告訴女性友人：

阿爾伯特經歷了難事，他的愛子進了精神病院。這可是個天資高、感情細膩的青年哪！阿爾伯特感到焦慮，事情很難有個了結。這比他所表示的還難上許多！

大家知道，愛因斯坦自一九三三年後，就不曾探望愛德華，即使在他必須長期住院時，也不曾訪視。在他移民美國後，也未曾和他通過信。「這件事背後有某種顧慮，我卻無法完全加以分析。」既然愛因斯坦預設這是米列娃的家族遺傳，或許他便不得不抗拒若干指責，即他在婚前沒有充分查明。或許他還把愛德華看成他公眾形象的污點？把精神病患隔離出社會的做法，在二〇年代尚未真正結束。愛因斯坦把對兒子的人道照護託付給前妻及瑞士好友，特別是貝索和燦格。為愛因斯坦作傳的澤利希也很關心愛德華。

伊爾瑟和瑪歌

埃爾莎的兩個女兒體型嬌小，衣著雅致。據說伊爾瑟穿著入時，往來於知識份子圈。她單眼視力喪失，大概沒有造成太大困擾。當她一九三四年病危時，愛因斯坦也沒有再去探望她，而讓埃爾莎隻身從美國飛到巴黎去見她最後一面。有著漂亮藍眼睛的瑪歌，性情羞怯，聽說小時候因愛因斯坦的意外來訪而受驚，躲到桌巾底下，直到客人離開。根據馬里安諾夫的說法，瑪歌思慮簡單，為人率直。聽說豪普特曼還描寫過她：

「當我想起黃金般的純真，便聯想到她的心靈」。兩姊妹通過了高中畢業考嗎？在一九一七年瑪歌十八歲時，愛因斯坦在《柏林日報》刊登了篇短論〈焦慮的夢〉，文中他基於考試所帶來的焦慮和有損健康，主張廢除畢業考。一九一八年，這項主張被精神勞工委員會列入綱領。高中畢業後，兩姊妹似乎沒有接受職業教育，依舊是「中學畢業的女兒」；伊爾瑟倒是學了打字。所以說，離婚後的埃爾莎，本該學著就業，讓自己經濟獨立，但她不僅未這麼做，也沒替女兒打算。一九三七年，瑪歌跟丈夫離婚時，不能或不願規劃任何獨立的職業生涯，而是重回父母家。

一九二四年，作家凱澤成了伊爾瑟的丈夫。他參與過急進和平主義者希勒（Kurt Hiller）的目標年鑑之編纂，一九二一年出版過新詩選集，接著，他撰寫法國小說家司湯達（Stendhal）和斯賓諾莎的傳記。自一九二四年起，他成為菲舍爾出版社主編，主持該社文學雜誌《新綜覽》的編輯工作。貝耳曼．菲舍爾這麼描述他的特徵：「具有非凡的學歷和高度的素養。在承平時期裡，是位理想的文學雜誌主編。他……沒有鬥爭性格。」一九三二年秋合約期滿時，凱澤遭社方解雇：他的職位由蘇爾堪普（Peter Suhrkamp）接任。一九三三年六月，埃爾莎在給呂謝爾夫人的信上評論了這件事：「您也知道，我女婿凱澤七月一日時失去他在菲舍爾公司的職位吧？《新綜覽》現由一位亞利安人主持，不得不降低成為一份好雜誌的水準……此外，他的斯賓諾莎傳很出色，司湯達傳也可圈可點。」埃爾莎的苦衷是可以理解的，德國最著名出版家之一的薩穆埃爾．菲舍爾也明白自己的作為。蘇爾堪普努力延續出版社的傳統，與希特勒政權陷入衝突，後來奇蹟似地歷經兩個集中營而生還，之後，成為卓越的出版家。

一九三〇年十一月底，一位親切慷慨，卻非隨時荷包滿滿的俄國人——馬里安諾夫，成為瑪歌的先生。在俄方公司的委派下，他在柏林主持電影事業分部。他是德—俄電影委員會的成員，作家梅林、格羅斯和劇場總監皮斯卡托（Erwin Piscator）也是其中會員。馬氏還兼任盧那察爾斯基（Anatoli Lunatscharski）的「文學執行祕書」，盧氏為俄國藝術學者，一九一七至二九年時，擔任教育部的人民委員。一九二二年，馬氏曾擔任范迪門（van Diemen）畫廊柏林分部「第一屆俄國藝術展」的共同主辦人，展出俄國前衛畫家施泰倫貝格（David Sterenberg）、加博（Naum Gabo，又譯伽勃）和阿爾西品科的作品。

愛因斯坦以他有時稍嫌粗直的方式歡迎馬里安諾夫，他表示，他原本不相信瑪歌竟然會有愛人。岳婿兩人在對女性的觀點上大概頗有默契，都沒辦法按捺自己不發生婚外情。一九三一年夏，埃爾莎向呂謝爾夫人表示，這位女婿「沒有定性，卻有品味和風趣，大家都喜愛他」。一九三三年，他離開柏林，前往巴黎後，更無法嚴守分際，隔年婚姻便告破裂，對外的說法是，先生沒有負責妻子的生活費。瑪歌不像母親那樣那麼依賴自己的丈夫，她主要依附母親和家族。婚後，她跟先生住在哈伯蘭街娘家，居留美國時也是如此。直到一九三三年底，愛因斯坦還相信馬里安諾夫。他為了結婚，放棄了自己的俄國國籍。作傳者格龍特曼（Grundmann）認為馬里安諾夫是俄國間諜，不只愛因斯坦不知情，就連德國警方和美國中情局之類的單位，似乎也被蒙在鼓裡。

朋友圈子

為愛因斯坦的柏林朋友分類並不容易，哪些人跟他是朋友，有多接近呢？因為有意見交流的、有同儕間共同愛好學術的、有致力和平的，也有一起駕帆船的及共享歡樂時光的朋友。女婿凱澤曾經指出，愛因斯坦覺得緊迫盯人的友誼，比敵意更難忍受。埃爾莎則講得稍微誇張：「若干朋友為了阿爾伯特該在哪裡用早餐的問題，鬧了兩個禮拜！電報交換得彷彿外交大事，後來才決定輪流。」真正要好的科學院同仁，應該只有哈伯，他在愛因斯坦離婚時仍然予以支持。愛因斯坦跟普朗克和勞厄，也是彼此敬愛，卻不似和哈伯那麼感情深厚。

他的朋友圈中有好一部分人是**醫師**，即為他或他家族診治的人。這就多少顯示了愛因斯坦的性格：同儕總歸是競爭者。這種熟悉他身體狀況的人，愛因斯坦較能信賴，或許還覺得這種關係比較自在。如執業醫師繆撒姆，即貝蒂．諾伊曼的舅舅，是愛因斯坦一九一五年看病時認識的，後來也為他母親診治。週日時，愛因斯坦常常跟他在格魯內森林健行。一九一六至一七年柏林人捱餓的冬天，愛因斯坦曾接受尤利烏斯柏格（Otto Juliusburger）的診治。尤氏為柏林一家勒戒酒癮醫院的主治醫師暨柏林「精神分析學會」

共同創辦人，跟醫師兼學者的希施費爾德（Magnus Hirschfeld）同屬致力同性戀合法化的「科學—人道委員會」（Wissenschaftlich-Humanitaeres Komitee）。他支持刑法改革和孕婦保護聯盟，愛因斯坦是他社會改革及和平主義方面的主要同道。外科教授卡岑施泰因和愛因斯坦比上述兩人更有交情。在愛因斯坦獲贈帆船之前，經常搭他的遊艇遨遊柏林的河川湖泊。一九二三年，當後來的出版家貝耳曼．菲舍爾（Gottfried Bermann Fischer）在腓特烈林縣立醫院外科部擔任住院醫師時，卡氏正主持該部門。愛因斯坦在為卡氏寫的追悼文中表示：

> 我生活在柏林的十八年期間，跟幾個人交情很好，走得最近的，則是卡岑施泰因教授。十餘年間，我總跟他共度夏季休閒時光，多半在他的豪華帆船上……重視休閒的義大利人，把北德的某些工作狂稱為「最嚴肅」的人，他絕不屬於這一類型。他像年輕人般感受得到德國東北邊區湖泊和森林的壯美……我感謝老天讓我結交這麼一位和善、有活力、具創造天分的人。

愛因斯坦另一位重要的醫師朋友，被李伯曼辱罵為「粗人」。這是來自匈牙利的內科醫師與教授，發明某種能把血壓曲線顯示在紙上測量計的人普勒許。他那理所當然設在市中心動物園附近布達佩斯特街的私人診所，顯然很有口碑。根據作傳者赫爾內克（Friedrich Herneck）的說法，這位「業務繁忙、名利心重的紅牌醫師」，甚至診治過威廉二世，令同業有些眼紅。或許他們只是嫉妒他的成就。普勒許勤於著述，發表過一百四十八種醫學出版品。身為朋友，他順著愛因斯坦的心意，作為醫師，則對他極其嚴格。他跟出身法蘭克福望族的妻子均相當好客，往來的名流和畫家有將軍澤克特、普魯士文化部長貝克爾、哈伯、愛因斯坦、音樂家有施納貝爾、克賴斯勒和福特萬格勒，畫家奧爾利克和斯萊福格特，劇場導演賴恩哈特、豪普特曼、克爾等人。愛因斯坦夫人埃爾莎曾建議她的女友：「妳要是星期六到普勒許家裡，應該可以看到克羅齊來看阿爾伯特。」一九二〇、二一年，哲學家克羅齊（Benedetto Croce）曾任義大利課程部長。德國之行時，他訪問了愛因斯坦和托瑪斯．曼，前者跟克羅齊均反對義大利法西斯主義。

祕書和工作夥伴

愛因斯坦的郵件需要人協助處理，物理所的職務也需要文書或祕書。我們知道，接替伊爾瑟的，是後來跟愛因斯坦有過一段情的貝蒂，接著是位法律研究生雅各比（Siegfried Jacobi），一九二三年，為普朗克學會總幹事格盧姆（Friedrich Glum）做事，並拿到柏林大學博士學位，後來卻不得不流亡。雅各比的身體遭過暴力：一九二九年五月一日（即所謂「血腥五月」），柏林警方在鎮壓勞工示威時造成許多傷亡，他也在街上遭到警察毆打。下一個「人手」，是一九二八年埃爾莎為丈夫透過她德國南部的赫辛根鄉親找來，後來陪他直至晚年的海倫·杜卡斯（Helene Dukas）。她當過幼稚園老師、教師和出版社祕書。一九三六年十二月，埃爾莎過世後，她也為愛因斯坦管理家務。在他立遺囑時，她是兩位遺稿保管人之一。

愛因斯坦也有工作夥伴。自一九一七年起，來自白俄的格羅梅（Jakob Grommer）扮演這個角色，為期十年有餘，他的薪資來自物理所的補助和愛因斯坦所籌措的研究經費。格羅梅在哥廷根攻讀數學，於希爾伯特指導下獲得博士學位。他在柏林過的幾乎是隱居生活：他年少時就患有淋巴腺病變，肢體腫脹變形。期間，他跟愛因斯坦共同發表了三種科學出版品。此外，愛因斯坦也數度在自己的論文中為他的協助而致謝。他大概是愛因斯坦最投入與最忠實的研究助理。一九二九年，他在俄國明斯克（Minsk）大學謀得教職。

愛因斯坦只幫生於匈牙利的物理學者蘭措什拿到一年（一九二八／二九）的獎學金。蘭措什擔任過弗賴堡（Freiburg）及法蘭克福大學的助教，能獨力從事學術研究。他不只願意協助愛因斯坦，更樂於多花一年向他學習，後來卻沒有共同出版品。愛因斯坦認為他聰明、有創意且坦誠，只是太頑固。這期間的愛因斯坦，大概不很重視這種擁有自己想法的人。愛因斯坦的研究助理最好能夠補充他的數學知識，更要能驗算和修潤他的草稿。一九三一年，蘭措什在美國探路，隔年取得大學教席，在數學物理學和應用數學上很有成就。

此外，愛因斯坦四十幾歲時，也雇用了一位學有專精的數學學者邁爾。他本來就小有名氣，是維也納大學的編外講師，卻苦等不到一個教席。一般公認，邁爾參與了愛因斯坦最新版本的統一場論。似乎由於年紀的關係，邁爾比蘭措什多勝任了幾年，愛因斯坦相當重視他。直到一九三三年一起離開柏林為止，他們聯合發表了四篇論文。

另外，在數學方面，還有位柏林的高中教師明茨（Hermann Muentz）佐助愛因斯坦。他也曾受教於希爾伯特，後來到過俄國及瑞典。愛因斯坦在兩篇關於遠平行理論的論文上向他致謝，這是二〇年代末的統一場論研究方法之基石。

愛因斯坦所有的研究與工作夥伴，不論是學者與否，均為猶太人。一九一九年，他給博恩的信中談到推薦一位猶太學者而未果時表示：「假使我可以選擇，便可想見，我會找猶太人當同事。」

值得注意的還有，愛因斯坦的學術夥伴裡並沒有女性。從他的生活（不僅限於柏林）可以看出，身邊有女性時，會讓他感到愜意。不過，愛因斯坦的女性觀似乎相當傳統（除了戀愛時）即女以男尊，女性在職場上頂多是個輔助角色。一八九七年，普朗克曾經表示，婦女從事研究工作，乃是違反天性的行為；一九一二年時，卻還是提拔麗莎．邁特能，成為普魯士第一位擔任助教的女性。愛因斯坦在跟來自俄國的研究生依絲忒．薩拉曼談話時表示，很少女性讓他覺得具有原創性，而自己的女兒肯定無法「精通」物理學。他慶幸自己的太太全然不懂科學，只是前一任的情況不同。當依絲忒・薩拉曼表示居禮夫人也很有創造力時，愛因斯坦卻轉而表示，她不夠感性：「居禮夫人從來聽不到鳥鳴聲。」愛因斯坦在物理所任職時，認識了幾位女性物理學者，如為布雷斯勞同仁盧默（Lummer）工作的黑德薇熙・科恩（Hedwig Kohn）和德國東部之格賴夫斯瓦爾德（Greifswald）大學的加布里耶勒・拉貝爾（Gabriele Rabel），即著名學者施塔克（Johannes Stark）的研究夥伴；他也跟威廉皇帝學會纖維所的格爾妲・洛什基（Gerda Laski）見過面。這些交往，大概逐漸讓他改變態度。後來在美國，他選擇一位女性作為**共同研究者**。另一方面，當時的柏林似乎也缺乏對愛因斯坦理論感興趣的女性物理學者。

幾位同儕

愛因斯坦的大學選才建言很吸引人。早在一九一九年，他就在普魯士文化部跟當時的國務祕書貝克爾說明，如何才能挽救各學科的「沈淪」：「最好的辦法，是把選拔教授的關鍵影響力，透過某種方式交付給已經證實做出重大成就的人士。」他本身就是這種人士。平心而論，愛因斯坦對今日物理界所謂的「優秀」具有很好的鑑別力。他所推薦的物理學者，均給該領域的研究帶來超乎水準的進展。反之，不受他重用的學者就是庸才，這話卻大謬不然。對於他本身未能大放異彩的方面，他便沒有較高的評價：如課程教學和組織能力。

愛因斯坦曾經看走眼的例子之一，便是實驗物理學者科嫩（Heinrich Konen）；他曾自薦接任他波昂大學老師的職位。在愛因斯坦致普魯士文化部貝克爾的信中，評價科嫩「學術方面一無所長」。誠然，他算不上德國頂尖的實驗物理學者，卻是公認的分光鏡專家，更特別因為發明一種具有紫外線光譜的持續光源，而備受稱讚。在這方面，德國無與倫比的分光鏡專家帕申（Friedrich Paschen）還憑其鑑定而大力支持。在院方的激烈爭執後，科嫩得到了職位，一九三四年，在國社黨人奪權後，被迫提前退休，不得離開德國。科嫩隨即在德國科學急難協會獲得重要職位，和哈伯及能斯脫一起被內政部長任命為威廉皇帝學會評議會常委。一九三一年，他更成為愛因斯坦的物理所評議會成員，同時也是帝國物理技術學院評議會委員，並以這個職銜和愛因斯坦參與了一九二六年年度報告會的研討。在科嫩的擢升背後，有顯赫的中央黨政治人士施賴伯（Georg Schreiber）的支持。學會主任祕書格盧姆表示，科嫩是「優秀的天主教徒及中央黨人……作為物理學者的他，儘管不能和學界大師相提並論，卻擁有良好的性格，是個極為精明幹練的談判者。」諷刺的是，正當愛因斯坦獲頒普朗克獎章時，他正巧接任了德國物理學會主席，還好這位大天才不必直接從「一無所長」者手上接下獎章：科嫩把兩枚獎章遞給普朗克，普朗克再轉交一枚給愛因斯坦。

在畫家和雕塑家眼中

從照片看來，愛因斯坦伉儷的沙龍（哈伯蘭街的家）有五個樓層，第五層為加蓋做研究用，共七個房間與客廳，加上電梯和門房，為典型的資產階級陳設。有目光焦點的大鋼琴；飾以法蘭西菊花紋的深色壁紙旁，擺著一張舊式寫字櫃和一組沙發，前方一張單腳的圓桌。在通往「書房」的走廊，放了個鏡子抽屜櫃。另外還可看到兩扇大窗子前的靠背椅、一株加拿大鐵杉、裝燈泡的水晶枝狀吊燈，及三張中尺寸、多張小尺寸的圖畫或印刷品。謝斯勒伯爵形容這種客廳「素雅、舒適」。卓別林則稱之為「儉樸而窄小」：「在紐約布朗克斯（Bronx）也可找到一樣的客廳，同時可以當成飯廳。地板上鋪了一張踩舊了的地毯。這裡最有價值的物品便是黑色大鋼琴。」羅馬尼亞藝術史家奧普雷斯庫（Oprescu），比較了柏格森和愛因斯坦的陳設：

我所看過他（柏格森）的幾個房間，當中見不到因為美感而挑選的物件。除了幾張素描，便沒有任何藝術品，素描是他那具有天分、上過法國雕塑家羅丹課的聾啞女兒畫的。住在柏林簡樸設備中的愛因斯坦，同樣沒有藝術品。我卻記得，當我送他若干當時在巴黎幾個法郎便可購得的杜米埃（Daumier）的版畫時，他回應給我的認同眼神。

令人訝異的是，愛因斯坦還躋身夏卡爾（Marc Chagall）、考考斯卡等畫家之列，成為包浩斯審查委員會委員。這可能是他那世界級聲譽所致，也可能有幾分基於他在卡普特的摩登避暑屋。這棟房子近乎包浩斯的理念，可能受到委員會中貝倫斯（Peter Behrens）和珀爾齊希（Hans Poelzig）等建築師重視。愛因斯坦倒是婉拒了包浩斯設計家布羅伊爾（Marcel Breuer）鋼管材質的家具設計。愛因斯坦畢竟割捨不了他小資產背景的藝術品味和觀感，不論是在音樂或美術方面。他無法消受現代藝術中的美，這不僅在柏林而已。

由於瑪歌在雕塑方面的才能，愛因斯坦認識了雕塑藝術。瑪歌跟著雕塑家伊森施泰因（Kurt H. Isenstein）學習，伊氏製作過兩尊愛因斯坦半身塑像。當時他的作品一定很流行：德布林也當過他的模特兒。根據馬里安諾夫的說法，阿爾伯特有時會跟瑪歌一道去弗萊希特海姆（Alfred Flechtheim）和保羅．卡西雷爾的藝廊看展覽。「對於羅馬尼亞布蘭庫西（Brancusi）、義大利莫迪利亞尼（Modigliani）或戴維松（Davidson）之類卓越的現代創作，他只是尊重，卻不甚愉快地默默觀看著。他對現代藝術沒有熱愛，卻竟然喜歡葉普斯坦神經兮兮與矯揉造作的產品。」雕塑家葉普斯坦住在倫敦，也創作了一尊愛因斯坦青銅塑像。從一九三〇年開始，齊費爾（Moses Ziffer）在柏林藝術學院研習造型藝術。愛因斯坦拜託柏林的蕭肯（Salman Schocken）公司（蕭肯父子購物中心）支援健康與經濟出狀況的齊費爾。他在希特勒掌權後離開柏林，後來在巴勒斯坦和以色列生活。據說覺得「他的作品如同創作者本人一樣純真、高尚」的愛因斯坦，收下了他一尊裸女石像。

愛因斯坦的外在特徵，尤其是他的名氣，吸引柏林時期的雕塑家、素描家和畫家為他造像。他是否曾出錢請人做這種事，不得而知。他結識了來自布拉格猶太家族、年紀稍長的奧爾利克，他是國立柏林工藝美術館學院的教授。格羅斯和赫希（Hannah Hoech）都是他的學生。一開始，奧爾利克以銅版和彩色木刻版畫出名。作家霍伊斯在藝術雜誌《潘神》盛讚過他的畫作，認為「首度結合了版畫的新追求和新詩的綱領」。奧爾利克為書本畫插畫，給劇場設計布景和為戲服勾勒草圖。他還為緹拉．迪里厄設計劇場的更衣室。一九一七年十二月，已享盛名的奧爾利克，擔任了白俄布列斯特—立托夫斯克（Brest-Litowsk）和平談判時的官派藝術家。他在此繪製肖像，如俄國左派理論家托洛斯基（Leo Trotzki）的。他為愛因斯坦（一九二九年）和伊莉莎白．貝格娜畫像，給緹拉．迪里厄和保羅．卡西雷爾畫素描。在慶祝豪普特曼六十大壽的書中，有一幅他的銅版畫。

施特魯克（Herman Struck）的愛因斯坦粉彩畫，用在一九二〇年倫敦出版的《狹義及廣義相對論淺說》英文版的扉頁插畫上。一九三一年八月，施特魯克在愛因斯坦卡普特家的訪客登記簿上，留下了一張素描。早在一九三三年之前，他就到巴勒斯坦生活。

根據澤利希的說法，愛因斯坦經常到俄國畫家列昂尼德・帕斯特納克（Leonid Pasternak）的柏林畫室當他的模特兒。帕斯特納克夫人和女兒約瑟芬（Josephine）也在場陪愛因斯坦聊天，於是，留下了不同的愛因斯坦畫像。為人所知的，有拉小提琴的愛因斯坦素描；更有一張由柯林特的太太夏洛特・貝倫德（Charlotte Behrend）所繪製的愛因斯坦肖像。一九三〇年，李伯曼也製作了張愛因斯坦銅版肖像。愛因斯坦對這些畫作似乎都有好評，除了較偏寫實風格的畫家沙爾（Josef Scharl），他是一九二七年經攝影師洛忒・雅各比（Lotte Jacobi）而結識愛因斯坦的。根據洛忒所說，埃爾莎把沙爾一九二七年的油畫拒於門外：「還好她丈夫不是長這樣！」沙爾未懷惡意繪製的畫像，後來在納粹的「墮落藝術」展中展出。畫家拒絕入國社黨後，畫作遭到查禁，而於一九三八年移民美國。愛因斯坦在那兒跟他保持不錯的交情。

就連旅行美國時，也有畫作令他開心：一九三一年二月，他在帕薩迪那時，女畫家克莉斯・瑪莉・米克（Chris Marie Meeker）為他畫了一張肖像，顯然令他喜歡，還和畫者拍照留念。身為法國伯爵千金的克莉斯，曾在巴黎和芝加哥習畫，後以美國雜誌素描畫家知名。

至於**照相**這種媒材，由於報紙上自己不得不入鏡的相片極多，他有時感到相當厭煩。藝術家也會替他拍照，如奧爾利克或洛忒・雅各比。攝影技術進展快速，像萊卡（Leica）、羅萊弗雷克斯（Rolleiflex）和艾爾曼諾克斯（Ermenox）等品牌紛紛進入市場。

愛因斯坦可能獲贈過一部照相機，應該在他五十大壽時，但不像托瑪斯．曼，他對攝影沒有好感。

愛因斯坦本身對畫家和雕塑家觀感如何呢？他家中並沒有繪畫或其他藝術品，在威瑪共和時期的柏林，也遠離當代的藝術。考考斯卡、沙德（Schad）、迪克斯或是魯道夫．施利希特（Rudolf Schlichter）**沒為**愛因斯坦繪製肖像，其來有自。連格羅斯也沒畫過，他的素描被愛因斯坦視為社會諷刺畫，只接受其意識型態與政治上的訴求。根據建築師瓦克斯曼的說法，藝術界人士赫茨費爾德曾經送他格羅斯《統治階級形象》之類的幾本畫冊。由於愛因斯坦也是「國際勞工支援會」的成員，一定也知道「藝術家支援會」，甚至參觀過該會所贊助的畫家作品展，如珂勒惠支、納格爾、奧爾利克、賽加爾（Arthur Segal）和奇勒（Heinrich Zille）等人的創作。

一般說來，愛因斯坦行事低調，避開有關他個人的作品。然而，據說他一九三〇年在紐約上西區（Upper West Side）訪問河濱（Riverside）教會，在西側入口處看見一尊酷似他的石像時，便「（似乎）大受……感動，眼眶充滿淚水」。這位世界聞名的科學家，竟然親眼見到自己還在世時便躋身蘇格拉底、伽利略、斯賓諾莎、牛頓、康德和達爾文等不朽者之列。其他人也有過類似的感觸。一九一八年秋，托瑪斯．曼在日記中記載：「許久不見自己的半身塑像，今天卻大受震撼。塑像維妙維肖，表情中有如許之多苦痛，令我也不能自已。」

12

公衆人物愛因斯坦

Der öffentliche Einstein

媒體的角色

愛因斯坦似乎不同於一般物理學同仁，願意甚至樂意和報界和廣播界打交道。他大概覺得，這是他表明自己道德和政治觀的好場合。他振筆直書，「直言不諱」，而且表達得相當簡潔動聽。不像俄國作家納博科夫（Vladimir Nabokov），訪問他前，要先提交書面問題給他，屆時唸文稿作答，而且納博科夫也不像愛因斯坦那樣受記者簇擁、上相，且禁得起開玩笑。作傳者派斯（Pais）把愛因斯坦定位成報界的「預言者」。

報刊

假使馬里安諾夫的話還可信，愛因斯坦經由兩位他所信賴的人，和美國報界保持暢通管道。一位是和平主義者與亨利・福特（Henry Ford）前發言人、合眾社（United Press）柏林分社社長洛克納（Louis Lochner），一位是《紐約時報》主管安德里斯（Guido Enderis）。該報發行人阿道夫・奧克斯（Adolph Ochs）也是景仰愛因斯坦的人，曾在他第一趟美國之行時結識他。這便說明，這份報紙的報導為何沒有遺漏有關愛因斯坦的任何細節，哪怕只是談到可能的火星人或成功人生的良方。看來，基於愛因斯坦的世界級聲望，他的公開意見幾乎不曾受到質疑。

他和柏林報界之間也有一定關係，如烏爾施泰因的報社、伯恩哈德（Georg Bernhard）教授，乃至一九三〇年時《佛斯報》的總編。伯恩哈德為德國民主黨理事，一九二八年成為國會議員，跟愛因斯坦和托瑪斯．曼一樣是德國支持巴勒斯坦委員會會員。德國報社似乎只處理嚴肅的議題。柏林報界從早（《柏林早報》〔*Berlin am Morgen*〕）到晚（《世界晚報》〔*Die Welt am Abend*〕）都在問愛因斯坦對新聞自由的意見：「舉凡妨礙，甚至禁止對有關政治事務的書面和口頭的自由批評與意見表達的國家，都得加以改變。」一九二七年三月，《紐約時報》引述愛因斯坦對死刑的評論，很可能來自《佛斯報》的一項民意調查。據說，他**贊同**廢除死刑。社會沒有理由不能赦免有害群體的個體。社會最多可以判處人終身監禁，卻沒有權力判人死罪。至於愛因斯坦之前（一九二〇年）跟蕭伯納、英國作家威爾斯（H. G. Wells）、羅曼．羅蘭和弗洛依德在《維也納勞工報》（*Wiener Arbeiterzeitung*）聯合發表〈停止判政治犯死罪〉聲明，與後來的立場並不衝突。托瑪斯．曼對於報社對這項民意調查回答如下：「不管主張死刑的思想多理直氣壯，其實際的執行卻是如此噁心、野蠻、殘忍，令筆者基於種種文化—哲學論據，而傾向贊同予以廢除。」雖然，聽說他從未觀看過行刑，卻認為自己觀看的印象將成為一生難以抹滅的污穢。此外，普魯士是以斷頭台執行死刑的。愛因斯坦是否讀過這些話？不過，他曾在一九二七年十一月寫信告訴柏林一位報紙發行人，自己已經「詳盡考慮過這項主張，即廢除死刑是值得努力的」。他提出兩項理由：無法扭轉審判不公及「處決過程對直接或間接涉及行刑者負面的道德影響」。

同年（一九二七年），愛因斯坦答覆漢堡一份有關當前政策的月刊《歐洲對談》（*Europaeische Gespraeche*）為時稍晚的問題「德國應該從事殖民政策嗎？」時指出：

> 開墾**尚未**種植的土地、增加農地面積、大地產租耕，均能夠大大提高在德國境內從事農業的人口及土地的總收成。我認為相較於……國家利用海外土地的拓殖，不及國內墾殖那麼有益、可靠和予人好感。

謝斯勒伯爵比愛因斯坦更加堅決反對殖民政策，也贊成「加強德國農業」，相對地，當時的科隆市長阿登納（Konrad Adenauer）則認為，國內「空間太小，不敷廣大人口所需」，主張德國必須致力爭取殖民地。托瑪斯．曼的答覆大概與愛因斯坦不謀而合：「帝國主義殖民擴張時代已然過去。自由和自決的理想已四處覺醒，不可遏止。」當時，愛因斯坦還加入「反殖民壓迫聯盟」，隨後改名為「反對帝國主義及支持民族獨立聯盟」（Liga gegen Imperialismus und fuer nationale Unabhaengigkeit），甚至與法國作家巴比塞（Henri Barbusse）一起被推選為榮譽理事長。

基於愛因斯坦的生活和職業經歷，大學教育問題在他更為切身——儘管他甚少參與指導研究生。一九二九年十月，他寄了篇簡潔的文章，加入列奧波爾德．施瓦茨席爾德（Leopold Schwarzschild）的週刊《日誌》（*Das Tagebuch*）關於〈德國大學生〉的探討。他在文中抱怨，「我國的大學課程幾乎只對公務員和有產者的兒子開放」，認為原因出在「等級制度本身，尤其在壓在我國勞工階層身上沈重的經濟及道德壓力」。只有「使人民在社會、經濟和教育廣泛地平均化」，才能真正有所幫助。同時，應該讓成績差的學生退學，讓「大學以某種方式招收那些展現出專業研究能力，卻苦於無法升學進修的學子」。至於如何確定這種能力，及誰才有資格來檢驗，他並未做出答覆。從前述幾個例子得知，愛因斯坦誠然花了可觀的精神和時間，也似乎回答了所有詢問他的問題，然而，他本來可以輕易推辭其中大部分的問題。難道沒有這樣的傳聞，即他是有問必答的？他當然不是唯一受到這種批評的人。一九三〇年，美國出版家菲爾埃克（George Sylvester Viereck）採訪《當代偉大人物》的書，便是一例。裡頭有弗洛依德、前朝皇帝威廉二世、墨索里尼、興登堡、法國總理白里安（Briand）、巴比塞、醫學專家施泰納赫、愛因斯坦、豪普特曼和福特。《時報文學副刊》（*Times Literary Supplement*）的書評則是「相當雜燴的組合，菲爾埃克先生對這些人的觀點做了很有價值的紀錄」。

在援助因階級成見受法庭不公審判的人方面，愛因斯坦的名氣便有所價值。如居留德國的俄國戰俘雅庫博斯夫基（Josef Jakubowski）因為謀殺自己小孩未遂，經過不公審判而遭到處決。德國人權聯盟，尤其律師與專欄作家奧爾登（Rudolf Olden）為了這件事而奔走，並於一九二九年創辦「雅庫博夫斯基基金會」，繼續反對死刑。愛因斯坦、亨利希·曼和阿諾爾德·茨威格都為這個基金會說話。另一個反對未果的活動，則是一九二七年抗議美國工會幹部薩科（Nicola Sacco）和萬澤蒂（Bartolomeo Vanzetti）因一九二〇年強盜殺人罪而被判死刑。連署中除了愛因斯坦，更有柏林文化界許多左派人士，如貝歇爾、格羅斯、哈特菲爾德（John Heartfield）、弟弟赫茨菲爾德（Wieland Herzfelde）、亨利希·曼、皮斯卡托、賴恩哈特和圖霍爾斯基。在一九二七年八月美方行刑後，大家在柏林怡樂園舉辦了追思會。

美國畫家山（Ben Shan）創作了一幅油畫《薩科和萬澤蒂的彌撒》，畫中有穿著長袍的愛因斯坦站在打開的棺木旁，該畫懸掛於紐約惠特尼（Whitney）美國藝術博物館。埃里希·繆撒姆把審判過程編成劇本，一九二九年在柏林搬上舞台。

一九三一年，愛因斯坦為「斯考茲波羅（Scottsboro）八人」奔走，這是一批黑人少年，當中最小的才十三歲。他們莫名其妙地被起訴，認為他們在火車上輪暴了兩位白人婦女而應遭到處決。愛因斯坦也央求過加州州長為該州勞工領袖穆尼（Tom Mooney）減刑，他因為放置炸彈被判處死刑，自一九一六年起，便等待行刑。上述兩案例皆由死刑改判監禁。愛因斯坦這種仗義執言，不勝枚舉。一九三一年，他也為在德國因違反墮胎條例而遭判刑者說項：「尤其應該讓醫師、及因刑法第一百二十八條而承受可怕壓力的一般民眾得到赦免。」

「廣播事業勇往直前」

德布林拿這句話做自己文章的開場白，談論他身為廣播聽眾的感受。他特別說道：

一塊石頭掉到地上，這種事稀鬆平常，最多是令愛因斯坦思考（譯註：「愛因」〔ein〕和「斯坦」〔stein〕本意即為「一塊」「石頭」）。石頭丟進平靜的水裡，造成一道道波紋，看來就不太一樣，較容易令我們思索。至於由電台發射電磁波，以肉眼看不見的震動，經由空氣來到家裡……對大家來講，實在是令人讚嘆。

自柏林有電台廣播之後，廣播隨即在政治上佔有重要地位，傳播著威瑪共和政府的重要訊息，並藉由轉播選情之夜和議會辯論，直接把政治事件呈獻給每位聽眾。不過，廣播起初受政府全權控制。這意謂右派政黨及後來的國社黨，能自由把持麥克風。社民黨所得到的放送時間，少於資產階級政黨，共產黨則完全不得參與政府決策，所以完全談不上廣播方面的民主。一九三〇年八月二十二日，當愛因斯坦在柏林博覽會場為第七屆德國廣播及攝影展開幕致詞時，便已預見這種新媒體的潛力：

各位不妨想想，開始讓真正的民主成為可能的，便是科技人員。因為他們不僅減少了一般人的勞務，更減輕了最優秀思想家及藝術家的工作，不久前，還只有上等階級才有享用這些作品的特權。他們讓一切容易取得，讓人民從昏睡、懵懂中甦醒。至於廣播最為獨特的功能，就是達成諸民族的和解。截至我們這個時代為止，各民族認識彼此的憑藉，幾乎只有自己的報紙這種扭曲的鏡子。廣播讓他們透過最生動的型態，展現彼此在大事上可愛的一面，所以有助於消弭相互的陌生感，這種感覺原本很容易轉化成猜疑和敵意的。

愛因斯坦描述事情常常只講他所願意見到的，而非事情的本然。至於廣播也可用在片面與欺騙的宣傳上，這個問題他就沒有面對。倒是德布林已經破除幻想，而大加嘲諷，從南斯拉夫薩格勒布（Zagreb）電台，就像從波蘭格萊維茲（Gleiwitz）等電台一樣，可以聽到同樣取自歌劇《卡門》（*Carmen*）的曲子，且不斷重複：「我們確信，大歐洲已在廣播中，統合在以拉蒙納（Ramona）或贊巴（Zampa）的象徵。」他隨即觸及箇中弱點，卻依然保持樂觀：「在廣播中促成精神的存續及其豐碩成果時所需的民主尚未實現。不過，我們在柏林已有兩個電台，某些真理已有所披露及實踐。我認為，廣播界的現象，也並非最後定局。」愛因斯坦馬上使用了唱片。早在一九二二和二四年，他就把關於理論物理學和他相對論的簡短報告錄進唱片。一九二九年，他從市南區之溫特菲爾德街的郵局直接傳送他的祝賀給「發明電光」五十週年慶的愛迪生（Edison）。他在一九三〇年的講演，使用了改良的麥克風擴音技術。此外，他也讓自己為德國人權聯盟所講的〈信仰告白〉錄成唱片，後來於一九三二年秋發表。

政治人

愛因斯坦的學界同事通常**不**覺得有政治表述的必要，除了若干例外，如萊納德、施塔克和奧斯瓦爾德等諾貝爾獎得主。他則有別於他們。由他多種表態來看，他的角色接近**人文科學**學者，即神學、哲學、史學和社會學學者自覺的職責，以超乎**黨派利益**為己任，只忠於全民的福祉。出於這種使命感及對學術客觀性的追求，他們便足以做出最好的政治判斷。有別於同仁的這種雄心壯志，愛因斯坦則致力單純行善。他沒有他們那種對軍國主義的犧牲奉獻，而是擁護議會民主及堅持貼近社會運動的立場。

愛因斯坦的政治實踐

愛因斯坦政治實踐的主軸，是以某種方式參與政治論述，亦即努力藉由來自書桌的道德論證，來影響人群和組織的行為，即藉由公開聲明和呼籲，及不時和主導的政治人物談話和通信，偶爾也利用個人式的會晤。在這方面，他類似羅曼・羅蘭。兩人在一次大戰之初，便相信歐洲知識份子（兩人彼此也這麼認同）有這個職責，宣揚全人類的真理，讓人聽從。愛因斯坦所簽署的聲明受到注意，但這些聲明真的成了政治決策的基礎嗎？至於有助愛因斯坦思想實驗的**分析**能力，是否能從簡化的自然模型過渡到複雜的經濟與政治現實，則不得而知。此外，愛因斯坦的表述基本上缺乏政治**合法性**。由「行動政治」的觀點來看，他是個缺乏有組織部眾的領袖，自絕於黨派和工會的政治群眾運動。他不是「由基層出發」，而是像共和時期其他左派人士一樣，採行「由上而下」的路線，即單憑本身提出建議的說服力及或真或假的個人成就來感召。愛因斯坦或許以為，讀者肯定會跟研讀他學術論文的物理學者一樣，認同他的呼籲。

有別於政黨幹部或國會議員，愛因斯坦覺得堅持一種道德無暇的立場很容易。由於他不曾在政治鬥爭的「泥坑」中打滾，便不必接受任何隨著政治行動而來的痛苦妥協——撇開失敗不談。所謂政治乃是各社會團體的**利益**鬥爭，這種思想對執著於理念世界的愛因斯坦而言是陌生的。儘管他表示自己「認同民主理想」，但他對威瑪共和時期的政治制度卻缺乏同情，遑論擁護。在愛因斯坦一九一九至三二年間的聲明中，他很少具體涉及議會制度、競爭的政黨、選舉，及政府對議會多數之依賴。他不相信政治人物：「政治領袖和政府部分借助暴力，部分藉由群眾選舉來取得自己的位子。他們不能被視為民族中具有較高精神和道德的成員之代表。」可見，即便處在民主制度的背景下，他仍然看不出兩者之間的矛盾：在相信一流的知識份子必須參與政治和對大眾的疑忌之間的矛盾。愛因斯坦不曾採取議會民主中的直接影響辦法，不論是透過政黨的宣傳活動、候選人的公開競選，或是擔任一般的政治職務。我們連這點都不太清楚，即自一九二六年起，他是否曾經行使過自己在柏林擁有的選舉權。得到證實的，似乎是他妻子埃爾莎投票給社民黨。

愛因斯坦的政治實踐一個鮮明對比，便是物理界名氣較小的法蘭克福同儕德紹爾（Friedrich Dessauer），他是X射線物理及技術領域的專家。一九一八年的十一月「革命」促使他積極參與政治，在法蘭克福市議會上支持與天主教會密切關聯的**中央黨**。一九二四至三三年間，他更以該黨議員的身份在國會競選連任。自一九一八年起，他擁有一間印刷所；一九二三年起，他發行地方性日報，在民主制度中採行普遍的影響辦法。德紹爾週六和週一在法蘭克福講課，搭夜車往來於法城和柏林，週二至週五履行自己的政治職務。所以說，只要付出努力，便可以結合這兩種職業，從而駁倒勞厄和一般物理學者的看法。

愛因斯坦政治實踐的方法有多不奏效，見之於以下的例子。柏林蒂爾加滕社區橫向林蔭大道上，有個由雷西貝格兄妹主持的超黨派沙龍。阿諾爾德・雷希貝格（Arnold Rechberg）是位受到羅丹重視的雕塑家與畫家，也曾為緹拉・迪里厄畫肖像，妹妹安娜

（Anna）還和另一個哥哥經營家族的紡織廠和滾軋場。兄妹倆均投身於德法在政治和經濟上的相互理解。雷希貝格在一次大戰前曾待過巴黎，與報界和政界建立了良好關係。一九二二年八月，愛因斯坦遞交雷希貝格關於德國償付戰債問題的建議書給「敵國」的兩位高層朋友，即法國數學家暨政治家潘勒韋和英國的霍爾丹勳爵。在德法利益糾葛的考量下，雷希貝格提議，德方賣出工業股票給這些國家以償還戰債。在愛因斯坦所接觸的人裡頭，沒有人具備這方面的專業知識或直接影響力。霍爾丹禮貌地告知愛因斯坦，建議書已轉呈財政部長——後來得到冷淡的答覆，此外便無其他結果。社會心理學者，亦曾任巴登邦課程部長，即地方總理的黑爾帕赫（Willy Hellpach）的觀察相當中肯：

> 可惜我跟愛因斯坦的會面總是很短暫。不過，這已足以從他那裡得到一種極具原創力的性格的印象。但這印象更聯繫到某種天真、善意、不解世俗，尤其不熟悉公眾事務的現實成分。我也不斷從專心致志的數學和自然學者身上，得到類似的觀察結果。

愛因斯坦在政治事務上的天真，表露在他和阿諾爾德．雷希貝格的意見交換上。相對於愛因斯坦，阿諾爾德可說是極保守的民族主義者，致力盡可能加強德俄關係。愛因斯坦的情形如同前述的例子：儘管做出各種善意的訴求和呼籲，他對德國政治發展，尤其對導致威瑪共和結束的局勢，並未產生任何影響。

除開上述原因，還有另一項重要因素，即愛因斯坦怯於行使**政治權力**。對某位美國同儕的見解，即「政治領袖畢竟都是病理學家，因為正常人擔負不了如許重大的責任」，且也不足以預見自己決策和舉動的結果，愛因斯坦不過認為「有些誇張」：另一方面來看，責任仍是必須擔負的。學術人「在政治事項，換言之，廣義的人類事務上」，是不該沈默的。一如愛因斯坦一九三三年還寫信告訴勞厄，這樣的無所作為，將「眼睜睜看著領導權落入盲目與缺乏責任感的人的手中。這背後不正隱藏著責任感的缺乏嗎」？他似乎認為，只要他對事情公開表示意見，便是負了全責，但他的建言之政治**實現**若缺少權力之行使，便無法成為可能，他卻把這件事交給別人。在此，似乎又出現「精神權威」和「政治權力」之間的古老衝突。十八世紀時，法國自然學者居維葉（Georges Guvier）的見解是，和大自然打交道的學者所得的「純粹」權力，有別於政治人「骯髒的」行動權力。於是，這便關係到威瑪共和左派人士有關空想與非政治的「精神」和應受鄙視的決策及行動「權力」的探討，及愛因斯坦的態度。

愛因斯坦的政界友人

愛因斯坦在柏林的朋友，也有像拉特瑙和斯特萊斯曼之類的知名政界人士，據一位愛因斯坦傳記作者的說法，他經常跟他們討論政治問題。基於工作性質，他們見面的機會應該不多，也未在政治上留下明顯的軌跡。由斯特萊斯曼或拉特瑙的傳記觀之，一般而言，愛因斯坦未被提及。雖說斯特萊斯曼夫人凱特（Kaethe）相當出名，「美麗、苗條、高貴」的她，成為「威瑪共和公眾人物爭相結識的焦點」。但是，他們家裡常有這樣的客人，而不只有愛因斯坦夫婦。據說埃爾莎的朋友安東尼娜·瓦倫丁在那裡是這樣的：「只要（斯氏）府邸有較大的晚宴或早餐，便可見到風姿綽約的瓦倫丁夫人。」凱澤在一九三〇年的書中指出，他丈人會「找機會跟領銜的政治人士談論歐洲局勢。因此，他跟斯特萊斯曼交談，他的政治能力和知性魅力是愛因斯坦所讚賞的。」他也跟白里安商討德法和解的必要性。不消說，愛因斯坦也分享了斯特萊斯曼在對德國大學生協會演講時的外交信條：「我們的任務在於竭盡全力維持歐洲的和平，並在德國這樣的和平時期內，設法讓戰爭撕裂的傷口癒合。」斯特萊斯曼和白里安在洛迦諾條約後，共同獲得了諾貝爾和平獎。

拉特瑙尤其「兼擅眾長」，同時為工程師、銀行家和經理人。他還是八十六家德國企業與二十一家國外企業的領導高層。他在一次大戰之前和期間，發表了不少評論時勢的文章和廣受閱讀的書籍。拿到物理學博士學位的他，也像愛因斯坦一樣，受到物理學家與科學哲學家馬赫（Ernst Mach）的影響，這見之於拉特瑙〈關於把所有科學的本質視為思維經濟的基本觀點〉一文。自一九一六年，愛因斯坦和拉特瑙開始相識。絕非和平主義者的拉特瑙，當時便請辭普魯士戰爭部戰爭原料機構的職務。博學多聞的他，也閱讀了愛因斯坦相對論的通俗論述，不過並未通讀廣義相對論。從他給愛因斯坦的信函可見，他對**物理**理論的理解，還融合了自己對精神世界的創見。一九二二年，愛因斯坦陪同拉特瑙首度訪問法國，和他討論猶太復國主義，還建議他放下外交部長一職。拉特瑙遇害後，愛因斯坦在《新綜覽》盛讚他「對經濟大勢的宏觀、對各民族特性的深刻理解、對各階層同胞和對個別人的認知……」。接著，還有一句可以用在愛因斯坦自己前半生、耐人尋味的話：「當人一心超脫世俗時，成為理想主義者，便算不上藝術。儘管他留戀塵世，熟悉此中的氣味，卻是位絕無僅有的理想主義者。」後來他更表明：「拉特瑙的真正愛好，並不在於精密科學的思維領域。他熱中的是社會問題和各種藝術。他心懷複雜矛盾的感情，他自覺為猶太人，具有國際思維，卻同時……身為地主及軍人世家而熱愛普魯士傳統。」

至於愛因斯坦與多年擔任外交部長的斯特萊斯曼之間的往還，見之於他一九二九年寫給斯氏的信件，當中建議支援在巴黎的**國際知識份子合作學院**（Internationales Institut fuer Intellektuelle Zusammenarbeit）；外交當局**並未**採行這項建言。愛因斯坦對斯特萊斯曼的重視，展現在他紀念他亡故的文章中：

依我之見，他的最大成就，是他懂得說服廣大的政治階層按捺住本身的政治直覺，贊同寬厚的歐洲和解政策……斯特萊斯曼擁有一般卓越的領導人物所具備的特質。他不只是某階層、某職業、某國家的代表，更直接以具有精神與理念的人的身份行動。他有別於習見的政治人士及專業人才，自有其個人的能力和魅力。

拉特瑙和斯特萊斯曼算是愛因斯坦朋友圈中的異數，因為兩人均非社民黨人或社會主義者，而是由民族主義出發，在政治上有所進展的人士。早在一次大戰新祖國聯盟時期，愛因斯坦便認識其中兩位成員，即社民黨和獨立社民黨具影響力的政治人士布賴特沙伊德（Rudolf Breitscheid）和伯恩斯坦。布氏為一九二六年德國加入國際聯盟時，前往日內瓦的斯特萊斯曼代表團的團員。

另有一個特例，即來自埃爾莎故鄉，與愛因斯坦相善的律師保羅·列維（Paul Levi）。李卜克內希特和盧森堡遭到羈押期間，他接掌斯巴達克團的領導權，在一九二〇年十二月獨立社民黨左翼和共產黨結成聯合共產黨（Vereinigte Kommunistische Partei）後，成為兩位主席之一。儘管本身是議會主義的反對者和蘇維埃制度的擁護者，他還是在國會第一屆選舉時進入了議院。由於早期共產國際領導人拉狄克（Karl Radek）指責他是黨派內民主的同路人，列維早在一九二一年四月便脫離新的共產黨黨團。他對大眾而言，是位成功的辯護者，即一九二八年時抗告法庭對盧森堡及李卜克內希特遇害案羅織罪名。於是，他在**政治上**採取若干途徑。作家奧西茨基（Carl von Ossietzky）認為，列維的辯護是「自初期社民黨黨魁拉薩爾（Ferdinand Lasalle）以來，德國人最強而有力的演說，具有十八世紀革命家丹東（Danton）的格局」。當檢察官約恩斯（Joerns）的羅織罪行遭到揭發，而法庭宣告遇害兩人無罪時，愛因斯坦也讚譽有加：

> 親愛的列維，很高興見到一個赤手空拳的人，憑藉正義感和洞察力改變風氣，完全媲美法國作家左拉（Zola）。在我們傑出的猶太人當中，還是有人秉持《舊約》的社會公義理念。

他在列維過世時表示：「他是我在人生道路上所見，最富正義感、最有才智，且最勇敢的人，其天性之一，便是不斷追求，實踐正義公理。」埃爾莎一九三〇年二月寫信給安東尼娜時表示：「我感覺得到，由於列維的逝世，妳失去了些什麼……我們剛從追悼會回來……自從我丈夫離開自己的孩子以來，我就這麼一次看到他流淚。」

從埃爾莎給同一位收件人的信中，我們可以得知更多愛因斯坦社民黨友人的事情：「幾天前，妳過去的朋友希爾施到過這裡，他來得相當突然，令人訝異。他還帶太太來，以及前部長施密特（Schmidt）和國會議員托妮・森德（Toni Sender）。要是希爾施更有禮貌、更和氣、更謙虛一點，他是可以辨成一些事的。他也有自知之明。」這應該是社民黨的希爾施（Paul Hirsch），一九一九年／二〇年為普魯士州總理，一九二〇年起，為柏林市議員，一九二一至三三年，是普魯士議會的一員。他生於夏洛滕堡，早年是醫師，後來成為專欄作家。同是社民黨員的施密特，以重建部長和經濟部長的職位歷任四個內閣。雍容華貴的托妮・森德，曾於一次戰前，在法國與饒勒斯（Jean Jaurès）共同致力民族間理解和國際裁軍；自一九二〇年起，為法蘭克福市議會中社民黨議員，與德紹爾同屆，也跟他一樣，在一九二四至三三年間於國會中連任。

由此可見，愛因斯坦相當熟悉當時的政治局勢，從而也很清楚自己傾向於哪種政治路線。這些卻無法促使他加入社民黨或獨立社民黨之類的黨派：他無心像學界同僚、中央黨人德紹爾和科嫩那樣擔負責任，在他看來，無拘無束才至關重要。他的**團結**行為，並不出現在行動中，而是表達在聲明和講話中。愛因斯坦是道德家，而非政治家。

在國際聯盟的活動

凡爾賽條約後，**國際聯盟**於一九二〇年成立，下有全體會議、委員會和祕書處。全體會議決議於同年九月成立「國際知識份子合作委員會」（Internationales Komitee fuer intellektuelle Zusammenarbeit），並設十二人工作小組，以推動國際合作，致力和平與安全。一方面，委員中有知名的學者，如物理學家與諾貝爾獎得主居禮夫人和密立根（Robert A.

Millikan），哲學家柏格森、數學家潘勒韋（全是和愛因斯坦關係良好的同仁），及牛津古典學者默里（Gilbert Murray）、印度植物生理學者杰加迪斯・博澤（Jagadis Bose）爵士，以及日本地球物理學者與地震專家田中（Aikitu Tanakadaté）。另一方面，政治人士也在委員之列，如義大利一九二五至三二年的司法部長與法西斯主義者羅科（Alfredo Rocco），及法國政治家，一九二四至二五年擔任總理的赫里歐（Edouard Herriot）。羅科在墨索里尼政府的壓力下，取代了站在反對陣營的教會法教授魯菲尼（Paolo Ruffini）而成為委員。在一般性問題的「大」委員會外，也有特定的委員會，其中便有藝術家和作家成員，如西班牙的馬達里亞加（Salvador Madariaga）、托瑪斯・曼、法國詩人瓦萊里（Paul Valéry）及匈牙利音樂家鮑爾托克（Béla Bartók）。

法國課程設施總督學及作家呂謝爾，據說推薦了愛因斯坦——他經過一段長考，才在一九二二年春成為委員。他可能讀過奧比坦（Victor Auburtin）在一九二一年七月《柏林日報》上的小品：

> 時值一九二〇年十一月，在日內瓦的國際聯盟會議。裁軍小組在國家飯店先前的餐廳開會，這裡可以眺望著名的山湖美景……海地（Haiti）代表表示：『本席提案，國聯的所有國家應以我們的和平觀點為依據，修改歷史課程……在文章或詩歌中讚頌戰爭者，也必須受到處罰，比照現在各國對懲罰罪行的要求

……』海地代表的發言並未造成太大影響……代表們多半心不在焉，或是眺望落地窗外的湖泊，那裡平常的湛藍，今天可能變成沮喪的灰暗。英國鮑爾弗（Balfour）先生畫著漫畫……海地的提案仍然沒有得到討論，而是移交三個特別委員會之一，即幾天前才組成的裁軍小組處理。

儘管愛因斯坦並不明瞭委員會的工作，卻認為有義務來參與，「因為今天不應該有人拒絕為促成國際合作貢獻一份心力」。委員會的權責其實頗為有限。該會首重把各國「精神勞工」之間遭到戰爭所阻斷的途徑重新聯繫起來。對加入國聯抱持懷疑態度的德國政府，認為愛因斯坦加入委員會的運作乃是他個人的事情，並不曾和外交部商議。

愛因斯坦並未參加委員會的首次會議，一九二二年七月，他正忙著日本之行前的待辦事項。一九二三年三月，法國和比國軍隊進佔萊茵州和魯爾區後，他便辭去他的職位，而由羅倫茲接替。他退出的理由，在於委員會在關於對抗民族主義和軍國主義的民眾教育上著力太少，從事國際法制度的人也未真正加以支持。他寫信告訴居禮夫人，國際聯盟「披著客觀性的罩袍，實為強權政策溫順的工具」。國際聯盟草創階段中，愛因斯坦沒能有所作為。儘管退出，他依然肯定國聯的用處。所以一九二三年七月，德國人權聯盟主張德國加入國聯時，他還是聲明支持。

在國聯委員會祕書長的邀請，及在默里、居禮夫人和羅倫茲的強迫下，愛因斯坦於一九二四年六月重回委員會，感謝「這個對人類政治組織如此重要的團體所重視的寬大信念」。當所有國家均加入時，國際聯盟便能善盡其「促進世界和平」的重責大任。德國尚未成為會員國，但政府在一九二四年秋，當時斯特萊斯曼為外相，決議設法盡快加入。一九二四到二六年間，愛因斯坦每逢年會便於七月底前往日內瓦。順路的話，他就到蘇黎世探視孩子，和前妻談話。一九二五年底，由國際知識份子合作委員會決議設立的常設機構，即由法國政府贊助在巴黎成立的「知識份子合作學院」（**Institut fuer intellektuelle Zusammenarbeit**），當時愛因斯坦也成為其中的院士，第一任院長是呂謝爾。

在開幕儀式的席間演說中，愛因斯坦讚賞法方的創辦，卻也批評當中帶給人「法國影響主導委員會」的印象。如此一來，對委員會「政治客觀性」的信賴將被葬送：「欲入此門者，請盡棄希望（**Dixi et salvi animam meam**）。」同一天早上，《柏林日報》刊登了同樣版本的演說內容。一天後，愛因斯坦跟墨索里尼擁護者，即同為新學院委員會委員的羅科發生激烈爭吵。愛因斯坦認為委員會成員是**獨立**的人士，羅科則認為是政府的代表。早在重回委員會時，愛因斯坦便曾高聲向坐在旁邊的藝術史家奧普雷斯庫問起羅科：「那個無賴在哪裡？」那位聽得懂德語的無賴就坐在他對面，卻不為所動。巴黎的學院後來成了雜貨店，辦理像是學位的雙邊承認，出版國際性手冊，乃至著作權、自然保護和精神勞作的統計方法等等。

國聯的常務委員會與其說是從事實質工作，不如說是進行了組織工作：為了知識份子合作，提出和決議追加下屬國家委員會的構想。有鑑於少數民族將因此遭到排擠，愛因斯坦加以反對，卻未受到採納。接著，他設法說服普朗克加入德國國家委員會。普朗克則認為，由於國際的科學學會和會議均排擠德國科學家，他便不得不迴避各種國際性組織，於是加以推辭。這個德國委員會後來於一九二八年三月底，即在總統興登堡和外相斯特萊斯曼任內成立，主席為神學教授哈納克。這時，愛因斯坦似乎已無心在國際知識份子合作委員會及巴黎呂歇爾的學院工作。早在一九二七年三月，他便央求普魯士前文化部長，一九二五年起擔任普魯士國家圖書館總監理克呂斯（Hugo Kruess）代他出任代表，而他現在還有心臟病。一九二八年夏季，他在休養期間，從夏爾波以茲發函給克呂斯時表示，他不會惋惜自己不再能夠親自參與國聯的會議。他逐漸明白自己並不適合這樣的活動：「當初唯一的原因，便是那時我國『文化界』無心找另一位在國外具有知名度，且能面對國際性敵意的人，於是讓我填補了這個空缺。」有許多具體事項，他都無法藉著在國聯的工作而有所推動。他在小組中有所助益的，則是重新進行反戰者之間學術和文化的交流。他最著名的貢獻，便是在知識份子合作學院鼓勵下和弗洛依德的通信：〈為何要戰爭？〉。

愛因斯坦、猶太復國主義和耶路撒冷大學

猶太復國主義運動始於赫茨爾（Theodor Herzl）的**政治**猶太復國主義，即關於猶太人遷入巴勒斯坦與農業墾殖活動計畫——最好還能同時建立猶太人的民族國家。由此，便發展出相關的**文化**猶太復國主義，宗旨在於藉著反省猶太傳統來克服猶太民族所謂的文化危機，並以巴勒斯坦為精神中心。早在一九一九年底，愛因斯坦就希望遷徙至柏林的許多東部猶太人，能夠「把新近形成的猶太人巴勒斯坦，看成猶太民族的自由之子，在此找到真正的家園」，但一開始，他對於積極支持這種構想，似乎仍有所疑慮。

他和當時德國錫安主義協會主席布盧門菲爾德（Kurt Blumenfeld）談話時，提出這樣的問題：「如此注重農業，而疏遠猶太人與生俱來的精神召喚，這樣做好嗎？」以及「有必要在為猶太人問題奮鬥時，發動一種猶太民族運動嗎？」布氏的答覆大概解除了他的疑慮，見解如下：「錫安主義領導人所追求的目標，並非政治的，而是社會的與文化的目標。巴勒斯坦的共同體有助接近《聖經》上記載的祖先的社會理想，同時更成為現代精神生活的處所，亦即全世界猶太人的精神中心。」於是，愛因斯坦成了**文化**錫安主義的擁護者。然而，文化的和政治的錫安主義，並不能截然劃分。身為具有宇宙思維的學者的愛因斯坦，不得不一直保持疑慮。早在首度美國之行前，他就寫信給好友索洛

文：「我也不是祖國論者，但確信猶太人將因為人數不多及對巴勒斯坦拓殖地的依賴，而遭到強國阻撓。」一九二一年夏，他更確認自己的觀點如下：

依我之見，錫安主義並不單純是指向巴勒斯坦的殖民運動。猶太民族在巴勒斯坦，正如猶太僑民在海外，是一活生生的事實，且猶太民族主義必須在巴勒斯坦，而今更在所有僑居國家施展開來……我們活在民族主義氾濫的時代。我的錫安主義排除不了宇宙規模的直觀。我從猶太民族性的現實出發，相信任何猶太人都負有對自己同胞的職責……基於猶太人重回巴勒斯坦及回歸健全與常態的經濟生活，錫安主義便意味著一種能豐富人類社會的生產活動。不過重點在於，對海外猶太人的生存而言，錫安主義加強了不可或缺的尊嚴及自信。

只要對照其他猶太人士的迴避態度，愛因斯坦的立場便更加鮮明。一九一八年底，拉特瑙寫道：「絕大多數的德國猶太人……只有一種民族意識：德國的民族意識。我們願意如同祖先那樣，在德國，為德國出生入死。但願其他人能在巴勒斯坦建立帝國。」他在一九二二年遇害前不久，還跟布盧門菲爾德和愛因斯坦長談，對錫安主義一事表現冷淡。愛因斯坦的同仁與科學院生化所所長諾伊貝格（Carl Neuberg）採取了深具影響力的猶太國民經濟學者奧本海默（Franz Oppenheimer）的策略：「德意志民族意識、猶太氏族意識和易北河以西的愛鄉之情。」德布林則稱之為「猶太人解放之欺騙性動員」：「有人以解放猶太人和融入歐洲國家為托詞，掩飾舊有的民族身份。」

自一開始支持猶太復國主義，愛因斯坦就致力建立耶路撒冷大學，並為此在美國募捐。在該大學正式啟用之前，就出現了一份學術期刊《耶路撒冷大學學報》（*Scripta Universitatis atque bibliotecae Hierosolymitanarum*）。這是柏林的白俄人韋利科夫斯基（Immanuel Velikovsky）主編，並由他父親贊助的雜誌。據說，這位在維也納學成心理分析的學者，二戰後，為了一本偽學術書《衝突中的諸世界》和學術界起了衝突，成為「不受歡迎的人物」。愛因斯坦在這份新學刊中擔任數學與物理組主編，和研究助理格羅梅共同發表了一篇論文。其他論文分別出自知名的數學家，如蘭道（Edmund Landau）（哥廷根）、阿達馬（Jauques Hadamard）（巴黎）、來維（Tullio Levi Givita）（羅馬），及流體力學理論家卡耳曼（Theodor von Kármán）（德國西部亞琛）。一九二三年二月上旬，愛因斯坦在由日本歸國途中訪問了巴勒斯坦，寄宿在以猶太血統自豪的英國常務代表塞繆爾（Herbert Samuel）爵士家裡，成為以色列特拉維夫（Tel Aviv）榮譽公民，並參加耶路撒冷的希伯來大學奠基典禮。後來他告訴同窗好友索洛文：

> 我很喜歡巴勒斯坦的這群族人，有農夫、工人和中產者。土地大致上並不肥沃。這裡可以成為道德的中心，卻容納不了大部分猶太民族。另一方面，我也

相信這場墾殖將會成功。

愛因斯坦設定的是一所具有最高研究與教學水準的頂尖大學，美國的出資者卻只要一間學院，讓孩子可以順順利利學習，於是他很快陷入人事政策的紛爭之中。一九二五年四月一日希伯來大學的落成典禮，愛因斯坦受邀擔任校方評議會的委員，卻未出席。即使親臨現場，或許他也不會像出席典禮的猶太裔柏林作家霍利切爾那麼憤慨吧：

所有這些儀式，即便不算是史前的，也有幾分中古味道，在我看來……相當陌生，且不太符合一所猶太大學的意義和思維。兩位拉比主持講論，其中一位甚至開始唱歌。我不由得想起當今幾位猶太學者的鼎鼎大名：愛因斯坦、柏格森、丹麥文學家布蘭德斯（Brandes）、弗洛依德。每位各以自己的方式撼動了本身知識領域的既定基礎，在徹底毀壞的基礎上建立新的學理與革命性的學說。大家在這裡面對死海，眼光指向在世的猶太民族，卻試圖把官方的神和學問不合時宜地拼湊起來。

愛因斯坦關切該大學的發展，在他看來，大學完全沒有走上正軌，終於讓他在一九二八年默默退出評議會。不過，他依舊盡量贊助這所大學。在其他方面，即使身為猶太復國主義者的愛因斯坦，仍保持著自己的獨立立場。

愛因斯坦對兩者之間的矛盾，或許有更為深切的體認：他的國際主義及拒斥錫安主義中為猶太民族主義提供動力傾向的任何過激的民族意識。既然他不把政治行動看成解決利益衝突的辦法，便感受不到真正介於巴勒斯坦阿拉伯氏族多數住民和猶太移民之間的對立，或是刻意加以忽略。他告訴貝索：「這根本算不上把阿拉伯人排擠出他們的領土。就這塊土地的可能性而言，聚居的人口並不多。」胼手胝足開荒闢地的人應該能夠相互諒解：「這個勞工階層，更是唯一有能力和阿拉伯民族建立健全關係，完成錫安主義最重大政治任務的族群。」

愛因斯坦傾向把猶太人和阿拉伯人之間的暴力衝突，特別是一九二〇、二一和二九年多人遭到殺害的事件，界定成相當於英國託管政府的行為。有鑑於促進猶太人和阿拉伯人的民主和自治，他在一九三〇年建議組成一個「機要議會」，包括猶太和阿拉伯各四位大老（醫界、法界、勞工界和宗教界），作為兩大族群面對託管政府的調停機構。然而，由於該議會缺乏權能，也就可能遏止不了暴力。愛因斯坦依舊採行忽視政治現實的道德勸說之道。一九二九年，他寫信給反對任何「猶太民族運動」的教授黑爾帕赫，表示在錫安主義中的民族主義理想，「並非求取權力，而是追求尊嚴和復原的民族主義」。凱澤也在關於岳父的傳記中，設法讓愛因斯坦擺脫提供猶太民族主義助力的「特別可笑的」指責。就愛因斯坦看來，「巴勒斯坦的重建及維護巴勒斯坦之外猶太人的整體性」，乃是「社會援助的手段，同時更是確保更高尚未來的教育性措施」。愛因斯坦深信這種更高尚的將來，並毅然投入其中。

榜樣人物

國會總理勒貝在回憶錄中講述道：「為了職務或自身的興趣，我加入了多少個協會和委員會啊！首先是慈善公益的組織：自然保護聯盟、盲人救援、青少年收容……之前還有政治及工會的團體……不要忘了，還有藝術社團……年初時，我可以繳到八十四個社團的會員費。接著是委員會。主所賜予的每一天，均帶來新的委員會。」愛因斯坦可不想擔任這麼多名譽職務，即便只是若干協會的純會員或名譽會員，擔任某些組織的主席或小組成員，所做的卻不只是為呼籲或聲明連署。結果，還是有些應接不暇。

自一九一八年起，愛因斯坦與珂勒惠支，成為萊昂納德・內爾松（Leonard Nelson）的「國際青少年聯盟」（Internationaler Jugend-Bund）友朋委員會成員。自一九二一年起，他贊助「為賑濟俄國挨餓勞工組織委員會」（Russlandkomitee zur Organisierung fuer Arbeiterhilfe fuer die dort Hungernden）。在蘇維埃俄國一九二一年的旱季後，經過列寧號召而創辦的該社，接著便由共產國際和赤色工會國際主導。該賑災組織的執行祕書是共產黨員明岑貝格（Willy Muenzenberg）。他把一九二一年底連署「國際勞工救援」（Internationale Arbeiterhilfe）協會首度呼籲的所有人，全部列為創會成員，當中有愛因斯坦、霍利切爾、演員莫伊西（Alexander Moissi）、格羅斯和珂勒惠支。該組織在英國獲得蕭伯納，在法國獲得巴比塞支持。根據國際勞工救援協會一九二五年的綱領，這是「跨黨派的國際性組織」，奮鬥的「目標首重以工會的方式，即不依賴黨派屬性，把各國勞工結合起來。本會自覺與蘇維埃俄國關係特別緊密」。該救援組織建立了各種設施，諸如兒童療養接送、生育諮詢、食物分配、德國婦女預防納粹襲擊的自保課程，乃至在俄國的建屋協助。愛因斯坦知不知道作家魏納特（Erich Weinert）給協會寫的戰歌可用小提琴來伴奏呢？大概不知道吧！曲中最後一節是這樣的：

準備打仗吧，兄弟！
這是場關鍵的比劃！
若要自由、麵包和權利，
切莫仰賴一個奴隸國家！
欺壓者早把武器抓在手上！
流血之日將近！
所以勞工們，為了救援會的理想，
大家向城市和鄉下邁進！

副歌：因為紅軍後方
還要站著救援會
的糧秣隊，
才贏得了這場仗！

自一九二三年三月十六日起，愛因斯坦擔任「國際勞工救援之友聯盟」（Bund der Freunde der Internationalen Arbeiterhilfe）名譽會長，但歌曲中的鬥志並不適用在他身上：他不過是掛名。一九二七年，他甚至被選入救援會擴大的中央委員會。性質相近的委員身份，還有自一九二三年起「新俄國之友會」（Gesellschaft der Freunde des Neuen Russland）的中央委員會（後更名為「工作小組」）。托瑪斯．曼和德布林也屬於這個協會。另外，還有一九二二年的「巴特埃姆斯（德國西南部）學者及文藝人士復原之家」（Genesungsheim fuer Gelehrte und Kuenstler, Bad Ems）名譽主席、一九二六年的「德國精神勞工工會」（Gewerkschaft Deutscher Geistesarbeiter）榮譽會員，及一九二七年的「拉特瑙基金會」評議會委員。同年，愛因斯坦和具有左派傾向的法國和平主義者巴比塞一起擔任「反對帝國主義及支持民族獨立聯盟」名譽會長。會員還有霍利切爾、專欄作家萊曼－魯斯比爾特、女性主義者海倫．斯特克，及漢諾威大學編外講師提奧多爾．萊辛（Theodor Lessing）。一九二八年，愛因斯坦進入德國人權協會的督導會。一九二九年，他擔任「猶太婦女聯盟」（Juedische Frauenliga）理事會的成員。愛因斯坦所有職銜，均表明他是和平主義者及擁護人權、捍衛社會弱勢者的榜樣。

對蘇聯的態度

隨著一九二二年四月十六日義大利拉巴洛（Rapallo）條約的簽訂，德國開始步上正軌，和革命後的俄國建立合理的鄰國關係。兩方恢復外交往來，協商貿易利益，放棄雙邊的賠償要求。新祖國聯盟繼續推動德俄經濟與文化關係的改善。一九一九年秋，盟員愛因斯坦、諾貝爾和平獎得主弗里德（H. A. Fried）和謝斯勒伯爵一同公開抗議戰勝國對俄國的「飢餓封鎖」。在外交部的批准下，聯盟安排了一九二〇年元月的會晤，幾家德國大企業的代表會晤拘禁在市北區的勒特爾街莫阿比特監獄（今已不存）裡的人民委員與受人敬重的蘇聯代表拉狄克。關心蘇聯動向的愛因斯坦，或許也讀了相關報導。一九二〇年元月底，他寫信給博恩：

> 此外，要告訴你的是，就算這些布爾什維克的理論再奇怪，我對他們還是沒有惡感。就近觀察一下，還真是趣味得很……這些人的高層有不少是具有政治天分的人。我最近讀了拉狄克的小冊——相當佩服，他確實很內行。

不過，愛因斯坦卻**不曾**到過蘇聯：他擔心這麼做，會讓雙方爆發宣傳戰。愛因斯坦對蘇聯的社會實驗抱持樂觀態度。據說，假使他只知道一條正路，一定就會「從事布爾什維克」。人真的是很難搞懂的東西。此外，愛因斯坦可能從拉特瑙那得知這方面的事。拉特瑙熟知俄國，對布爾什維克這種社會現象極感興趣——更記得雙邊有待改進的經濟關係。一九二〇年，他曾表示這件事很重要：「我們要和蘇維埃共和國這個日漸鞏固成軍事、農業、寡頭政體的國家保持良好關係。」

具有親俄態度的愛因斯坦，卻跟柏林康德大街、諾倫多夫廣場、布拉格廣場和巴伐利亞廣場之間大部分俄僑沒有密切往來。這些人一般是流亡者和前朝的官吏，此時經濟狀況惡劣，且**沒有**任何國籍。一九二二至三七年間，居留柏林的俄國作家納博科夫還抱怨：「從**證件**上講，這裡是俄國人的溫床。國聯用所謂的南森護照（Nansenpass），配發給失去俄國國籍的流亡者，這是種極低微的慘綠色證件。」據納博科夫表示，當時有許多屬於民主團體的俄國知識份子，「在文化水平上……遠遠凌駕周遭的外國人民」。不消說，愛因斯坦知道這些新的流亡者，但身為錫安主義者的他，更關心蘇聯猶太人的處境，及促成遷居巴勒斯坦的辦法。為此，他會晤了布盧門菲爾德及一九一八至三〇年間在蘇俄駐柏林大使館負責外交事務的人民委員契切林（Georgi Tschitscherin）。

愛因斯坦除了是「賑濟俄國挨餓勞工組織委員會」及「新俄國之友聯盟」（該社定

期寄《新俄國》〔*Das neue Russland*〕雜誌給他）的成員，這時又多了一個會員身份。一九二四年，阿爾科伯爵在莫斯科聯合德俄工程師創辦了「文化與科技」（Kultur und Technik）學會，發行《德俄學術科技報導雜誌》（*Russisch-Deutsches Nachrichtenblatt fuer Wissenschaft und Technik*）。愛因斯坦屬於該學會的評議員，贊助刊物的發行及兩國的經驗交流。此外，早自一九二二年起，便出現頗為排外與保守傾向的「德國東歐研究學會」（Deutsche Gesellschaft zum Studium Osteuropas），會長施密特—奧特也是德國科學急難協會的理事。主事者則是柏林大學保守派史學學者赫奇（Otto Hoetzsch）。該學會有十年之久無所作為，一九二三年時卻做出一份提案。在施氏和赫式的運作下，任職於文化部的物理學者韋斯特法爾（Wilhelm Westphal），成立了一個由大學教授組成的小組，宣稱要開放對俄的學術關係。其中除了科學院的巨頭，如愛因斯坦、馮勞厄、普朗克和哈納克，還有和愛因斯坦關係不甚密切的學者，如邁耶（Eduard Meyer）、松巴特（Werner Sombart）和施普蘭格爾（Eduard Spranger）。於一九二五年，該學會接待了俄國科學院執行祕書奧爾登堡（S. F. Oldenburg），安排俄國學者和藝術家講演。一九二五年九月，為了位於列寧格勒（Leningrad）的科學院兩百週年慶，德方派出由施密特—奧特帶領的多人代表團——沒有愛因斯坦。一九二六年四月，德俄友好條約簽訂後，阿爾科伯爵和愛因斯坦十一月邀請蘇俄科學院副主席費斯曼（Alexander J. Fersman）來柏林演講。阿爾科、愛因斯坦、《前進報》藝術批評家奧斯本博士（Max Osborn）和傅克斯（Eduard Fuchs）共同主持會議。一九二七年，德國的東歐學會也在柏林舉辦了俄國自然學者週。

崇尚自由的愛因斯坦算不上什麼「始終如一」的宣傳家。他在一九二九年與新俄國之友會劃清界限，抗議政府拒絕給遭到流放的蘇俄領導人托洛斯基（Leo Trotzki）政治庇護。在俄國集體化運動後的一九二九年，農村出現數十萬飢民，領導階層找出四十八位高幹，其中包括十位猶太人，來當替罪羔羊，這些人在公審後遭到槍決。索忍尼津（Alexander Solschenizyn，又譯索忍尼辛）在關於俄國猶太人的史書中指出，知名的猶太作家布魯茲庫斯（Ju. D. Bruzkus）曾設法藉著連署來抗議這種政治清算。愛因斯坦和阿諾爾德・茨威格簽署，而羅曼・羅蘭則**未簽**。隨後愛因斯坦受到影響：一九三一年，他退出反對莫斯科公審「四十八個罪魁」的連署抗議，理由是：

> 如今我深深懊悔自己參與了這次連署……我當時並未充分意識到，在蘇聯事務種種特殊情況下，可能存在著完全出乎我所熟悉情況之外的事情。

是否有跟他不同論調的人，我們不得而知。當時柏林有兩位流亡的國民經濟學者布魯茲庫斯博士及伊林（Iljin），多次發表反蘇聯的報刊評論和演講。為此，外交部和德國東歐研究學會所發生的爭執，可能對愛因斯坦有所影響。愛因斯坦這樣改口，也可能是保持了一貫的立場：一九三六年，義大利作家與共產黨幹部西洛內（Ignazio Silone）在公開信中把莫斯科其他公審解釋為整肅異己，還用了「赤色法西斯」一詞。幾年之前，有鑑於俄國十月革命期間的恐怖現象，愛因斯坦也曾寫道：「假使俄國的當權者有心繼續以道德來折服有素養的人民，便必須改變他們的方法。若是他們無法藉著偉大勇敢的解放行動，來表明自己在為政治理念賦予力量時，並不需要進行血腥的恐怖活動的話，便將失去大家最後的好感。」

反對兵役和民族主義

一次大戰期間還不太出名的愛因斯坦，對於和平主義者的公開聲明還相當拘謹；在威瑪共和較自由的氛圍中，他則不斷熱情支持主張拒服兵役和裁軍的個人及組織。一九三一年十二月，他在接受出版了關於一戰期間參與戰爭宣傳國家一書的美國出版家菲爾埃克訪問時，表示：

我不只是和平主義者，更是戰鬥的和平主義者。我準備好為和平而戰。戰爭只能靠一種辦法來制止：所有有關的人抵制參戰……我們必須準備好，如同我們在戰爭中所一貫採取的，為和平大業壯烈犧牲。對我來說，再沒有比這個更重大，更令我關切的職責了。

愛因斯坦跟著其他表態的知識份子一同簽署了宣言和呼籲。如一九三〇年五月由「國際婦女和平自由聯盟」（Internationale Frauenliga fuer Frieden und Freiheit）發起的**裁軍宣言**，有羅素、斯特凡・茨威格和托瑪斯・曼的連署，以及一九三〇年十月的〈反對兵役及青少年軍事教育宣言〉，除了上述的連署者，這裡還有弗洛依德、羅曼・羅蘭和泰戈爾。納坦和諾頓指出，愛因斯坦這類表態將近**八十次**。當時他特別關切國際合作和民族間理解的問題。與之不謀而合的，有由白里安發起，美國國務卿凱洛格（Frank B. Kellogg）提案的公約，建議設置全球性的仲裁法庭，取代用戰爭作為解決國際爭端的辦法。一九二八年八月在巴黎，有十五國簽署了這項協定，後來更有四十八國跟進。可惜，一九三一年日本出兵滿州國，令該約定成為廢紙。

一九三二年，愛因斯坦與弗洛依德思想交流的兩封信，引起公眾矚目。論題涉及愛因斯坦在二〇年代末極為關切的文明問題：「是否有使人免於戰爭苦難的方法？」對這位心理分析之父，愛因斯坦似乎抱持了善意的批評態度。根據他一九三一年底的日記記載，即便他不相信弗洛依德的命題，仍然「非常喜愛他那鮮明的風格及儘管稍嫌離題，卻相當原創的精神」。弗洛依德「過度相信自己的想法」。另一方面，弗洛依德一九二九年十一月曾寫信告訴菲爾埃克：

> 我早就知道愛因斯坦對心理分析的態度。我在幾年前跟他有過一場長談，當時我打趣表示，他對心理分析不及我對數學的了解。不錯，我認為自己在這方面強過他。相對於我充分理解數學思維的權能，他卻質疑心理學的權能……

在聲明對彼此的評價後，兩人詳談了戰爭的起因——弗洛依德有別於鮮明的愛因斯坦。愛因斯坦咄咄逼人問道，是否有種辦法「引導人的精神發展，令其有能力抵抗仇恨和破壞的精神變態呢？」姑不論那些握有報刊、學校和教會的戰爭既得利益者，人類本身就有「仇恨和毀滅的慾望」。弗洛依德在答覆中採取了歷史做法，把這種權利描述為被馴服的暴力及藉由感情而結合的群體的力量。對設置一個超乎不同國家的較大群體這種構想，他認為不可能實現：「憑藉理念的力量來取代現實力量的嘗試，目前仍注定失敗。」於是，他觸及愛因斯坦思想中的痛處：他常常只看見自己想看到的。此外，弗洛依德更藉著「性愛本能」和「死亡本能」兩種本能之聯繫，來理解人的行為。他得出悲觀的結論，即「當人在迫切的實際任務下」，如阻止戰爭，從「不解世事的理論家取得建議」，「是不會有太大成效的」。愛因斯坦在信件開頭卻愉悅地表示，在從事政治的人身上，「這樣的意願很高，即就本身對問題的看法，請教那些因為慣常的學術工作，而獲得面對各種人生問題時極為超然立場的人士」。

愛因斯坦的許多和平主義聲明，均顯示他相當涉入德國及國際的和平運動，是故他的拒斥戰爭，並未展現任何特色。在拒絕兵役及有關戰爭起因方面，我們各舉一例。一九二九年二月，愛因斯坦在捷克斯拉夫的報紙上，有項關於兵役的明確表態。關於新的戰爭爆發時，他會做些什麼的問題，他答覆道：「我將直接或間接堅決反對兵役，並促使朋友們做出同樣的表態，甚至不理會戰爭起因的論斷。」納坦及諾頓認為，這句話讓愛因斯坦成為世界各地「戰鬥和平主義的英雄」。筆者這裡有不同的看法。愛因斯坦不過複述了兩年多以前海德堡的第十二屆德國和平主義者大會上壓倒性多數通過，發表在《和平守護者》（*Friedenswarte*）的言論。前述的話，就是選自這裡，即「不論攻擊戰或防禦戰、國際聯盟的懲罰戰，或是出於其他或真或假的目標」，均將拒服兵役。就連在位的國會總理勒貝也有類似的表述：

> 來自背街房屋的人和廣大的群眾，一定會反對未來的戰爭，各國青年反戰的日子必將來臨。一定要通過這樣的法令，要求導致戰爭的外交人員和專欄作家，先下下壕溝。我們不要武器，這些先生不妨自行肉搏。

愛因斯坦底下的說法，同樣不可單獨來看，而要置於時人的辯論脈絡之中：

所謂戰爭完全或主要由資本家造成，這個論點我覺得不對。廢除經濟上嚴重的不合理，我認為比不上和平主義的問題。我更確信，我們不該讓後一問題的解決取決於前一問題的解決，因為目前創辦一個廢除戰爭的組織，時機已然成熟。

在此，愛因斯坦跟希勒的看法不同。希勒認為帝國主義屬於資本主義，「如同老虎有牙齒」。資本主義統治制度，乃戰爭的主因，是「強迫性的殺人勾當」。在一九三一年八月《世界劇場》的一封公開信〈再邁一步，愛因斯坦！〉中，希勒取笑他是「在政治理論上成熟得較慢」，卻寬厚地附上一句：「而今沒有世界大師能……同時兼具精密科學和政治哲學的。」呼籲拒服兵役並不夠，一定要「發難，推翻政治權力的巧取豪奪」。「請勇於破除執迷，跨出這一步，愛因斯坦，從急進和平主義邁進到革命和平主義！」一九一八年時，希勒還抱持精神貴族政治的非民族理念，一九三一年，則走到世界革命的理想。愛因斯坦未受感動，而以一封私人信函回覆，他對「在有民主憲法的國家中，對革命期望不高」。希勒之類的「共產主義式」和平主義者的看法，則被社民黨左翼領袖保羅．列維批評為過於片面，而加以排斥。他認為產業勞工的群眾罷工，才是反戰的萬靈丹。

一九三〇年十二月，愛因斯坦於紐約主講的急進和平主義演說，甚至引發奇怪的效應。他在其中的評論表示：

即使只有百分之二受到徵召的人表明拒絕從軍，進而共同要求以和平方式解決所有國際爭端，也能令政府失去力量。府方沒人膽敢把數量如此之多的人送進監獄。

於是，美國「抵制戰爭者聯盟」（War Resisters League）發行有〈愛因斯坦論拒服兵役〉標題的傳單，派發有「2%」字樣的夾報。這些東西很快就停止流通，因為同一時間，紐約出現一項政治行動，即正在推行所謂共和黨眾議員「沃爾斯特德（Volstead）法案」，進而試圖廢除對含有百分之二酒精含量的啤酒的禁令。人們喝起百分之二的啤酒。把任何直接或間接拒絕參戰的行為視為道德良心（這一點與愛因斯坦一致）的羅曼．羅蘭，認為愛因斯坦的提議有爭議性：「百分之二的人口拒服兵役，並不會廢止戰爭。愛因斯坦似乎忽略了，自一九一四年起，戰爭技術已有所改變，且持續演變中。近來有一小隊科技人員強調，他們懂得使用裝填了毒氣或細菌的魚雷及其他大型毀滅武器。在這種情況下，不論人口的百分之二或百分之十拒服兵役，政府完全無所謂。」

威瑪共和期間，愛因斯坦持續投入和平與民族間理解的努力，令人讚賞。話說回來，相較於許多國家中，青年因拒服兵役而遭監禁，這位世界知名的五十歲天才自然輕鬆許多。身為普魯士官員的愛因斯坦，不該參與國內的政治鬥爭，如奧西茨基或埃里希・繆撒姆之類的作家在《世界劇場》中直接對抗若干國社黨徒和希特勒；原本，他也可以用個人名義來進行。既然愛因斯坦一再強調自己不是德國人的這種自覺，想必對德國**內政**沒有太大興趣，但這並不表示愛因斯坦全然跳脫德國內政。在「貴族補償」，即一九一九年十一月革命期間，皇室和地方貴族被徵收之地產的補償問題上，工會、社民黨、共產黨及中產階級政黨左派，均以「不給貴族半毛錢！」的口號，主張無條件沒收，並在成功提案後，強制進行全民表決。愛因斯坦也一同簽署。魏納特則以一首鬥志高昂的詩助陣：

投給爵爺
的每百萬張票
便是反動派的彈藥。
兩千萬，足以進駐軍營。
這事關自由！這攸關百姓！

所謂「兩千萬」就是預定通過的選票。在政府高層、教會和興登堡總統的強力施壓下，一九二六年的全民表決失去必要的多數選票。愛因斯坦涉入內政的另一例子，是他支持〈反對打造戰艦和擴充軍備號召書〉，抗議興建價值八千萬的「A型裝甲巡洋艦」。共產黨試圖推動全民表決議案〈禁止建造任何種類的裝甲船和巡洋艦〉而未果。亨利希・曼、珂勒惠支、包浩斯學院院長格羅佩斯（Walter Gropius）和巴拉赫（Ernst Barlach）均支持該黨。哈特菲爾德製作了令人印象深刻的拼貼畫，刊登在一九二八年十月十四日的《紅旗報》（*Rote Fahne*）頭版上：「加把勁！投贊成票！」

能否從愛因斯坦對德國的保留態度推知，希特勒一旦掌權，他便隨即離開這個國家呢？其實，在一九三〇年十二月美國之行期間，即由安特衛普出發，經過紐約、巴拿馬運河及西岸時，便有謠傳流回柏林。根據猶太作家布魯茲庫斯博士的一位公子所說，愛因斯坦告訴他，萬一希特勒奪權，他將到法國隱居。在《紐約時報》上，愛因斯坦施展了闢謠的藝術：「在公眾場合不應該用希望絕不會發生的條件句講話」；及「更不應該在這樣的條件句下預先做出決定，甚至把這樣的決定公諸大眾」。

13

愛因斯坦五十大壽

Einsteins Fünfzigster Geburtstag

自從報載「太陽使真相大白」及告知讀者柏林市住著一位「新阿基米德」（Archimedes）以來，過了差不多十年。現在一九二九年，愛因斯坦五十歲生日將至。該如何為他慶賀呢？就愛因斯坦自己來講，他不愛過節。只要他沒有站在台前，或是透過書面聲明與群眾保持距離，是不太愛公開露面的。但對學界而言，五十歲並不夠資深。要評價一生事業，再晚個十年比較適當。就紀念文集來講，也是如此。在菲舍爾出版社的女婿凱澤要發行這種東西，輕而易舉。一九三一年，當埃爾莎向安東尼娜透露，豪普特曼也做五十大壽時，見識便顯得淺薄：「拿阿爾伯特跟他比較吧。他在五十歲時就躲到僻靜角落，沒有人能跟他祝壽！」話是不錯，但愛因斯坦因此也沒給任何人機會一同慶生。之所以這麼低調，埃爾莎的節儉肯定不是因素。愛因斯坦有的是有錢朋友，他們樂意為他花錢。但他根本無意於像一九一二年的豪普特曼那樣，在阿德龍酒店的宴席上過五十歲生日。

祝賀和禮物

所以說，愛因斯坦在生日那天「躲了起來」，也就是躲到普勒許醫師在市區西邊的嘉陶（Gatow）的鄉下莊園「克雷姆（Klemm）別墅」為他準備的、沒人進得來的小房間——可能出於健康因素吧。好客的人會去處理各種電報、賀卡、鮮花和禮品，接待前來到賀的客人。四面八方的祝賀紛紛湧向愛因斯坦。在總理米勒（Hermann Mueller）的電報中，德國自豪地望著「它那偉大的學者，他為德國科學贏得不朽的聲譽」。東方學家與普魯士文化部長貝克爾在電報中表示，他殷切盼望能夠當面告訴愛因斯坦，「我覺得非常滿足，因為您在普魯士科學院找到自己的精神家園，且不斷為它增添名望。」貝克爾得到伊森施泰因（Kurt Harald Isenstein）雕塑的一尊愛因斯坦半身像，擺放在波茨坦愛因斯坦樓塔的入口處。就連宇宙影城電影新聞週報，也報導了愛因斯坦的生日。所以史家弗里德爾的話也有幾分道理：「這不是沒有可能，即往後的世代也許會把我們這時代講成是愛因斯坦世代。」因為人必須在歷史面前證明自己的價值。哈伯給愛因斯坦的賀詞則相當謙虛：

> 幾百年後，一般人會把我們這時代看成世界大戰的時期，但學者會把這前四分之一世紀跟您的大名聯繫起來，就好比今人把十七世紀末看成法王路易十四的戰爭時期，而學界則聯想起牛頓……所以為了自己未來的名聲和歷史中個人的存續著想，我衷心祝你善自珍重，保持健康，讓我能繼續跟您一道開玩笑、喝咖啡。

德國人權聯盟在電報中稱他為「社會及國際進步的先鋒」；而「蘇聯及外國文化交流協

會」則稱讚他為「相對論的原創者與新蘇聯的忠實朋友」。弗洛依德寫信說他是「快樂人」；少時的朋友、年邁的老師及許多百姓均寄來賀卡，其中還有「紅色救援會」（Rote Hilfe）莫普爾（Mopr）教養院的院童所畫的素描。愛因斯坦欣慰地表達了謝意及應有的道德自覺：「親愛的孩子們……要拿最了不起的人當榜樣。閱讀盧森堡的書信，並注意，人的差別不在他們的感覺和行為，而在其外在的機運。」連愛因斯坦出生的城市烏爾姆也寄來祝壽信，儘管晚了兩個星期。他們把以下的訊息當禮物，顯示了道地施瓦本的節儉作風：「早在幾年前，本市為了表揚您，便預定把一條交通最繁忙的街道命名為『愛因斯坦街』，且已鋪設完成。」愛因斯坦親切地即時回覆，其中仍透露幾分不悅：「我聊以自慰地以為，自己應該不必為期間發生的事情負責吧？」

還有另一個問題，生活簡樸、行事低調的愛因斯坦，大概不太會享用禮物吧？據瓦克斯曼所說，對於一般人所重視的生活物質，愛因斯坦從未同等重視，這並沒錯。汽車、高價的畫作、昂貴的裝飾品，及時髦的衣物，均是愛因斯坦不曾也不願擁有的。話說回來，他還是有喜歡的、樂於當成禮品而接受的東西。與他相熟的幾位朋友，為他委造了一艘帆船，他們是柏林貿易合作社（老牌銀行，今已合併成ＢＨＦ銀行）的三位股東。當成壽禮的這艘賽船，甲板面積有二十平方公尺，擁有一間艙房和一具備用馬達。所以愛因斯坦暱稱它為「胖帆船」，取名為「海豚號」。這件大禮對愛因斯坦很受用，他可以恣意地在水上消遣，不被訪客，甚至老婆找到！傾向社會主義思想的愛因斯坦，到底收了哪幾位「資本家」朋友這艘船，則不得而知。可能是柏林市民熟知，善開玩笑的銀行家菲爾斯滕貝格（Karl Fuerstenberg）、出身學者世家的辛特尼斯（Gustav Sintenis）法學博士，及藝術贊助者葉德爾斯（Otto Jeidels）博士，但也可能另有其人。

傳統的大手筆——柏林市的贈禮

在私的方面，愛因斯坦得到船的大禮。據若干人指出，普勒許曾找柏林市長伯斯（Gustav Boess）商量，柏林市也該對愛因斯坦有所表示。成為榮譽市民——這大概行不通。或許基於過去學生會會員的自豪感及民主黨人的身份，伯斯想扮演類似總統的角色。總統有「支配權」，得以在不經國會同意的情況下，自行決定。興登堡濫用過這種權限來支持自己的階層，幫助易北河以東陷入財務困境的大地主。不過，伯斯若缺少市府行政官員，便無法辦到。一九二九年初，大柏林的市府諮詢委員會由三十一位委員組成。於是該部會決議：「拿哈韋爾河畔的一塊地送給本世紀最偉大的學者與本市市民愛因斯坦教授先生，作為五十大壽時的賀禮。」就某些市府官員而言，這項決議並非全無爭議：有鑑該市拮据的財務狀況，不論左派或右派黨人，均無意為民眾找出令人信服的說法，解釋這份「賀禮」的緣由。自從一九二八年景氣低迷以來，柏林市陷入財務困境。於是，隔年初，伯斯想恢復原先停擺的地鐵建設案，卻遭到多數票否決。癥結在於，柏林當時兩億馬克的短期債務將有長期的變化。基於這層因素，及為了答謝紐約市長沃克（James Walker）一九二七年訪問柏林，伯斯便於一九二九年夏末前往美國。他想在那尋找財力雄厚的投資者。

除了市府官員，市府行政單位也很重要，這是負責決策的執行，也就是找尋地皮，甚至房子的單位。這次參與的人要不是能力不足，便是計畫施行不順：起初和埃爾莎的磋商並無結果。愛因斯坦夫婦婉拒了市府兩項提案，因為一塊嘉陶的建地位在汽艇俱樂部附近，另一塊在市區西邊的新克拉多（Neu-Cladow）地產，市府早已允諾該地的貴族女地主的終身用益權（譯註：即市府拿不能送的地來送他們）。從斯萊福格特所畫的〈新克拉多的花園〉可以看到，那裡的房子美輪美奐。市府方面看來沒辦好這件事，而且成了報上的鬧劇。愛因斯坦家住在滕珀爾湖（Templiner See）附近卡普特的朋友施特恩夫婦（Adolph und Elsbeth Stern）得知了這消息，表示願意廉讓湖邊的部分地產。

為此，伯斯和名譽職的市議員與經濟黨（Wirtschaftspartei）黨員布施（Busch），一同於一九二九年四月二十四日，即生日**過後**，提交草案給市議會。案文中表示：「本席懇請議決：議會惠予同意，由購地基金提撥約兩萬德國馬克，俾購入卡普特一塊地產作為愛因斯坦五十歲生日賀禮。」所以賀禮就是一塊地皮。然而，這塊略有坡度的地皮，府方卻以「改善能見度」為由，準備填高地基，打造成「花園的格局」。在五月一日的《勞工畫報》（*Arbeiter-Illustrierte Zeitung*）上，刊登了一幅諷刺市府烏龍事件的漫畫，受贈人卻是卡爾．愛因斯坦，而非阿爾伯特。直到五月二日的下次會議，市議會仍未能做成決議，再度順延，因為該案與資深議員的意見相左。箇中原因，可能是市府官員所謂「極為拮据」的財務狀況及關說議員們採取節約的做法。也有可能是反猶人士，甚至與國社黨員交好的人士從中作梗。未能詳知內情的柏林諷刺作家「小妖怪」，則認為是出於惡意和嫉妒：

> 我喜愛柏林少數耆老，更勝於老建築，他們已經是「美好」舊時代的活紀錄；卻不是那些從官方獲贈一只（一只！）瓷盤的百歲人瑞，也不是六十歲的知名教授愛因斯坦，可惜後來發現，市府所送的鄉下房子「不得使用」。為此，他們送了他另一項鄉下地產，竟是由穀倉改建，沒有門口的房子。

愛因斯坦可能也看了這篇文章。不過，他不想再等人決議，而是決定自己花錢買下府方所提供的地產。於是，私人交易便取代了官方運作。

可想而知，市議會五月的會期無濟於事：據說，身為社民黨員的警察總長由於沒在五月一日撤除一般示威禁令，而遭傷害，警方便出動保安警察以血腥方式介入，導致該市騷動不安。共產黨聲言遭到歧視，柏林這場「血腥五月」的結果，街頭共有四十位死者和七十三位重傷患。換言之，當時在市府有比愛因斯坦賀禮更重大的事情需要討論。

經過業主和建築師瓦克斯曼幾個月的細心作業後，一九三〇年夏，一棟擁有暖氣設備、實用取向的木造房子完工了。安東尼娜語帶保留表示：「一個單調的立方體，再加上稍微矮小的另一個立方體，再接上一個屋頂平台。整體造型形同數學公式，未加修飾，硬梆梆的。」愛因斯坦倒是對這棟自己付錢的「別墅」相當自豪。在五月四日新居落成的訪客登記簿上，馮．勞厄以〈規定〉為題寫了首打油詩，規定訪客用韻文登記，設計的告示上寫著「禁用散文」。他的落款則是：

以卡普特地產管理單位的名義。

屋主敬啓。

一九三二年十一月二十一日的最後一次登記，同樣出自馮．勞厄。愛因斯坦享用「自己的土地」，為期僅僅兩年半。一九三三年五月，這塊地便過戶到埃爾莎女兒名下，一九三五年元月，就被「新時代」的當局無條件徵收，官方說法表示：愛因斯坦家遭竊。

從同儕、作傳者法蘭克開始，許多愛因斯坦的傳記作家均為了這場烏龍，取笑柏林市府（譯註：法蘭克倒不認為行政上出現疏失，而是推測有人阻攔）。誠然，伯斯在政治上犯了大錯，失去顏面；卻沒有人反過來問，威瑪共和時期，除了愛因斯坦，還有哪位名人的五十或六十歲生日，能讓柏林市提供這份相當豐厚的禮物呢？於是，我們再度見識到這種現象，即愛因斯坦被推崇為無與倫比的「偉大」。儘管他的研究成果不比哈伯的那麼容易為一般人了解。愛因斯坦為什麼願意收下這份禮物呢？他覺得自己當之無愧嗎？抑或受到埃爾莎敦促？早在一九一九年的艱難時期，愛因斯坦樓塔經費的募捐，便只得到他頗為勉強的讚許。最晚自一九二〇年起，親水的避暑屋早已是他的夢想。他為何仍然不能自己實現這個夢想呢？因為他在蘇黎世第一個家庭的財務負擔嗎？從結果來看，他有不必自己出資的財政辦法（譯註：作者暗示他在等人家為他出錢）。

身為普魯士官員的愛因斯坦，事後或許會慶幸自己接下提案，隨後加以放棄。因為在他生日之後半年，伯斯便捲入一場政治醜聞，一九三〇年時，由於收受他人給妻子一件價值四千馬克的狸皮大衣遭到起訴。送禮者是名叫斯克拉瑞克（Sklarek）的猶太三兄弟廠商，涉嫌高達數百萬馬克的詐欺案。伯斯被判處三千德國馬克的罰鍰，自動以「不適任」為由，對外則表示「基於健康因素」，於十一月一日提前退休。《德意志猶太人》月刊更試圖以嘲弄的方式，把愛因斯坦為猶太民族出頭，和斯克拉瑞克醜聞掛勾起來。在一九二九年十一月號中，他被指責為「猶太民族文人」：「愛因斯坦教授寫道：『這對猶太人的道德造成重大傷害，他們和猶太民族共同體失去聯繫，被該經濟民族視為異族。往往冒出無恥陰險的自私自利。』所以說，假使斯克拉瑞克家族及時信奉錫安主義的救世說，他們大概就不會舞弊了。」

如同今日有所考據的專家所言，伯斯被迫下台，主要因為報界：

然而，追蹤他的不僅是《紅旗報》的人，右派報社，尤其胡根貝格的地方廣告報也這麼做。就連莫斯和烏爾施泰因的小報也認為，為了業務，有必要加入這種以傳聞為依據，不負責任的報導手法。原則上支持威瑪共和及其所代表的力量的這兩家出版社，在伯斯一案中卻失去作用。他們本該運用其對柏林民眾的影響力，為手無寸鐵的民主市長對抗他的政敵的。

如今，伯斯對本市的貢獻，即「他以其高瞻遠矚所定下的發展步調，讓柏林至今仍蒙受其利」，已經不受重視。至於這位柏林人，只因和愛因斯坦別墅有關的政治遭遇，而留在人們的記憶中，本身就帶有幾分悲劇性。

14

火山上的舞會

一九三〇至三三年

Tanz auf dem Vulkan
1930-1933

柏林在市長伯斯任內，努力急起直追，和其他世界性都會一較高下。一九二八年十月，他在《柏林日報》上表示：「我知道巴黎、倫敦和紐約仍然勝過我們。我們必須，且將要迎頭趕上。」十月中旬，一場以「柏林發光」為口號為期四天的預演，在夜晚時分舉辦了：將以新的照明方式照亮歷史建築，並進行測試。這件柏林經濟的大事獲得贊助。當時萊比錫街上的人造星光，便耗費大約四萬馬克。「這場活動費用，非常之高，因為大部分中大型裝置，不僅用於發光，更將持續照耀柏林，吸引顧客。這類大手筆的裝置位於選帝侯大道街口一整棟建築，最新型的照明廣告亮得宛如白晝。」這裡指的大概是市中心烏朗德街口的建築，底下是咖啡館，頂部是賓士（Mercedes）公司的照明文字，其間是舒爾特亥斯（Schultheis）公司及獅子酒廠（Loewenbraeu）的廣告。

庫爾特．魏爾還特地為「柏林發光」活動譜了首歌曲。由於經濟狀況並未因此大有改善，免不了出現這樣的批評：「發光週的主辦者市府單位，要如何為這筆不小的浪費向窮人與街友們交代呢？這大概是要跟外國人和大剝削者展示柏林的難民營，並表示：照過來，這就是你們的傑作！」謝斯勒伯爵對一九三二年發生在柏林某些地方的狀況紀錄，也是這個意思：「有件我不太清楚的單一事件：在柏林已有兩萬到三萬名十一至十五歲的流浪少年，他們組成有組織的小幫派……全然沒有道德顧慮，隨時準備犯罪，大部分均有梅毒和毒癮。」

失業和黑色星期五

人們不理會供過於求的警告，一窩蜂投機後，一九二九年十月二十四日，紐約股市開始下滑，導致「黑色星期五」聲名狼籍的股市崩盤。這個銀行危機日，也標示出接下來三年的世界性經濟危機，直到一九三二年底才結束。一九二六與二七年間，德國景氣**復甦**，自一九二八，尤其自一九二八與二九年間的嚴冬，則陷入**低迷**。工業產量開始降低，失業數字持續攀高，到了一九二九年二月，達到三百二十萬的最高值，導致「德國失業保險機構」的可怕赤字，只能透過貸款來打平，而亟須改革失業及社會保險。

解決德國戰債償付的新方案楊格（Young）計畫引發爭議。這個計畫固然會讓德國在經濟政策上自主，卻也令德國在經濟衰弱時仍然背負著賠款的重擔。這有一定的風險。美國的銀行危機，一定也直接衝擊德國，致使國外給德國縣市和銀行的**短期**借款大幅減少。由於德國債務人主要把錢做了**長期**的投資，他們很可能一夕之間陷入困境。自稱「國家反對派」的德國國家民族黨和國家社會黨，發起反對楊格計畫的全民投票而未果，但這些右派政黨卻大獲重視，逐漸聚集擁護者。

國社黨的顛覆活動

身為國社黨區域幹部的戈培爾（Joseph Goebbels），自一九二六年十一月一日起設法「滲透」柏林市。他首先張貼鮮紅色的海報：「資產者國家末日將近。必須重新打造新德國。」他把機關報命名為《進攻》（*Der Angriff*）。圖霍爾斯基便拿〈戈培爾〉一詩來取笑柏林這位新宣傳份子。其中第一節是這樣的：

你真少不了那些家具包裝工！
拿了錢的他們，這才向你靠攏。
這麼個沒本事的男中音，
在當中拚命地譁眾取寵。
哇！女人一見你便小鹿亂撞，
最愛做的無非是躺到地上！
你就搞呀搞，弄呀弄的。
約瑟夫，你真是小角色。

由於最高同志希特勒被禁止在普魯士公開演講，戈培爾只能採取其他辦法：他的衝鋒隊按時打擊共產黨人的集會，進行大大小小的戰鬥。他們更在沒有向警方報備的情況下，以上百人的陣仗，在利希特菲爾特東火車站欺負了夏洛滕堡「赤色先鋒聯盟」（Roter Frontkaempferbund）樂隊的二十三位樂手。一九二八年五月，國社黨在國會選舉中的柏林票數，尚遠低於他們在國內各地的平均數。在經濟復甦期間，納粹暴徒的攻擊與其說是別具意義，不如說是令人不齒。但自景氣低落以來，如柏林機具工人開始工資鬥爭、罷工和反抗解雇時，希特勒的黨派便獲得更多支持者。街頭的局勢，逐漸走向衝鋒隊和共產黨人之間的對峙。希特勒的演講禁令解除，並出現在偌大的海報上：

首度在柏林！
在普魯士政府對領袖
希特勒
的演説禁令解除後，
他將於一九二八年十一月十六日星期五
晚上八點半在波茨坦街的
體育堂（Sportpalast）
的群眾集會中，主講

〈即將掙脫鐐銬的鬥爭〉。

一九二九年九月中旬，國社黨徒在選帝侯大道上毆打多位具有猶太容貌的過路人。在同年十一月柏林市議員選舉中，亦即愛因斯坦大壽之後，國社黨議員首度增加到十三名，約佔總數的百分之六。從十一月到隔年三月，在失業人口的支持下，議員數增加到兩倍多。在一九三〇年九月十四日的國會選舉中，納粹黨已佔百分之十八點三的席次，一九二八年時還是百分之二點六，許多知識份子都把這天看成共和的忌日。不過，社民黨仍是最強的派系，甚至中央黨也略微領先。

愛因斯坦的官方上司貝克爾，在一九三〇年元月關於部內輪替的公開討論後便辭職了。看來，普魯士總理布勞恩（Carl Otto Braun）需要一位新部長，更能以無窮的精力影響與民主漸行漸遠的青少年，尤其是大學生。不過，像學界裡的愛因斯坦和能斯脫，文藝界的豪普特曼、托瑪斯．曼、李伯曼和珂勒惠支，均力主貝克爾留任。

說到這時國社黨的無法無天，見之於以下事件。一九三〇年十二月初，在美國以雷馬克小說為腳本拍攝的反戰影片《西線無戰事》，在柏林諾倫多夫廣場戲院莫札特廳的首演，遭到納粹黨徒的干擾。戈培爾為幕後主導，過去為政治左傾的表現主義作家布龍寧（Arnold Bronnen）帶頭作亂。事前就在倫敦看過這部片子的俄國作家愛倫堡（Ilja Ehrenburg）表示，他是在朋友的央求下一起去的，並指出：「納粹黨人……今天（想）

打一場仗。大家好好招待他們。」他們本想觀賞影片時，「突然響起幾聲歇斯底里的尖叫。燈光暗了下來，沒有發生毆打，但尖叫聲持續著。觀眾離開了電影院。原來納粹黨人在這裡放了上百隻老鼠」。接下來可就不是那麼簡單了。衝鋒隊不斷用暴力抗議這部影片，直到不勝其擾的當局勒令該片下檔為止。當時在美國看了這部片子並對女性朋友瑪格麗特．雷巴赫講述過的愛因斯坦，於是發表聲明，反對柏林這項禁令：

這項禁令暴露了政府的致命傷，即屈服於街頭暴徒的叫囂，在世人眼中，肯定需要設法恢復名譽。

不過，在威瑪德國，「仗義執言」並非本土的字眼，只有極少數人加以實踐。一九三〇年十月，托瑪斯．曼在柏林貝多芬廳主講〈致德國人〉，情況也沒好過雷馬克的影片。戈培爾派了二十位穿著租借晚禮服的衝鋒隊員來到現場，布龍寧也在。他後來解釋了隊員所扮演的角色：

時機終於到了。僅僅鄰座的人大叫一聲「哇啊」，便足以引爆激烈的衝突……儘管鬧事者還未到場，會場卻已經鬧了起來，大家彼此吼叫，只有二十一個人還保持安靜：形同失火時不知所措的主講者托瑪斯．曼及穿著租借晚禮服安坐著，並擔心有所破壞的二十位衝鋒隊員。

一九三一年三月，卓別林為了無聲影片《城市之光》在德國首演訪問柏林時，受到興奮的群眾「一再地歡呼」。不便外出的卓別林，在接受共產黨青年會（Jugendverband）報社的電訪時，簡短致意：「我對德國共產黨青年致上敬意與好感。」這句話卻馬上被保守右派和國社黨報紙打成是反共產與反猶太的粗暴攻訐。當時他們還揚言抵制他的電影，迫使他不得不更正聲明。幸好愛因斯坦夫婦延遲了自美歸國的時間，使得卓別林得以在搭夜車離開前的下午，到他們哈伯蘭街的家拜訪。若非如此，愛因斯坦肯定也會捲入這場鬧事活動。租用卓別林影片的德國片商，於一九三二年破產：由於在電影院門口站崗的衝鋒隊員辱罵觀眾，並堵住入口，院方老闆無法播放該影片。不寬容的暴力在德國於是成為現實。

他看得比別人透徹嗎？

早在一九二九年，作家戈爾便在長篇小說中勾勒了柏林陰森恐怖的景象：

柏林，北方之都，死亡之城，冰封的窗户呆滯得像垂死的眼睛，堆疊著龜裂的石塊，開裂得像妊娠紋的土地。如同黑暗和牢獄中的執念和蠢動之城，多不同於黃金時期詩歌中沸騰的瘋狂！……病懨懨、臭兮兮的城市！你的賤民的恐慌，在你那冷卻的岩漿般發皺的皮膚上傳布。年老的食人婆，妳下垂的乳房在皺巴巴的襯衣下發怒，更在不知方向的沼澤中失明。你來自哪個遙遠的千年，難道你會在歐洲高貴的地毯上翻騰嗎？

引文中的末句似乎蘊含某種預見。但也有可能，作家把自己在柏林的不得意投射成這一幕陰沈的畫面。

一九三〇年時，愛因斯坦評估德國的政治局勢對自己已無大礙，幾位猶太同儕卻有不同看法。諾貝爾物理獎得主維格納（Eugene Paul Wigner）回顧道：「德國的一些事件令人害怕。當時在卡普特，匈牙利物理學家斯齊拉爾德（Szillard）和我便比愛因斯坦早些預料到，我們必須盡早離開這個國家。儘管自己在柏林的科技大學職位算是相當穩定，我還是應徵了美國的工作，自一九三〇年起，每半年在普林斯頓大學教書。」愛因斯坦的前研究助理蘭措什一九三一年去了美國。還有卡爾曼，他早在一九二九年便接受了加州科技研究所（California Institute of Technology）的職位，卻還是每學期在亞琛大學教書。卡爾曼之所以離開德國，因為自己預料得到，只要納粹觀念所到之處，身為猶太人的他，一定最易因此受害。另外，也有無從選擇的人，如貢貝爾。他在經歷漫長的抗爭後，於一九三三年失去他在海德堡大學的教席而避居法國。由於他深入追查威瑪共和時期的政治謀殺者，亦即檢視法庭過度寬待右派的罪犯，招致了民粹陣營的敵視。由於貢貝爾**算不上**一流的學者，愛因斯坦的幫忙就相當有限：「我會為您謀得職位感到慶幸。性格成就的價值，並不亞於學術成就，所以您是不應被埋沒的。」

一九三一年七月十七日，愛因斯坦曾寫了封推薦貢貝爾的信，給身為科學院執行祕書的普朗克，卻似乎**未**寄出。筆者以為，納坦和諾頓的評論可能有誤：「從中可見，愛因斯坦展現了某種不確定性，即他察覺，納粹運動對德國政治和社會生活的影響與日俱增。」愛因斯坦在這份信稿的開頭，表明自己的國籍：「我在戰爭結束時便已經說明，在瑞士國籍之外，也接受德國國籍。在我看來，最近種種事件相關指責，卻使這種狀態的維持變得極為不利。」他拜託普朗克幫忙，放棄自己的德國國籍。「對於許多經濟上依賴我的人的擔憂及個人獨立的某種需求，迫使我走到這一步。」什麼是「最近種種事件」和「指責」呢？當時國內各地均沒有太大的政治變革，就連科學院設置理論物理研究所作為物理所擴充之構想，亦不可能是所指的事情，因為愛因斯坦完全予以同意。促成寫下這封信的緣由，應該不過是德國的**銀行危機**，即自當月十三日，德國兩家最大的銀行達姆施塔特銀行及國家銀行倒閉開始。德勒斯登銀行維持到隔日。布呂寧（Bruening）內閣的因應措施，是強制停止十六與十七日兩天的匯款交易，只容許提領工資等例外。隨著緊急法令的頒布，外匯交易也遭嚴格限制。當時人指出：

所有銀行和儲蓄銀行的窗口都關閉了！資本主義結構，一夕之間應聲而倒……失業大軍的數目已經來到四百萬大關……報紙公布，金融機構的窗口重新開放，但由存摺提領現金，每日最多只有五十馬克的限額。

看來，愛因斯坦擔心自己的存款。若是身為外國人，情況或許會好些。金融危機一解除，寄這封信的理由也消失了。愛因斯坦一定也像其他民主人士那樣，對具有政治背景的暴行之日漸增，多感憤慨：據說一九三一年時，柏林這種惡鬥下的死者有二十九名，其中共產黨徒比納粹黨徒多出一倍。在一九三〇年七月至一九三三年九月之間，總統只頒布了七項關乎政治暴力的法令，但這種禁令收效甚小。對於衝鋒隊和共產黨之間的暴力鬥爭，警方不是無能為力，也是睜一眼閉一眼。一九三一年十月十日，興登堡首度接見希特勒。隔天在德國北部巴德哈爾茨堡（Bad Harzburg），舉行了所謂**民族反對派**的會議。該會的宗旨在於，在第一任布呂寧政府結束後，支持「民族派」壯大：「大家對著由我們選出的興登堡總統起誓，他代表祖國數百萬位男男女女、前線軍人及青年的殷切盼望，並在最後時刻，藉由任命一個真正的國民政府，促成良性輪替。」奧西茨基以一篇質疑文章〈希特勒真要來嗎？〉，在《世界劇場》中加以回應。他抱怨政府：

> 這些先生拯救共和國的辦法，是排除共和主義力量的支持，並懲罰這些不合己意的支持。不加分辨的集會禁令及禁止穿戴制服和徽章的法令，不僅使納粹更使左派人士感到氣憤。政府若有心捍衛這個憲法國家，就不可放棄動員所有民主共和力量……假使政府真的有意向國家社會主義展現權威，就必須在希特勒儼然為次級政府領導在皇宮前舉行閱兵那天，把他當成叛亂犯加以逮捕。

幸運的是，同月十三日，第二任布呂寧內閣組成了，這是個缺乏國會多數的總統內閣，只能以未經國會批准的緊急命令來治理。

一九三一年十二月六日，夏季時的財務危機和十月的**政治**局勢，可能促使愛因斯坦在搭船前往美國途中寫下日記：

> 今天我決定原則上放棄我的柏林職位，亦即後半生成為候鳥！海鷗總是跟著船，一直飛著。牠們應該會加入駛向（北大西洋中東部、葡屬）亞速爾群島（Azoren）的航線。這就是我的新同仁，不過老天知道，牠們比我還能幹。

他可能沒有告訴妻子自己這個決定。「候鳥」可能表示他打算在兩個地方之間往返。由於巴黎呂謝爾夫人的敦促，愛因斯坦應該離開柏林——或許是基於他們在搭柏林城鄉快鐵時的納粹經歷，埃爾莎一九三二年七月時這麼回覆她：

> ……而且心情難過，因為我們應該離開。這對阿爾伯特並不容易，他完全適應卡普特的生活，再沒比這裡更愜意的地方了。他還跟我說明，他沒有遭遇到需要離開的處境。他什麼都不怕。

這封信或許也跟這件事有關，即美國教育學者弗來克斯納（Abraham Flexner）六月訪問卡普特，想吸引愛因斯坦過去普林斯頓。這樣的洽談直到十月才結束。愛因斯坦並未馬上告訴普魯士科學院自己跟弗氏簽訂的合同，亦即每年五個月時間在普林斯頓新成立的「高等研究院」（Institute for Advanced Studies）工作。大概是他那「對個人獨立的需求」，促使他朝多個面向發展。在與院方和部方磋商後有了協議，即自一九三三年起五年，愛因斯坦只領取目前的一半薪資。他希望這項協定自一九三三年四月一日起生效。部方卻在後來十二月耶誕節前夕（！）指示科學院，他在一九三三前半年的薪給應予扣除，當時愛因斯坦已在美國。由此可見，他絕未預料到希特勒一九三三年初的奪權。

除了納粹的日益囂張，學術和經濟因素，也激發愛因斯坦離開柏林的想法。在專門領域裡，隨著他對量子力學和統計學詮釋之排斥，他與德國同儕漸行漸遠。很有可能，他跟哈伯、能斯脫和普朗克的關係，即為了解決量子之謎促成他來到柏林的人，不再像一九二六年以前那麼融洽。有所突破的人不是他，而是薛丁格、海森堡、博恩，及英國的狄拉克。另一方面，他全心鑽研的統一場論只令學界同僚稍感興趣，而部分報刊依舊重彈老調，推崇廣義相對論為最新學術創見。泡利取笑愛因斯坦這種定期受到讚揚的命題，愛因斯坦自己其實也在推陳出新：「理論死了，理論萬歲！」美國及英法等歐洲國家，倒是對身為**科學家**的愛因斯坦深感興趣。位於帕薩迪那的加州科技研究所，弗萊克斯納設法延攬已經五十二歲的愛因斯坦。在美國多一個去處，這沒什麼不好。在這裡，尤其在紐約和芝加哥，愛因斯坦大受歡迎。愛因斯坦夫婦一九三一年十二月在美國時，凱澤寫了封略帶憂慮的信：

> 這裡的苦難、恐慌和憤恨的氣氛及絕望的激動，越來越濃。一切精神要素日漸失去拘束力，彷彿即將讓位給新的野蠻文化。

一九三二年三月，興登堡再度當選總統，以將近兩成的票數領先希特勒，但黨派間的鬥爭依舊。柏林和德國各地的政治騷動有增無減。謝斯勒伯爵六月底的評論是：「奧西茨基今天下午忽然打電話來……在他市南區的弗里德瑙（Friedenau）家前一條平靜的路上，就有納粹隊員不停來回巡邏——納粹在柏林西半部逐漸製造出真正的街頭恐怖。」接著是七月初：「在我們禮拜天暢遊風景秀麗的鄉下期間，納粹肆無忌憚與有組織的恐怖行動，又造成十七位死者和兩百位傷患。」當月七日，柏林警察總長（社民黨員）葛雷欽斯基（Grzesinski）在接受訪問中，判斷了國內的安全狀況：「不錯，自然不得不這麼說，這確實是德國的內戰，潛伏的內戰。」住在安靜無事的卡普特的愛因斯坦夫婦，也有所察覺，這見之於同年五、六月埃爾莎給呂謝爾夫人的信：「在這麼擾攘的時期，能否安心留在這裡，誰都說不準。外子自己最愛待在他的小別墅和帆船裡。不過，我重複一次，我卻感到相當不安。」同月十八日，政府的示威禁令只有一時的幫助。同月二十日，無黨籍國家總理巴本（Franz von Papen）以柏林的準內戰情勢為由，促成社民黨人布勞恩（Carl Braun）所主持的普魯士地方政府倒台，明顯違憲。他把普魯士警力歸內政部長掌理，基本法隨即失效。不論民主派系或是工會，均未曾全力如透過罷工抵制。

愛因斯坦在**內政**方面鮮少有所行動，難得的例子，是他在一九三二年七月三十一日國會選舉前，對萊昂納德．內爾松的「國際社會主義鬥爭聯盟」（Internationaler Sozialistischer Kampfbund）〈懇切呼籲〉之答覆。文中號召，為因應國社主義造成的危害，主張組成反法西斯陣線，「藉由社民黨和共產黨的聯合，最好以共同的候選人名單為形式。切莫讓自己的惰性和怯懦使自己落入野蠻」！愛因斯坦先是辭卻簽字，轉而提議讓他跟珂勒惠支

……邀請三位關鍵人物，即社民黨的韋爾斯（Otto Wels）、共產黨的台爾曼

（Ernst Thaelmann）及普世德國工會聯盟（Allgemeiner Deutscher Gewerkschaftsbund）的萊帕爾特（Theodor Leipart）進行個人對談，如此便可達到目的。

愛因斯坦政治行動重點，是關起門來和合法的政治「領袖」進行**個人**磋商，卻未想到，即使會談成功，仍需要黨派和工會採納。在促成這種對談時，愛因斯坦和珂勒惠支具有怎樣的合法性呢？愛因斯坦的理解是：藉著他們在科學和藝術上的成就及其道德標準！早在一九三一年十二月，埃里希·繆撒姆便已預料到：

能夠阻止希特勒奪權的唯一力量，是德國工人不受國社主義迷惑的團結意志。所有具有思想的勞工在這方面所見略同。他們也知道，大家所能採取的手段便是總罷工……這事業往往因為這樣而中斷，即社民黨人指責共產黨領導，共產黨人指責社民黨領導，並怪罪對方，說無產階級是無法取得共同決議的。實情在於，勞工群眾的意志是無法在任何一黨、工會或綱領的領導下達成的。

一如所料，會談沒有成局，只有愛因斯坦、珂勒惠支及亨利希·曼共同寫給三位領導幹部的信函。台爾曼全無回應；韋爾斯和萊帕爾特儘管稱讚這個提案，卻認為共產黨一定會從中作梗。這封信有其他許多連署人，如貢貝爾、希勒、克斯特納、托勒，及阿諾爾德·茨威格。經過國會選舉，國社黨成為最大黨。至於巴本的右派保守總統內閣（據德國東部的哥達〔Gotha〕貴族名冊，亦稱為「哥達內閣」），由於貴族佔了半數，只維持到一九三二年十二月。儘管如此，樂觀主義者還是有的。貝爾曼·菲舍爾記敘道：「民間某位一流猶太銀行家還想跟我打賭，希特勒最遲在一九三二年底就會消失。因為雄辯是沒有用的，休養生息的需求與日遽增。街頭那些在我聽來可有可無的喧囂，不管是在哪個歷史轉折的時代，均是聞所未聞的。」

德國產量大減、價格下滑和官吏減薪的經濟狀況，只能以「悲慘」二字形容。自一九二八年起，失業數字持續攀升，隔年為百分之八點五，一九三二年時，為百分之二十九點九，相當於登記有案的五百六十萬失業人口——據估計，檯面下還有一百萬人次。在納入工會組織的勞工當中，無收入者的比例更高。以下是勒貝回憶錄中的敘述：

德意志民族之所以盲從納粹的誤導，我在經濟危機中看到一項主因。局外人很難設想，長年的失業多讓這些誠實的勞工感到壓抑。一九三二年底，在我於布雷斯勞（我的選區）的政黨較小的理事會中，十二位會員裡，便有七位是失業的。有幾位甚至失業了五年！

說到賠款，這個國家是沒有償付能力的。在美國總統胡佛（Hoover）的提議下，德國在六月的戰債清償順延一年。後來在一九三二年七月瑞士洛桑（Lausanne）會議中，刪除了楊格計畫直到一九八八年（！）的費率，並結算出高達三十億金馬克的賠款，清償期限延為三年。

一九三二年九月，愛因斯坦在祝賀高爾基六十五歲生日時，依舊以類似的話語表達了自己的道德觀：「不論政治組織塑造成何種形式，但願您的作品繼續讓人高尚。從來決定人的命運的，均是個人的感受、意志和作為。所以就長遠來看，人的教育與其說是政治人士的，不如說是文藝人士的成果。」這是向政治鬥爭的大權投降嗎？是在左派共同反納粹陣線失敗後的撤退嗎？

告別柏林

在一九三二年七月的選舉後，選民又得在十一月六日決定新的國會。選舉結果顯示，國社黨略有損失，卻依然是最大黨。若干人士從中看出某些希望。據說一九三二年底時，漢堡—美國遠洋航線「副總裁」基普（Kiep）博士，其弟為紐約駐德方代辦，對賴恩哈特做了以下的表示：納粹本來是打輸了前一場選戰，他們的運動已倒退，財政也破產。施萊歇（Schleicher）的新政府首長，也就是國防軍，和社民黨人同仇敵慨，所以是沒什麼好怕的。於是，賴恩哈特留在柏林，直到一九三三年二月底國會大廈縱火案隔日才離開。元月中旬時，當《世界劇場》一位匿名作者在評論擁有八萬名「黨軍」的希特勒黨時，講出以下的話，可說是錯估了形勢：「國社黨仍然苟延殘喘——儘管已有幾分削弱——仍然活著，而且張牙舞爪……剛開始的一九三三年，一定會顯示出應有的結果……有什麼預測呢？沒錯，德國最大企業的破產。」該年元月初，連奧西茨基都以為，這位「保皇派總理」施萊歇可以撐持很久呢。

一九三二年十二月十日，愛因斯坦為了履行與普林斯頓的約定，和埃爾莎從勒特爾火車站途經安特衛普第四度前往美國。在搭船之前，他和郎之萬在安特衛普會面，發起歐洲精神勞工反對國社主義的行動。在之前十月時，他寫給政治左傾的法國作家馬格里特（Victor Marguerítte）時表示：

> 我認為，借助於知名作家、公認的藝術家和學者的急進和平主義團體，這種和平事業最具影響力。我相信，假使能如此戮力為之，便能產生真正有效的群體。

在馬格里特覆信表示贊同後，愛因斯坦建議他和郎之萬聯繫，認為他是最合適的發起人：「這可說是個國際性的聯合會，由具有確切的和平思維的一流知識份子組成，他們應該設法以團體的身份，透過報刊在裁軍和安全等等的議題上施展政治影響力。郎之萬應該是這種群體的靈魂人物，因為他不僅擁有善良的意志，更具備相當的政治理解力。」埃爾莎在「奧克蘭號」甲板上興奮地記敘先生和郎之萬的情形：「他們有時會聽取彼此所修正的共識。這兩個好傢伙。」愛因斯坦的提議，卻跟一次大戰結束時的提案如出一轍：他在自己的政治實務上，沒有新的見識。這在一九三二年，大概會像一九一八年一樣缺乏成果。我們不禁要問，愛因斯坦的立場是否真的只能以他在政治事務上的天真來解釋；他的世界性聲望，是否並不至於導致他某種程度的自我蒙蔽；或者是某種政治無力感，才促成他採取無視於歐洲民族國家觀點的行動？很有可能，這兩人的會晤僅僅促成一九三三年十月中在巴黎的會議——也就這麼多了。

據納坦及諾頓的說法，「希特勒大權在握」，並未出乎愛因斯坦意料之外。畢竟他在一九三三年元月三十日的奪權後三日，便致函給普魯士科學院祕書處，談及自己的薪俸事項：他的薪給不必從原先所要求的四月一日，而是從元月一日至六月三十日全數扣除。這終究關乎三個月的薪資。

愛因斯坦和亨利希·曼及奧爾登聯手組成「創制委員會」（Initiativkomitee）及其「自由發言」大會，宗旨在於號召大家對付各種危害，維護新聞、集會、言論及教學自由等基本權利。一九三三年二月十九日，討論會在柏林舉辦，可惜來得太晚。愛因斯坦早在國會大廈縱火案隔日便拿定主意，暫時不再回到柏林。他從帕薩迪那發信給朋友與情人瑪格麗特·雷巴赫：「有鑑於希特勒，我不會冒險踏上德國領土……我會在三月二十五日前往瑞士，在那裡跟兒子見面。」三月七日，《世界劇場》停刊號出版，在末頁中可以讀到：「從二月二十七日的事件後，一系列人士遭到逮捕，當中也有本誌的發行人奧西茨基。」接著三月一日，愛因斯坦便從美國發出公開聲明：

只要我有這個機會，便將只留在這樣一個國家，一個擁有政治自由、寬容和法律之前全民平等的國度。政治自由包括在口頭和書面上表達政治信念的自由，寬容則是對個體任何信念之尊重。目前德國並未滿足這些條件。

他還表示，在那些致力國際間諒解，且遭追捕的人當中，有些是極著名的文藝人士。他希望德國能很快恢復「健全的狀態」。像是康德和歌德之類的偉大人物，不僅應該慶祝他們的週年慶，更應該用心推廣他們在公眾生活和一般意識中所代表的基本原則。自稱與愛因斯坦「在政治上南轅北轍」的普朗克，覺得他的聲明缺乏善意，因為「這些消息均使您格外難以介入您所重視且讚揚的一切」。另外，在「普魯士科學院前執行祕書」海曼（Ernst Heymann）看來，愛因斯坦的聲明有如芒刺在背。他於三月二十九日向普朗克提出建議，愛因斯坦應該自行退出科學院，否則應以其他辦法逼他就範。愛因斯坦深知院內同僚對「國家」的忠誠，且不在意由誰主政，所以二十八號當日便發表退出聲明：

當前德國的主要情勢，令我放棄普魯士科學院的職位。十九年來，科學院一直提供我機會，讓我從事科學研究，免於任何職責。本人明白，再怎樣向院方致謝都不為過。我極為不捨離開，在這長段時期當中，身為其成員，我深受激勵及擁有美好的人際關係，並將永遠珍惜。

他的正式理由是「在目前的情勢下」，他那依附普魯士政府的職務，已令他難以忍受。就在同一天，三月二十八日，《科隆報》刊登了愛因斯坦為「對抗反猶主義國際聯盟」（Internationale Liga gegen den Antisemitismus）所寫的另一份聲明，其中有這樣的話：「針對所有自由人士和猶太人的血腥暴力和鎮壓之行動，這些在德國已經發生且繼續發生的行動，幸好已經喚醒向來忠於人文思想和政治自由的國家之良知」；以及「我們可以期待，這項回應足令歐洲避免倒退回消失已久的野蠻狀態」。納粹黨徒於當月二十日侵入愛因斯坦在卡普特的避暑屋的謠言，傳到他耳邊，他在橫渡大西洋的商船甲板上便予回應：「這不過是現今發生在全德專制暴行中的一個例子。」當科學院執行祕書海曼在報上發表一份未經批准、有失體面的聲明，指責愛因斯坦為「危言聳聽者」時，開始扮演希特勒同路人的院方覺得大失尊嚴，咸認「基於這項理由，便不必惋惜愛因斯坦的退出」。馮．勞厄試圖在科學院全體大會上反對這項聲明，未能成功。院士們害怕新的當權者。普朗克只留下這樣的會議紀錄，即愛因斯坦是「這樣的物理學家，他在本院所發表的論文讓本世紀的物理更進一步，他的重要性只有開普勒和牛頓的成就才能相比」。同年五月，他拜會希特勒，為猶太科學家尤其是哈伯說項，卻無成果。

在國外絕不批評自己的國家，這點或許是德國人由來已久的忠誠與品行。格羅斯也不例外：「我不願從安全無虞的國外搞對抗德國的宣傳——在這方面，我是傳統的小資產者，而非聰明的布爾什維克。我不樂意在『被壓制的文化財產』的假面下，助長討厭的法國資本主義及軍國主義。這就留給像圖霍爾斯基之類的聰明人吧。有位法國出版商要我畫反德國的插畫，被我斷然拒絕了（不計較那筆錢——多小資產啊）！」

回到歐洲，愛因斯坦在比利時療養勝地來克甦美（Le Coq sur Mer）租了間房子，想暫時待在這裡，和海倫．杜卡與邁爾當鄰居。如今世事變化迅速。一九三三年四月一日，納粹抵制猶太公司行號、診所和大學生，在月初搜索他哈伯蘭街的家後，可能因為馬里安諾夫，愛因斯坦於同月四日提出申請，撤銷自己和妻子的德國國籍。五月初，他從來克甦美寫信給荷蘭物理學者德哈斯：「德國的情形很可怕，看不出會有什麼改變。我從相當可靠的消息來源聽到，納粹正加緊生產戰爭物資。要是再給這些人三年時間，歐洲就會遭遇可怕的事情，現在用強硬的經濟行動還來得及阻止。可惜世人從不曾由歷史中學得教訓。」

四月七日，「公務員整頓」法案生效，要求國家各部門（只有少許限制條件）讓猶太或反對黨官吏離開公職，亦包括愛因斯坦。因為參與戰爭而一開始免被解雇的博恩、哈伯和哥廷根的弗蘭克，為了抗議這項法令，在交還職務後便移民。五月十日，在柏林大學正對面的廣場上，焚書之火點燃了：在書籍被燒成灰燼的一百三十四位作家、詩人和出版家當中，將近半數的人住在柏林。愛因斯坦的文章也在其中。儘管如此，七月時，巴黎的柏林藝品商弗萊希特海姆（Alfred Flechtheim）仍然深抱希望，認為納粹統治即將終了，希特勒政府會在秋季時垮台：「弗萊希特海姆認為，在納粹黨裡頭就有不同的路線和幹部在惡鬥，譬如戈林（Goering）和戈培爾。這些內部爭執和避免不了的可怕後果，將使其瓦解。」在這種動盪不安的局勢下，愛因斯坦仍然辛勤研究他的統一場論。六月初，他在牛津大學主講英國思想家〈斯賓塞（Spencer）學說〉。在講稿中，他把自己和研究助理邁爾關於描述電子的最新論文，承接法國科學家德．布羅伊（de Broglie）和狄拉克之前的進展，並稍嫌草率地認為，這是目前最周詳的方法。

若說愛因斯坦的政治行動相當天真，那麼他在初期對納粹可能掌權的分析（如在《世界劇場》中），便堪稱嚴謹。他發覺，忍耐這些褐色當權者及其張牙舞爪的幫兇，並無意義。奧西茨基和埃里希．繆撒姆便這麼做過，因而喪失生命。於是，愛因斯坦在夏季期間，一改「急進和平主義者」的立場，而傾向「現實政治」。七月時，他自問道：

比如說，今天眼看著德國致力軍備，還應該建議法國人或比利時人拒服兵役嗎？或是為了這種拒斥而運作？坦白講，我不認為如此。我認為，在當前的狀況下，大家只能支持跨國的暴力組織，卻不可贊同廢除暴力。這陣子的種種事件已使我「改變觀念」。

當他為了比利時兩位遭到羈押的拒服兵役者求情時，決定讓「兩位被關押的朋友有所認識」。儘管他原則上並未改變觀點，卻表示：「假使我是比利時人，我不會在今日這種情勢下拒絕從軍，而是抱持拯救歐洲文明的觀感，自願承受。」這種急轉彎（比利時國王對此也有所影響），令不少從事和平運動的朋友感到憤慨。像是羅曼．羅蘭在九月十五日給斯特凡．茨威格的信上，便嚴厲批評這位過去的同道：

身為朋友的愛因斯坦，在某方面比敵人更加危險。他的才華只在他的學術上，在別的領域，不過是個愚人……自己相信，也讓年輕人相信，他們可以停止排斥戰爭，這都是致命的天真。因為很顯然，即使這麼做還是會有戰爭，還是有人壯烈犧牲！……現在他走了回頭路，以昨天還在支持反戰的那種輕率，背叛了反戰人士。他生來不過是為了他的方程式。

儘管這些話出自一時氣憤，卻也點出愛因斯坦一般特徵，即不只在政治上，他總是採取**無害**於己的論點。反觀克維德，他不單在帝國時期因為侮辱皇上而坐牢，葬送了學術生涯，據說在共和期間，還因「叛國的文字」而遭逮捕。愛因斯坦則不會當這種烈士。

儘管他跟許多人一樣，**沒有**預料到希特勒會迅速掌權，卻仍然做了萬全的準備。同年三月十三日，格羅斯從美國寫信給何爾森貝克夫婦表示：「所以你們已經接受希特勒這個人當首長……因此我慶幸自己移民的這個決定。想當初，我們的朋友將軍兼總統的施萊歇還穩若泰山呢。我自己都沒辦法相信，共和國這麼快就完全覆滅。」一九三六年，何氏也從柏林流亡紐約，跟愛因斯坦一樣成為美國公民，從事心理醫師一行。格羅斯在一封給危難中朋友（後來還幫助他流亡）的信中，以戈培爾的口吻嘲弄愛因斯坦三月底在美國的聲明：「你聽說過那位隨便就被收買的叛國者愛因斯坦吧？這個人的作為還真卑鄙，尤其還有個「學者」的名號，荷包裡塞滿的錢，全是百貨行的猶太老闆從窮人搜刮來的，他在這裡擺出骯髒的嘴臉。」但格羅斯並不如愛因斯坦那麼認真看待希特勒。在他給何爾森貝克的信上是這麼說的：「我不過是從自己的經驗知道，過一陣子，等初期的驚嚇過去，終究會再撥雲見日的，政治路線會繼續稍微偏右。」

托瑪斯．曼似乎也認為，希特勒當上總理並不意謂徹底的變化。他在阿姆斯特丹和布魯塞爾講演〈華格納的苦難和偉大〉後，便和妻子到瑞士度假。直到國會大廈縱火案及同年三月五日國會選舉國社黨大勝時，他才感到驚慌。夏季時分，當他停留在法國南部蔚藍海岸（Côte d'Azur）的勒拉芳杜（Le Lavandou）和珊納瑞（Sanary）時，夫婦兩人的舉止令席克勒感到驚訝：「他們看得到發生及即將發生什麼，卻不願理會。」

由於愛因斯坦的世界性聲望，更由於德國內政部和外交部之間的歧見，他在一年之後，一九三四年三月二十四日，才跟著若干朋友如貝歇爾等等的作家一道註銷國籍，十一月還有克勞斯・曼。一九三三年八月，一批前述人士早已做出同樣決定：教授伯恩哈德、左派人士布賴特沙伊德、福特萬格勒、格拉赫、葛雷欽斯基、貢貝爾、「梟雄」赫爾茨、克爾、萊曼—魯斯比爾特、亨利希・曼、共產黨人明岑貝格、沙伊德曼和報刊總編施瓦茨席爾德。如今，愛因斯坦只有瑞士國籍。托瑪斯・曼在一九三六年十二月才喪失德國國籍。

根據格龍德曼（Grundmann）考證，德國政府藉著指控愛因斯坦夫婦進行共產主義活動，沒收了他們約六萬馬克的資產、市價一萬六千兩百馬克的避暑屋及遊艇。後者的拍賣價是一千三百馬克。在財務方面相當謹慎的愛因斯坦，把他在國外的收入都留在當地，而基爾的安許茨公司為了旋轉羅盤而給他的專利費用，自一九二六年至三八年直到企業解散為止，均由其荷蘭經銷公司「轉帳」至海牙（Den Haag）。所以愛因斯坦並未被強盜政府搜刮殆盡：「我本人沒事，但幾乎所有跟我有交情的人都遭殃了。」當中吃到苦頭的，也有埃爾莎的妹妹保拉和女兒瑪歌。據埃爾莎表示，瑪歌全靠愛因斯坦的戶頭過活。瑪歌在四月初離開柏林，跟隨她那已逃往巴黎的丈夫。伊爾瑟和先生凱澤留在柏林收尾，透過法國大使把愛因斯坦的個人文件、藏書和家具運至國外。除了五月底衝鋒隊從哈伯蘭街家偷走的地毯、圖畫和貴重物品外，凱澤他們算是完成任務，隨後就逃到荷蘭席凡寧根（Scheveningen，又譯斯海弗寧恩）。

為了人權和猶太族人付出的愛因斯坦，仍被當中若干人指責。埃爾莎於同年四月發自席凡寧根的信，或許稍嫌誇張：

> 外子命運中的悲劇性因素，就是所有德國猶太人，都指責他導致他們在那裡的可怕經歷。……所以猶太人寄給我們充滿恨意的信件，比納粹還來得多！其實，他已經為猶太人奉獻犧牲了！他沒被嚇倒，且不曾放棄！……他們所受的恐嚇和驚嚇如此之大，讓他們全盤托出，還保證句句屬實。他們多樂意和愛因斯坦劃清界線哪！

不難想見，愛因斯坦的不滿，主要針對「德國人」。五月底，他從牛津寫信告訴博恩：「你曉得我對德國人從來沒有特別的好評（在道德和政治方面）。但我不得不承認，有些事情確實相當令我訝異——他們的殘忍和懦弱程度。」他設法幫助遭到希特勒政府驅逐的同儕。他拜託法國譯者索洛文，讓逃出德國的猶太學者都來找他。他想設法「在外國（英國？）為猶太助教和教授設置一所猶太特約大學」。他寫信告訴博恩，每當想到年輕的學者，他就感到痛心。根據埃爾莎的一封信，愛因斯坦本身獲得巴黎、馬德里、布魯塞爾、牛津和荷蘭的邀聘，且全都接受：「只要時間許可，他哪裡都樂意去。」但他卻依然無動於衷：「現在在我腦子裡，教授的事多過理性思維。雜念多得不得了！」能斯脫於十月一日退休；薛丁格在柏林留職停薪，一九三三年還拿英國獎學金到牛津修學位和授課。他私下表示納粹令他厭煩，面對對手時，卻不這麼表明。

這時，在本市各種場合都飄著納粹的紅旗，街上則有褐襯衫、黑長靴的隊伍跟著旗子行進。有位百姓，幾乎不太可能是德國人，說了這麼一句：「旗子一撐起來，理智便隨喇叭起舞！」在這個「新時代」，德國人的理智都在高舉的「希特勒萬歲的手臂」上。這個法治國家，現在靠的是囂張的衝鋒隊和黨衛軍（SS）以及許多人民的無所作為。一萬名德國猶太人和國社主義的政敵，被迫倉卒離開德國，免得性命不保。就連和愛因斯坦保持距離的「柏林化石」梅林，他的書也在被焚之列，也不得不在納粹恐怖行動前亡命，卻是心有未甘。他的〈柏林頌〉最後一節是這樣的：

你們的波克人（Bowkes）——和你們的「藍色瀉藥」：
難道一去特雷普托我就是尼斯人（Neese; Neisse）？
你們說什麼？解救？就穿著褐衫到處跑？
什麼跟什麼！這樣子就要讓人忙上一陣？

我只知道哪裡可以撿到馬糞——
我跟你，你則跟所有的馬相處。
你們憑什麼把我從公會趕出？
告訴我吧，柏林，
你不覺得丟臉？
我拿嘴巴、心和腦與你們同在！
你的回報呢——這就是你的回報？
這很不該！

國社黨政權消滅後，梅林重返歐洲。柏林市尊他為名譽教授。

一九三三年十月初，愛因斯坦夫婦、邁爾博士和海倫·杜卡從英國搭船前往美國。據說，愛因斯坦夫婦就此告別歐洲。柏林再也見不到這位不平凡的市民。

謝詞

筆者想先感謝愛因斯坦過去在普朗克研究院教育研究所的成員、他周遭不同科學的研究者，與參與普朗克研究院愛因斯坦理論的研究人員。首先謝謝該所負責人，柏林普朗克研究院（MPIWG）院長雷恩（Juergen Renn）博士的鼓勵和支持。我和研究院嚴謹和精確的學術夥伴卡斯坦尼蒂（Giuseppe Castagnetti）合作愉快，我也感謝他所提供的若干資料來源和許多有用的討論。此外，還要提及謝妲樂（Britta Scheideler）博士、希固森（Skúli Sigurdsson）博士、史泰德—施奈德（Gudrun Staedel-Schneider）小姐、霍夫曼（Dieter Hoffmann）博士、達美羅（Peter Damerow）博士和紹爾（Tilman Sauer）博士。兩位知識淵博的好友，費城的哈瓦斯（Peter Havas）和波士頓的史塔赫（John Stachel），引發我對科學史的興趣。三位哥廷根同事，即盧斯（Hans Joerg Roos）、克內澤（Martin Kneser）和施瑞德（Manfred Schroeder），及美國畢士大（Bethesda）的葛琳絲潘（Nancy Greenspan）博士、美國羅契斯特（Rochester）的奧特拉姆（Dorinda Outram）教授、維也納的拜格（Beig）教授、慕尼黑的邁嚴（Karl Meyenn）博士、保加利亞索非亞（Sofia）的伊凡（Ivan）教授和托多洛芙（Boriana Todorov）博士，及慕尼黑的華格納（Siegfried Wagner）博士，給我許多建言。我更謝謝法大（F.）的柯（G. K.）女士許多有價值的思想交流以及資料引文和語言上的幫助。內人朵若緹雅（Dorothea）及孩子茱莉亞（Julia）和羅倫茲（Lorenz）是最早給我批評的人。在文稿的格式和一些改善建議上，我要謝謝哥廷根的葛羅曼（K. Glormann）女士。在此要感謝的檔案機構，有柏林—達冷的普朗克學會、柏林地方檔案館、柏林普魯士國家圖書館和格廷根大學圖書館原稿室。書稿也受益於出版社編輯部的細心校閱。

參考資料

Einsteins Gesammelte Werke

Albert Einstein: *The Collected Papers of Albert Einstein*. Vols. 1–9. Princeton: University Press 1987 ff.

Vol. 1: *The Early Years 1879–1902*. John Stachel editor. Princeton: University Press 1987.

Vol. 5: *The Swiss Years 1902–1914*. Martin J. Klein, A. J. Kox, and R. Schulmann (editors). Princeton: University Press 1993.

Vol. 6: *The Berlin Years: Writings, 1914–1917*. A. J. Kox, Martin J. Klein and R. Schulmann (editors). Princeton: University Press 1996.

Vol. 7: *The Berlin Years: Writings, 1918–1921*. M. Janssen, R. Schulmann, J. Illy, Ch. Lehner, and Diana Kormos Buchwald (editors). Princeton: University Press 2002.

Vol. 8: *The Berlin Years: Correspondence, 1914–1918*. R. Schulmann, A. J. Kox, M. Janssen, and J. Illy (editors). In two volumes A, B. Princeton: University Press 1998.

Vol. 9: *The Berlin Years: Correspondence, January 1919 – April 1920*. Diana Kormos Buchwald, Robert Schulmann, József Illy, Daniel J. Kennefick, and Tilman Sauer (editors). Princeton: University Press 2004.

Einstein-Biografien, -Briefwechsel und Einsteiniana

P. C. Aichelburg und R. U. Sexl (Hrsg.): *Albert Einstein. Sein Einfluss auf Physik, Philosophie und Politik*. Braunschweig/Wiesbaden: Vieweg 1979.

Peter A. Bucky: *Der private Einstein*. Düsseldorf: ECON 1991.

Alice Calaprice: *Einstein sagt. Zitate, Einfälle, Gedanken*. München u. Zürich: Piper 1999.

Ronald W. Clark: *Albert Einstein. Leben und Werk*. München: F. A. Herbig 1974.

Helen Dukas und Banesh Hoffmann (Hrsg.): *Albert Einstein – Briefe*. Zürich: Diogenes 1979.

Albert Einstein, Mileva Marić: *Am Sonntag küss' ich Dich mündlich. Die Liebesbriefe 1897–1903*. J. Renn und R. Schulmann (Hrsg.). München: Piper 1994.

Albert Einstein: *Mein Weltbild*. (Erstdruck Amsterdam 1934). Ullstein Materialien. Ullstein-Buch Nr. 35024. Frankfurt/Berlin/Wien: Ullstein 1984.

Albert Einstein, Max Born: *Briefwechsel 1916–1955*. Max Born (Hrsg.). Nym-

phenburger Verlagshandlung 1969; Lizenzausgabe. Frankfurt: Edition Erbrich 1982.

Albert Einstein, Michele Besso: *Correspondance 1903–1955*. P. Speziali (Hrsg.). Paris: Hermann 1972.

Albert Einstein, Maurice Solovine: *Lettres à Maurice Solovine*. M. Solovine (Hrsg.). Paris: Gauthier-Villars 1956.

Albert Einstein, Sigmund Freud: *Warum Krieg?* Schriftenreihe der österreichischen UNESCO-Kommission, Band 3. Wien: Wilhelm-Frick-Verlag 1956.

Arbeitsstelle Albert Einstein, Berlin; Arbeitsbericht 1991–1993: *Einstein in Berlin. Wissenschaft zwischen Grundlagenkrise und Politik*. Berlin: Max-Planck-Institut für Bildungsforschung 1994.

Albrecht Fölsing: *Albert Einstein. Eine Biographie*. Frankfurt: Suhrkamp 1993.

Philipp Frank: *Albert Einstein. Sein Leben und seine Zeit*. Braunschweig/Wiesbaden: Vieweg 1979.

H. Gordon Garbedian: *Albert Einstein. Maker of Universes*. New York and London: Funk and Wagnalls 1939.

Ernst Gehrcke: *Die Massensuggestion der Relativitätstheorie*. Berlin: Hermann Meuser 1924.

Michael Grüning. *Ein Haus für Albert Einstein. Erinnerungen, Briefe, Dokumente*. Berlin: Verlag der Nation 1990.

Siegfried Grundmann: *Einsteins Akte. Einsteins Jahre in Deutschland aus der Sicht der deutschen Politik*. Berlin u. Heidelberg: Springer 1998. 2. Aufl. mit Anhang über Einsteins FBI-Akte 2004.

Armin Hermann: *Einstein. Der Weltweise und sein Jahrhundert. Eine Biographie*. Taschenbuchausgabe. München/Zürich: Piper 1996.

Klaus Hentschel: *Der Einstein-Turm*. Berlin: Spektrum Akademischer Verlag 1992.

Friedrich Herneck: *Einstein privat*. Berlin: Der Morgen 1978.

Roger Highfield and Paul Carter: *The private lives of Albert Einstein*. Paperback edition. London: Faber and Faber 1994.

Christa Kirsten und Hans-Jürgen Treder: *Albert Einstein in Berlin 1913–1933. Teil 1. Darstellungen und Dokumente. Teil 2. Spezialinventar*. Berlin: Akademie-Verlag 1979.

B. G. Kuznecov: *Einstein. Leben – Tod – Unsterblichkeit*. Basel und Stuttgart: Birkhäuser 1977.

Alfred Lief (Hrsg.): *The Fight against War*. New York: The John Day Company 1933.

Dimitri Marianoff (with Palma Wayne): *Einstein: An intimate study of a great man*. Garden City, N. J.: Doubleday, Doran ca 1944.

Alexander Moszkowski: *Einstein. Einblicke in seine Gedankenwelt*. Berlin: Fontane 1921; Hamburg: Hoffmann und Campe 1920.

Otto Nathan und Heinz Norden. *Albert Einstein – Über den Frieden – Weltordnung oder Weltuntergang.* Bern: Herbert Lang 1975.

Dennis Overbye: *Einstein in love. A scientific romance.* New York: Viking 2000.

Abraham Pais: *Ich vertraue auf Intuition. Der andere Einstein.* Heidelberg: Spektrum Akademischer Verlag 1995.

Abraham Pais: *«Subtle is the Lord …» The Science and the Life of Albert Einstein.* Oxford: University Press 1982. Deutsche Ausgabe: *Raffiniert ist der Herrgott … Albert Einstein. Eine wissenschaftliche Biographie.* Berlin: Spektrum Akademischer Verlag 2000.

Anton Reiser [Rudolf Kayser]: *Albert Einstein. A biographical portrait.* New York: Albert & Charles Boni 1930; London: Butterworth Ltd. 1931.

David Reichinstein: *Albert Einstein. Sein Leben und seine Weltanschauung.* Berlin: Selbstverlag 1932. Englische Übersetzung: *Albert Einstein. A Picture of his Life and His Conception of The World.* Prag: Stella Publishing House 1934.

Carl Seelig: *Albert Einstein. Leben und Werk eines Genies unserer Zeit.* Neuauflage. Zürich: Europa Verlag 1961.

Carl Seelig (Hrsg.): *Helle Zeit – Dunkle Zeit. In memoriam Albert Einstein.* Braunschweig: Vieweg 1986.

John Stachel: *Einstein from ‹B› to ‹Z›.* Einstein Studies, vol. 9. Boston/Basel/Berlin: Birkhäuser 2002.

Desenka Trbuhović-Gjurić: *Im Schatten Albert Einsteins.* Bern: Paul Haupt 1993.

Antonina Vallentin: *Das Drama Albert Einsteins. Eine Biografie.* Stuttgart: Günther 1955.

Michele Zackheim: *Einsteins Tochter.* München: List 1999.

Beschreibungen von Berlin und der zwanziger Jahre

Anonymus [Kurt Freiherr von Reibnitz]: *Gestalten rings um Hindenburg.* Führende Köpfe der Republik und die Berliner Gesellschaft von heute. Dresden: Carl Reissner 1928.

Karl Baedecker: *Berlin und Umgebung.* 17. Auflage. Leipzig: Baedecker 1912.

Bezirksleitung Berlin der SED: *Berliner Arbeiterbewegung.* Band 1: Von den Anfängen bis 1917; Band 2: Von 1917 bis 1945. Berlin: Dietz 1987.

Otto Büsch (Hrsg.): *Beiträge zur Geschichte der Berliner Demokratie 1919–1933/1945–1985.* Einzelveröffentlichungen der Historischen Kommission zu Berlin, Band 65. Berlin: Colloquium Verlag 1988.

Brunhilde Dähn: *Berlin – Hausvogteiplatz.* Göttingen: Musterschmidt 1968.

Otto Friedrich: *Morgen ist Weltuntergang – Berlin in den Zwanziger Jahren.* Berlin: Nikolaische Verlagsbuchhandlung 1998.

Thomas Friedrich: *Berlin in Bildern 1918–1933.* München: Wilhelm Heyne 1991.

Dieter und Ruth Glatzer: *Berliner Leben 1900–1914. Eine historische Reportage aus Erinnerungen und Berichten.* 2 Bände. Berlin: Rütten & Loening 1986.

Ruth Glatzer: *Das Wilhelminische Berlin. Panorama einer Metropole 1890–1918.* Berlin: Siedler Verlag 1997.

Ruth Glatzer (Hrsg.): *Berlin zur Weimarer Zeit.* Berlin: Siedler Verlag 2000.

Paul Goldschmidt: *Berlin in Geschichte und Gegenwart.* Berlin: Julius Springer 1910.

Berthold Grzywatz: *Arbeit und Bevölkerung im Berlin der Weimarer Zeit.* Einzelveröffentlichungen der Historischen Kommission zu Berlin, Band 63. Berlin: Colloquium Verlag 1988.

Johann J. Hässlin (Hrsg.): *Berlin.* München: Prestel 1959.

Walther Kiaulehn: *Berlin – Schicksal einer Weltstadt.* München/Berlin: Biederstein 1958.

Christian Graf v. Krockow: *Unser Kaiser. Glanz und Sturz der Monarchie.* Braunschweig: Westermann 1993.

Emanuel Lasker: *Die Kultur in Gefahr.* Berlin: Siedentop & Co 1928.

Winfried Löschburg: *Unter den Linden. Geschichte einer berühmten Straße.* Berlin: Ch. Links 1991.

Antonia Meiners (Hrsg.): *Berlin – Photographien 1880–1930.* Berlin: Nicolaische Verlagsbuchhandlung 2002.

Helmut Richter: *Berlin. Aufstieg zum kulturellen Zentrum.* Reihe: Aus Deutschlands Mitte, Band 14. Bonn: Dümmler 1987.

Karl Schlögel: *Berlin Ostbahnhof Europas. Russen und Deutsche in ihrem Jahrhundert.* Berlin: Siedler 1998.

Bärbel Schrader und Jürgen Schebera: *Kunstmetropole Berlin 1918–1933.* Berlin und Weimar: Aufbau-Verlag 1987.

Hans-Christian Täubrich: *Zu Gast im alten Berlin.* 3. Aufl. (1. Aufl. 1990) München: Hugendubel 1997.

Bruno E. Werner: *Die Zwanziger Jahre. Von Morgens bis Mitternachts.* München: Bruckmann 1962.

Peter Wruck (Hrsg.): *Literarisches Leben in Berlin 1871–1933.* Band I und II. Berlin: Akademie-Verlag 1987.

Zur Weimarer Republik

Wolfgang Benz und Herbert Graml. *Biographisches Lexikon zur Weimarer Republik.* München: C. H. Beck 1988.

J. Falter, Th. Lindenberger und S. Schumann: *Wahlen und Abstimmungen in der Weimarer Republik.* München: C. H. Beck 1986.

Edgar J. Feuchtwanger: *Von Weimar zu Hitler.* London: Macmillan 1993.

Dieter Fricke u. a. (Hrsg.) *Lexikon zur Parteiengeschichte.* Band 1–4. Köln: Pahl-Rugenstein 1983–86.

Ferdinand Friedensburg: *Die Weimarer Republik*. Berlin: Carl Habel 1946.

Peter Gay: *Die Republik der Außenseiter. Geist und Kultur in der Weimarer Zeit 1918–1933*. Frankfurt: S. Fischer 1970.

Walter Grab und Julius Schoeps (Hrsg.): *Juden in der Weimarer Republik*. Stuttgart/Bonn: Burg 1986.

Ulrich Kluge: *Die deutsche Revolution 1918/19*. Neue Historische Bibliothek. Frankfurt: Suhrkamp 1985.

Torsten Palmér und Hendrik Neubauer: *Die Weimarer Zeit in Pressefotos und Fotoreportagen*. Köln: Könnemann Verlagsgesellschaft 2000.

Detlev J. K. Peukert: *Die Weimarer Republik – Krisenjahre der klassischen Moderne*. Neue Historische Bibliothek (Hrsg. H.-U. Wehler). Edition suhrkamp, Bd. 282. Frankfurt: Suhrkamp 1987.

Wolfgang Ruge: *Weimar – Republik auf Zeit*. Berlin: deb Verlag das europäische Buch 1969.

Gerhard Schultze Pfaelzer: *Von Spa nach Weimar*. Leipzig/Zürich: Gethlein & Co. 1919.

Weimarer Republik. Kunstamt Kreuzberg und Institut für Theaterwissenschaften der Universität Köln (Hrsg.) Berlin und Hamburg: Elefanten Press 1977.

Heinrich August Winkler: *Weimar 1918–1933: Die Geschichte der ersten deutschen Demokratie*. München: C. H. Beck 1998.

Walter Tormin (Hrsg.): *Die Weimarer Republik. Zeitgeschichte in Text und Quellen*. Hannover: Verlag für Literatur und Zeitgeschehen 1964.

Informationen über Berlin aus dem Internet

http://www.berlingeschichte.de

http://www.berlinische-monatsschrift.de

http://www.berlin.de/ba-charlottenburg-wilmersdorf/wissenswertes/gedenktafeln/index.html

http://www.luise-berlin.de/

http://www.chronik-berlin.de/

Detaillierte Quellenangaben zu diesem Buch

http://www.theorie.physik.uni-goettingen.de/~goenner/alberlin.pdf

國家圖書館出版品預行編目 (CIP) 資料

愛因斯坦的黃金歲月 / 胡貝爾 · 戈納 (Hubert Goenner) 著 ; 李中文譯 .
-- 二版 . -- 新北市 : 立緒文化 , 民 109.06
面 ;　公分 . -- (世界公民叢書)
譯自 : Einstein in Berlin
ISBN 978-986-360-158-6(平裝)

1. 愛因斯坦 (Einstein, Albert, 1879-1955)　2. 傳記

785.28　　109006599

愛因斯坦的黃金歲月（原書名：愛因斯坦在柏林）
Einstein in Berlin

出版——立緒文化事業有限公司（於中華民國 84 年元月由郝碧蓮、鍾惠民創辦）
作者——胡貝爾・戈納（Hubert Goenner）
譯者——李中文

發行人——郝碧蓮
顧問——鍾惠民

地址——新北市新店區中央六街 62 號 1 樓
電話——(02) 2219-2173
傳真——(02) 2219-4998
E-mail Address —— service@ncp.com.tw
劃撥帳號—— 1839142-0 號 立緒文化事業有限公司帳戶
行政院新聞局局版臺業字第 6426 號

總經銷——大和書報圖書股份有限公司
電話——(02) 8990-2588
傳真——(02) 2290-1658
地址——新北市新莊區五工五路 2 號
排版——伊甸社會福利基金會附設電腦排版
印刷——祥新印刷股份有限公司

法律顧問——敦旭法律事務所吳展旭律師

分類號碼—— 785.28
ISBN —— 978-986-360-158-6
出版日期——中華民國 96 年 11 月初版 一刷（1 ～ 3,000）
中華民國 109 年 6 月二版 一刷（初版更換封面）

定價◎ 420 元（平裝）　立緒

大旗文化 閱讀卡

姓　名：

地　址：□□□

電　話：(　　)　　　　傳　眞：(　　)

E-mail：

您購買的書名：________________

購書書店：________市（縣）________________書店

■您習慣以何種方式購書？

□逛書店 □劃撥郵購 □電話訂購 □傳真訂購 □銷售人員推薦
□團體訂購 □網路訂購 □讀書會 □演講活動 □其他________

■您從何處得知本書消息？

□書店 □報章雜誌 □廣播節目 □電視節目 □銷售人員推薦
□師友介紹 □廣告信函 □書訊 □網路 □其他________

■您的基本資料：

性別：□男 □女　婚姻：□已婚 □未婚　年齡：民國______年次

職業：□製造業 □銷售業 □金融業 □資訊業 □學生
□大眾傳播 □自由業 □服務業 □軍警 □公 □教 □家管
□其他________________

教育程度：□高中以下 □專科 □大學 □研究所及以上

建議事項：

愛戀智慧 閱讀大師

廣告回信	
北區郵政管理局登記證 北臺字8448號	
免貼郵票	

立緒文化事業有限公司 收

新北市 231

新店區中央六街62號一樓

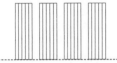

請沿虛線摺下裝訂，謝謝！

立緒文化 閱讀卡

感謝您購買立緒文化的書籍

為提供讀者更好的服務，現在填妥各項資訊，寄回閱讀卡（免貼郵票），或者歡迎上網http://www.facebook.com/ncp231即可收到最新書訊及不定期優惠訊息。